所谓大学者，非谓有大楼之谓也，有大师之谓也。

———梅贻琦

历史与智慧的交响

西南联大教授文萃

李东战　主编

西北大学出版社
·西安·

图书在版编目（CIP）数据

历史与智慧的交响：西南联大教授文萃 / 李东战主编. —— 西安：西北大学出版社，2024.10. —— ISBN 978-7-5604-5480-1

Ⅰ.C53

中国国家版本馆CIP数据核字20242U9Y02号

历史与智慧的交响：西南联大教授文萃

LISHI YU ZHIHUI DE JIAOXIANG:XINAN LIANDA JIAOSHOU WENCUI

李东战 主编

出版发行 / 西北大学出版社
地址 / 西安市太白北路229号
邮编 / 710069　电话 / 029-88303940
经销 / 全国新华书店
印装 / 西安华新彩印有限责任公司
开本 / 787毫米×1092毫米 1/16
印张 / 21.75　字数 / 258千字
版次 / 2024年10月第1版　2024年10月第1次印刷
书号 / ISBN 978-7-5604-5480-1
定价 / 68.00元

如有印装质量问题，请与本社联系调换，电话029-88302966。

编者的话

抗日战争期间,平津陷落后,国立北京大学、国立清华大学、私立南开大学三校联合南迁长沙,组建长沙临时大学。随着战事的推进,1938年2月中旬,长沙临时大学又分三路西迁昆明,4月改称国立西南联合大学。由于昆明校舍紧张,又在蒙自创办了一所时间不长的分校。西南联大由北大校长蒋梦麟、清华校长梅贻琦、南开校长张伯苓组成常委会,轮流担任主席,后因蒋、张均在重庆任职,只有年龄最小的梅贻琦长期居昆明实际主导校务。西南联大前后共经历了8年11个月,既保存了战争年代重要的科研力量,又为国家培养了一大批蜚声国内外的优秀人才,使中华民族的精神文化火种薪火相传,其成就彪炳史册。西南联大校友中,包括附中、附小共有174人当选"两院"院士;杨振宁、李政道获诺贝尔物理学奖,黄昆、刘东生、叶笃正、吴征镒、郑哲敏5人获国家最高科学技术奖,邓稼先、赵九章、郭永怀等8人获"两弹一星"功勋奖,又培养了100多位人文大师。然而,谁能想到这样举世瞩目的成就,竟然是在敌机狂轰滥炸、烽火连天、动荡离乱等极端艰苦的岁月里取得的!

编辑这本书,通过大师们的作品,我们要学习和继承联大教授以及他们的学生们的民族气节和爱国精神。九一八事变后,大洋彼岸学业将成的赵忠尧谢绝导师的挽留,毅然回到祖国,他利用从剑桥卡文迪许实验室卢瑟福博士那里带回的50毫克放射镭,开设了中国第一门核物理课程,主持建立中国第一个核物理实验室。北平陷落后,他又冒着生命危险,在好友梁思成的帮助下,潜回已经封闭了的清华大学实验室,取出这50毫克镭,把它装在一个破坛子里,化装成难民,成功地把这点宝贝带往昆明,为中国高能物理发展作出了特殊贡献。1941年正是中国抗战最艰难的时期,陈寅恪结束了英国牛津大学的聘任,谢绝西方学界的一再挽留,毅然回国与同胞共赴国难。这样的例子还有王竹溪、张文裕,等等。中华人民共和国成立后,还在美国攻读博士学位的王希季毅然放弃即将到手的博士头衔,与邓稼先、赵忠尧、华罗庚、黄宏嘉、黄昆、唐敖庆等联大学人、学子谢绝西方国家的优厚待遇,投入新中国的怀抱,在"两弹一星"等多领域为祖国和人民作出了巨大贡献,挺起了中华民族的脊梁。华罗庚在归国途中写下了"科学没有国界,科学家是有自己的祖国的"这样振聋发聩的名言。中华人民共和国成立后,在国家最需要的时候,钱三强、邓稼先、王淦昌、朱光亚、郭永怀等联大学子响应党和国家号召,打起背包就出发,隐姓埋名,投身茫茫戈壁为中华民族的伟大事业而默默奉献着。1964年10月16日一声巨响,中国第一颗原子弹在罗布泊上空成功爆炸,从此改变了新中国在国际上的地位,推进了我国在世界和平进程中的作用。在共和国发展历程上,联大师生们自力更生、攻坚克难,填补了一项又一项重大科技空白。我这里想着重说一下邓稼先和郭永怀,他们都把自己的生命交给了祖国和人民的伟大事业。一位女作家曾把邓稼先比作铸剑人的女儿莫邪,当莫邪跳进熊熊大火的熔炉中,宝剑得到"人"的祭献,才成为了千古名剑。郭永怀是真正用生命为共和国铸剑的人。1968年12月5日,郭永怀在实验中发现了一条重要的数据线索。郭永怀不顾夜航风险,当即决定连夜搭乘飞机进京汇报。就在飞机即将着陆时,却不幸发生了坠毁事故,生命的最后时刻,他用自己的躯体紧紧保护住装有核弹资料的文件箱,大火烧焦了他的身体,核弹资料完好无损。22天后,依据他用生命保护的重要资料,我国第一颗热核导弹试爆成功。"一个民族要有自己的防身宝剑,正义之剑,这把剑就是用报国志士的生命铸就的。"邓稼先、郭永怀他们就是为这个民族而生的志士。"十年饮冰,难凉热血"。这里面蕴藏着联大人对新中国这片热土深沉的爱,让自己的民族、同胞不再受列强欺凌的责任和担当。正如沈从文先生在《云南看云》里面写到的:"战争背后还有个庄严伟大的理想,不仅是我们要发展,要生存,还要为后人设想,使他们活在这片土地上更好一点,更像人一点!"

西南联大师生为学术、为事业而拼命的精神深深地震撼着当代有良知的人们。费孝通先生评价曾昭抡先生的一段话应该引起我们的深思:"没有这样的人在那里拼命,一个学科是不可能出来的。现在的学者当个教授好像很容易,他已经不是为了一个学科在那里拼命了,他并不一定清楚这个学科追求的是什么,不一定会觉得这个学科比自己穿的鞋更重要。"与联大人相比,我们现在缺乏的不是物质富足,而是他们那种刚毅坚卓的奋斗精神。回顾一下西南联大时期,闻一多、华罗庚两家14口人,在一间只有16平方米的阴湿厢房里共同生活了一年多。后来,华罗庚伏案于牛圈的楼棚上面,完成了上百万字的成名专著《堆垒素数论》。在昆明,日寇飞机轰炸是常事,有一次敌人飞机把吴大猷夫妇的小茅屋炸塌了半边,土墙压碎了他们盛粮食的瓦缸,里面的半缸面粉和泥土碎瓦片混在一起。还在生病中的妻子只好每天把混合着泥土的面粉揉成面团,用水反复搓洗,最后用仅剩下的一点面筋为上课归来的丈夫充饥,就这样支撑了半个多月。这就是被誉为"中国物理学之父"的伟大科学家的生活。大名鼎鼎的教授们是这样,学生们的情况更可想而知,往往几个人合用一本教科书,缺衣少食更不用说。邓稼先在联大学习时靠姐夫郑华炽接济,由于饭量大,一家人节省的口粮根本不够稼先吃,他只好课余去给人送报纸、当电灯匠打工挣钱,勤工俭学。中国历史上第一个地质女院士郝诒纯靠给人家洗衣服、当保姆、刻蜡板挣钱完成了在联大的7年学业。"跑警报""泡茶馆",吃夹有砂粒、稗子和老鼠屎的"八宝饭"是当年联大生活的标志性写照。教授们一边跑警报,一边给学生们讲课,学生们在图书馆抢不到座位就去街道的茶馆里写论文、做试卷。就是在这样的环境里,钱穆写成了《国史大纲》,汤用彤写完了《中国佛教史》,冯友兰完成了他的《贞元六书》,吴大猷写出了《多原子分子结构及其振动光谱》……40年代初,林语堂路过昆明做演讲,他看到联大的状况后说:"联大师生物质上不得了,精神上了不得。"联大人这种"刚毅坚卓",不屈不挠、自强不息的奋斗精神,不由得使我想到了自力更生、艰苦奋斗的延安精神。延安时期,同样也是物资相当匮乏,物质条件异常艰苦,但到处都能听到革命战士、热血青年嘹亮的歌声,到处都是理想高扬、激情燃烧。联大师生们坚守的也正是这种精神,才在一穷二白的基础上创造了中国教育史上的奇迹。现在我们大学的实验室越来越宽敞,设备越来越齐全,完全有能力、有条件为国家和民族的"卡脖子"科技去攻坚,为实现伟大中国梦而奋斗,进而创造属于这一代人的历史贡献。

西南联大师生们的事迹深深地感染了我,为了让更多的读者深入西南联大的历史长河,感受教授们的学术魅力,体会联大人的精神气质、文化底蕴和家国情怀,重温那个时代的热血与梦想,我怀着无比崇敬的心情搜集整理大师们的作品呈献给大家,期望能激励广大读者传承联大人刚毅坚卓的精神,自强不息、艰苦奋斗,为中华民族的伟大复兴而接续奋斗。西南联大大师云集,群星璀璨。本书精选的这33位教授,有校长、院士、院长、系主任,也有在某一领域作出突出贡献的著名教授,他们都是那个时代继往开来的拓荒者。除了29位人文大师外,我还特意收集了叶企孙、吴大猷、曾昭抡、华罗庚4位数理化方面顶尖学者的作品。汤用彤、刘文典、李方桂、罗常培、唐兰、向达、陈梦家这些成果越来越难以被一般读者所接触到的大师们的作品,我费了很大周折,也把它搜集整理出来,目的就是想让本书涵盖面更宽泛一些,使读者更多、更全面地去了解西南联大。由于篇幅所限,一些大家熟知,并且也熟悉他们作品的联大著名教授,比如钱钟书、沈从文、朱自清、李广田、卞之琳、冯至等都没有再收集,敬请谅解!

　　蒋梦麟、梅贻琦、陈寅恪、吴宓、傅斯年、叶企孙、华罗庚、冯友兰、金岳霖、潘光旦、钱穆、费孝通……这些大先生们的名字如雷贯耳,但仔细一想,我们绝大多数人可能并没有真正读过他们的作品。叶嘉莹先生曾这样说过:"好东西不传下去,对不起古人。"让我们记住叶先生的这句话,认真阅读吧!把联大人为国家、为民族所做的贡献记在心底,再把他们的故事讲给我们的后人听。

　　我想用闻一多先生1938年2月18日在长沙临时大学最后一节课上的讲话作为"编者的话"的结尾:"明天我们又要去漂泊,去到一个遥远而又陌生的地方(昆明),我希望你们每一个人,带好自己的国文课本,无论你学的是电子物理、生物医学或者是拉丁文,这都不重要,因为你首先是一个中国人!"

编　者
辛丑惊蛰于陕西三原

目 录

乡村生活 …………………………………… 蒋梦麟（ 1 ）
工业化的前途与人才问题 …………………… 梅贻琦（ 15 ）
南开的目的与南开精神 ……………………… 张伯苓（ 24 ）
清谈误国 …………………………………… 陈寅恪（ 31 ）
致李赋宁等 ………………………………… 吴 宓（ 45 ）
萨本栋先生事略 …………………………… 叶企孙（ 52 ）
历史语言研究所工作之旨趣 ………………… 傅斯年（ 57 ）
明代中央政府、内阁制度和地方政府 ………… 钱 穆（ 68 ）
北京大学 …………………………………… 冯友兰（ 80 ）
隋唐佛学之特点 …………………………… 汤用彤（ 95 ）
我的思想变迁史 …………………………… 刘文典（102）
郑天挺自传（节选） ………………………… 郑天挺（113）
我喜欢山水画 ……………………………… 金岳霖（132）
清华初期的学生生活 ……………………… 潘光旦（137）
八年的回忆与感想 ………………………… 闻一多（157）
辛亥革命回忆录 …………………………… 张奚若（163）
我对中国农民生活的认识过程 ……………… 费孝通（179）
学与识 ……………………………………… 华罗庚（193）
我在抗战中的西南联大 …………………… 吴大猷（201）
大理剪影 …………………………………… 曾昭抡（212）
往事偶记 …………………………………… 陈岱孙（217）
李方桂口述史 ……………………………… 李方桂（228）

从昆曲到皮黄 …………………………… 罗常培(235)

为什么学习古代汉语要学点天文学 ………… 王　力(242)

我与《论语》 …………………………………… 罗　庸(253)

五胡乱华 …………………………………… 雷海宗(260)

傅孟真先生传略 …………………………… 毛子水(266)

《新月诗选》序言 …………………………… 陈梦家(273)

中国古文字学史略 ………………………… 唐　兰(283)

女子的自立与教育 ………………………… 杨振声(295)

烽火中讲学双城记 ………………………… 柳无忌(302)

回忆联大师范学院及其附校 ……………… 黄钰生(319)

西市胡店与胡姬 …………………………… 向　达(329)

蒋梦麟(1886—1964),原名梦熊,字兆贤,号孟邻,浙江余姚人,中国近现代著名教育家。1904年考入上海南洋公学。1908年8月赴美留学。1912年于加州大学伯克利分校毕业,随后赴纽约哥伦比亚大学研究院,师从杜威,攻读哲学和教育学。1917年3月,获得哥伦比亚大学博士学位。回国后,在商务印书馆担任《教育杂志》编辑和《新教育》杂志主编,并协助孙中山制订实业计划。1919年初,蒋梦麟被聘为北京大学教育系教授。从五四运动爆发后至1926年4月,曾三次代理北京大学校长职务。1927年8月,任国立第三中山大学(1928年改为国立浙江大学)校长。1928年,任中华民国第一任教育部长。1930年12月,受蒋介石之聘,正式出任北京大学校长。1937年在平津陷落后,蒋梦麟与梅贻琦、张伯苓组成筹委会负责北京大学、清华大学、南开大学南迁工作,先后主持长沙临时大学、西南联大校务。1945年6月,出任国民政府行政院秘书长。1964年6月19日,因肝癌病逝于台北,终年78岁。

乡村生活

蒋梦麟

我出生在一个小村庄里的小康之家。兄弟姊妹五人,我是最小的一个,三位哥哥,一位姊姊。我出生的前夕,我父亲梦到一只熊到家里来,据说那是生男孩的征兆。第二天,这个吉兆应验了,托庇祖先在天之灵,我们家又添了一个儿子。

我大哥出生时,父亲曾经梦到收到一束兰花,因此我大哥就取名梦兰。我二哥也以同样的原因取名为梦桃。不用说,我自然取名为梦熊了。姊姊和三哥诞生时,父亲却没有梦到什么。后来在我进浙江高等学堂时,为了先前的学校里闹了事,梦熊这个名字入了黑名单,于是就改为梦麟了。

我出生在战乱频仍的时代里。我出生的那一年,英国从中国拿走了对缅甸的宗主权;出生的前一年恰恰是中法战争结束的一年,中国对越南的宗主权就在那一年让渡给法国。中国把宗主权一再割让,正是外国列强进一步侵略中国本土的序幕,因为中国之保有属国,完全是拿它们当缓冲地带,而不是为了剥削他们。中国从来不干涉这些边缘国家的内政。

这情形很像一只桔子,桔皮被剥去以后,微生物就开始往桔子内部侵蚀了。但是中国百姓却懵然不觉,西南边疆的战争隔得太远了,它们不过是浩瀚的海洋上的一阵泡沫。乡村里的人更毫不关心,他们一向与外界隔绝,谈狐说鬼的故事比这些军国大事更能引起他们的兴趣。但是中国的国防军力的一部分却就是从这些对战争不感兴趣的乡村征募而来的。

慢慢懂得一些人情世故之后,我注意到村里的人讲起太平天国革命的故事时,却比谈当前国家大事起劲多了。我们乡间呼太平军为"长毛",因为他们蓄发不剃头。凡听到有变乱的事,一概称之为"长毛造反"。大约在我出生的三十年前,我们村庄的一角曾经被太平军破坏。一位木匠出身的蒋氏族长就参加过太平军。人们说他当过长毛的,他自己也直认不讳。他告诉我们许多太平军掳掠杀戮煮吃人肉的故事,许多还是他自己亲身参加的。我看他的双目发出一种怪光,我父亲说,这是因为吃了人肉的缘故。我听了这些恐怖的故事,常常为之毛骨悚然。这位族长说,太平军里每天要做祷告感谢天父天兄(上帝和耶稣)。有一天做祷告以后,想要讨好一位老长毛,就说了几句"天父夹天兄,长毛夺咸丰"一套吉利话。老长毛点头称许他。他抖了。就继续念道:"天下打不通,仍旧还咸丰。""妈"的一声,刀光一闪,从他头上掠过。从此以后,他不敢再和老长毛开玩笑了。

这样关于长毛的故事,大家都欢喜讲,欢喜听。但是村里的人只有偶然才提到近年来的国际战争,而且漠不关心。其间还有些怪诞不经的胜利,后来想起来可怜亦复可笑。事实上,中国军队固然在某些战役上有过良好的表现,结果却总是一败涂地的。

现代发明的锋芒还没有到达乡村,因而这些乡村也就像五百年前一样地保守、原始、宁静。但是乡下人却并不闲,农人忙着耕耘、播种、收获;渔人得在运河里撒网捕鱼;女人得纺织缝补;商人忙着买卖;工匠忙着制作精巧的成品;读书人则高声朗诵,默记四书五经,然后参加科举。

中国有成千上万这样的村落,因为地形或气候的关系,村庄大小和生活习惯可能稍有不同,但是使他们聚居一起的传统、家族关系,和行业却大致相同。共同的文字、共同的生活理想、共同的文化和共同的科举制度则使整个国家结为一体而成为大家所知道的"中华帝国"(我们现在称"中华民国",在辛亥革命以前,欧美人称我们为"中华帝国")。

以上所说的那些成千成万的村庄,加上大城市和商业中心,使全国所需要的粮食、货品、学人、士兵,以及政府的大小官吏供应无缺。只要这些村镇城市不接触现代文明,中国就可以一直原封不动,如果中国能在通商口岸四周筑起高墙,中国也可能再经几百年而一成不变。但是西洋潮流却不肯限于几个通商口岸里。这潮流先冲击着附近的地区,然后循着河道和公路向外伸展。五个商埠附近的,以及交通线附近的村镇首先被冲倒。现代文明像是移植过来的树木,很快地就在肥沃的中国土壤上发芽滋长,在短短五十年之内就深入中国内地了。

蒋村是散布在钱塘江沿岸冲积平原上的许多村庄之一,村与村之间常是绵延一两里的繁茂的稻田,钱塘江以风景优美闻名于世,上游有富春江的景色,江口有著名的钱塘江大潮。几百年来,江水沿岸积留下肥沃的泥土,使两岸逐步向杭州湾扩伸。居民就在江边新生地上筑起临时的围堤截留海水晒盐。每年的盐产量相当可观,足以供应几百万人的需要。

经过若干年代以后,江岸再度向前伸展,原来晒盐的地方盐分渐渐消失净尽,于是居民就在离江相当远的地方筑起堤防,保护渐趋干燥的土地,准备在上面蓄草放牧。再过一段长时期以后,这块土地上面就可以植棉或种桑了。要把这种土地改为稻田,也许要再过五十年。因为种稻需要大量的水,而挖池塘筑圳渠来灌溉稻田是需要相当时间的,同时土地本身也需要相当时间才能慢慢变为沃土。

我童年时代的蒋村,离杭州湾约有二十里之遥。围绕着它的还有无数的村庄。大大小小,四面八方都有,往南一直到山麓,往北到海边,往东往西则有较大的城镇和都市,中间有旱道或河汊相通。蒋氏族谱告诉我们,我们的祖先是从徽州迁到奉化暂驻,又从奉化迁到余姚。徽州是钱塘江的发源地,我们的祖先到余姚来,可能就是为了开垦江边新生地。在我幼年时,我们蒋氏家庙的前面还有古堤岸的遗迹,那家庙叫作"四勿祠",奉祠宋朝当过御史的一位祖先,他是奉化人,名叫蒋岘。然而一般人却惯叫"陟塘庙",因为几百年前,庙前横着一条堤塘。

读者或许要问:什么叫"四勿"呢?那就是《论语》里的"非礼勿视,非礼勿听,非礼勿言,非礼勿动"四句话。我们玩具店里所看到的三只猴子分别蒙起眼睛、耳朵、嘴巴,就是指这回事。至于为什么没有第四只猴子,因为那三只猴子坐着不动,就可以代表了。但是我们那位御史公却把这四勿改为"勿欺心,勿负主,勿求田,勿问舍",人称之为"四勿先生"。这些自古流传下来的处世格言是很多的。我们利用一切可能的方法,诸如寺庙、戏院、家庭、玩具、格言、学校、历史、故事等等,来灌输道德观念,使这些观念成为日常生活中的习惯。以道德规范约束人民生活是中国社会得以稳定的理由之一。

几千年以来,中国的人口从北方渐渐扩展到南方,先到长江流域,继至珠江流域,最后到了西南山区。中华民族一再南迁的理由很多,南方土地肥沃、塞外好战部落入侵,以及人口的自然繁殖都有关系,且从宋朝以后,黄河一再泛滥,更使人们想念江南乐土。我的祖先在早期就由北而南,由南而东,最后终于在杭州湾沿岸定居下来。

蒋姓的始祖是三千多年前受封的一位公子王孙。他的名字叫作百龄,是代周成王摄政的周公的第三个儿子。他在纪元前12世纪末期被封在黄河流域下游的一块小地方,他的封地叫作"蒋",他的子孙也就以蒋为氏了。蒋是茭白古名。那块封地之所以定名为蒋,可能是那一带地方茭白生长得特别繁茂的缘故。

在三国时代,也就是公元第3世纪,我们的一位祖先曾在历史上露了脸。他的名字叫蒋琬,住在长江流域南部的湘乡,从蜀先主入蜀。诸葛亮称他是社稷之才。这证明住在长江以南的蒋姓子孙,在第三世纪以前就从黄河流域南迁了。从我们的始祖起到现在,所有嫡系子孙的名字,在我们的族谱上都有记录可考。至于确实到什么程度,我却不敢说,因为他们的生平事迹很少有人知道,考证起来是很困难的。但相传江南无二蒋,所以我们至少可以说一句:住在长江以南所有姓蒋的都是同宗同支的。究竟可以正确地追溯到多远,我们可不知道了。不过我们确切知道:住在浙江省境的蒋姓子弟,都在徽州找到了共同的宗脉。

我在宗谱中从迁余姚的始祖传到我为第十七世。蒋姓首先定居在我们村里的是五百多年前来的,那是元朝末年的事。这五百多年之中,两个朝代是外来民族建立的,一个是汉族自己的王朝,蒋姓一族曾经看到元朝的没落、明朝和满清的兴衰,以及几乎推翻满清的太平天国。朝代更换了,蒋村却依然故我,人们还是照常地过活、做工,最后入土长眠。

太平军到了村子里,村中曾经有几所房子焚毁,留在村子里的老弱有被活活烧死的,有一处大门口残存的石阶上留有红斑,据传说是某位老太婆在此烧死时所流的血。大多数的老百姓都逃到山里躲起来,但是战事一平定,大家又像蜜蜂回巢一样回到村里。在我童年时代,村里还可以看到兵燹以后留下来的残垣断瓦。

村里的人告诉我,满洲人推翻明朝的消息,一直到新朝廷的圣旨到了村里时,大家才知道。清帝圣旨到达村里时,邻村还正在演社戏呢!改朝换代以后,族人生活上的唯一改变是被强迫留辫子,同时圣旨严禁男人再穿明朝式样的衣服。大家敢怒不敢言,但是死后入殓时,男人还是穿明朝衣冠。因此我们族中流行着一句话"男投(降)女不投,活投死不投"。就是说男人投降,女人却不投降;活人投降,死人却不投降。一些人一直维持这个办法到一九一一年清室覆亡、民国建立为止,中间经过两百五十年之久。

我们村上只有六十来户人家,人口约三百人,是个很小的村庄。它的三面环绕着河汊,南面是一条石板路,通往邻近的村庄和城镇。小河汊可以通到大河,再由大河可以到达杭州、苏州和上海等大城市。

蒋村虽然小,水陆交通却很便利。河汊上随处是石桥,河的两岸则满是绿柳垂杨。河中盛产鱼、虾、鳝、鳗、龟、鳖。柳荫之下,常有人悠闲地在垂钓。耕牛慢慢地踱着方步,绕着转动牛车,把河水汲到水槽再送到田里。冬天是连阡穿陌的麦穗,夏天是一片稻海,使人生四季长青之感,麦穗和稻穗随着微风的吹拂,漾起一片涟漪,燕子就在绿波之上的蓝空中穿梭翱翔。老鹰忽高忽低地绕村回旋着,乘老母鸡不备的时候就俯冲而下,攫走小鸡。

这就是我童年时代的背景,也是我家族的环境。他们安定地在那里生活了五百多年,他们很少碰到水灾或旱灾,在这漫长的几百年中也不过遇上一两次的变乱和战争。他们和平而满足地生活在他们自己的世界里,贫富之间也没有太大的差别。富饶的稻谷、棉花、蚕丝、鱼虾、鸡鸭、蔬菜使人们丰衣足食。

几百年来,不论朝代如何更换,不论是太平盛世或战祸频仍,中国乡村里的道德、信仰和风俗习惯却始终不变。乡下人觉得这个世界已经很不错,不必再求进步。生命本身也许很短暂,但是投胎转世时可能有更大的幸福。人死以后,据说灵魂就离开肉体,转投到初生的婴儿身上。我自己就亲眼看到过绑赴刑场处决的罪犯,对围观的群众高喊:"十八年之后又是一条好汉!"这是何等的达观!

我们村子里的人说:一个坏人或作孽多端的人,死后要转世为穷人,或者变马变猪,甚至灵魂支离割裂,变为蚊蝇小虫。好人善士的灵魂转世时则可以享更高的福禄。这些都是随佛教而来的印度传说而被中国道教所采用的。佛教本身,倒不大理会这些事。

善恶当然有公认的标准。"万恶淫为首,百善孝为先。"孝道使中国家庭制度维系不堕,贞操则使中国种族保持纯净。敬老怜贫、忠信笃敬也被认为是善行。重利盘剥、奸诈谎骗则列为罪行。斥责恶行时,常骂人来生变猪变犬。

商业往来讲究一诺千金。一般而论,大家都忠实可靠。欺诈的人必然受亲朋戚友一致的唾弃。

婚姻是由媒妁之言、父母之命决定的。通例是男子二十而娶,女子十八而嫁。妻子死了,丈夫大概都要续弦,中上之家的女人如果死了丈夫,却照例要守寡。守寡的可怜人算是最贞节的,死后皇帝还要给她们建贞节牌坊。这种牌坊在乡间到处可以看见。

村里的事全由族长来处理,不待外界的干涉。祠堂就是衙门。族长不一定是老头子,也可能是代表族中辈分最高一代的年轻人。族长们有责任监督敬先祭祖的礼仪遵奉不渝,族人中起了争执时,他们还须负责加以评断。没有经过族长评理以前,任何人不许打官司。族长升堂审判叫作"开祠堂门",全村的人都可以来参观。祖宗牌位前面点起香烛,使得每个人都觉得祖先在天之灵就在冥冥之中监视似的,在祖先的面前,当事的两边不能有半句谎话。一般而论,说老实话的居多。

仲裁者力求做得公平。自然,村中的舆论也是重要的因素,还有,邻村的舆论也得考虑。族长们如果评断不公,就会玷污了祠堂的名誉。因此,争执多半在祠堂里得到公平的解决,大家用不着上衙门打官司。

实际上真需要"开祠堂门"来解决的事情并不多,因为大家认为"开祠堂门"是件大事,只有特别严重的案子才需要这样做。一般的纠纷只是在祠堂前评个理就解决了。

读书人和绅士在地方上的权威很大。他们参加排难解纷,也参加制定村里的规矩,他们还与邻村的士绅成立组织,共同解决纠纷,照顾邻近村庄的共同福利。

田赋由地主送到离村约二十里的县库去,粮吏从来不必到村里来。老百姓根本不理会官府的存在,这就是所谓"天高皇帝远"。

除了崇拜祖先之外,大家要信什么就信什么。上佛寺、拜神仙、供关公、祭土地,悉听尊便。没有宗教限制,也没有宗教迫害。你信你的神,我拜我的佛,各不相涉,并且还有把各式各样的神拼在一起大家来拜。这就是通常所称的"道教"。如果基督徒肯让基督与中国神祇并供在中国庙宇里,我相信村里人一定会像崇拜其他神佛一样虔敬崇拜基督。

一般老百姓都是很老实的,人家说什么,他们就相信。迷信就是在这种背景下产生的,而且像滚雪球一样越滚越大,几百年积聚下来的迷信,当然是非常可观了。

我提到过村里的人相信灵魂轮回之说。这似乎与散鬼游魂之说互相矛盾。不过,凡关于鬼神的事,我们本来是不甚深究的,几种矛盾的说法可以同时平行。据说灵魂与鬼是两回事。灵魂转入轮回,鬼则飘游宇宙之间。伟人圣哲的鬼就成了神,永远存在于冥冥之中,凡夫俗子的鬼则逐渐飘散消逝,最后化为乌有。鬼能够随心所欲,随时随地出现。它可以住在祠堂里,也可以住在坟墓里,高兴怎么样就怎么样。我国不惜巨资建造富丽堂皇的坟墓和宫殿式的祠堂,大概和这些信仰不是没有关系的。这种鬼话各地皆有,虽各有不同,但大体是一致的。

中国人对一切事物的看法都不脱人本位的色彩。如果鬼神与活人之间毫无关系或毫无接触,那么大家就不会觉得鬼神有什么用处,或许根本就不会相信它们真的存在。寺庙祠堂里固然有神佛的塑像,也有祖宗的灵牌,但是这些偶像或木主虽然令人望之生畏,却不能走出神龛直接与生人交谈,除非在梦中出现。人们需要更具体更实际的表现,因此就有了巫婆、扶乩和解梦。

如果一个人怀念作古了的朋友或去世的亲戚,他可以请一位巫婆把鬼魂召了来。当巫婆的多半是远地来的女人。被召的鬼魂来时,巫婆的耳朵就会连续抽搐三次。普通人是不能控制耳朵的肌肉的,巫婆的耳朵能够自己动,使得大家相信她的确有鬼神附体。她说话时,压着喉咙像猫叫,因此她讲的话可以由听的人随意附会。如果巫婆在谈话中摸清了对方的心思,她的话也就说得更清楚点,往往使听的人心悦诚服。

真也好,假也好,这办法至少使活着的亲戚朋友心里得点安慰。五十年前,我自己就曾经透过巫婆与我故世的母亲谈过话,那种惊心动魄的经历至今还不能忘记。

扶乩可比较高级了,扶乩的人多半是有知识的。两个人分执一根横木条的两端,木条的中央接着一根木棒,木棒就在沙盘里写字。神佛或者名人的鬼魂可以被请降坛,写字赐教。扶乩可以预言未来,可以预言来年的收成,也可以预告饥荒,甚至和平或战乱,几乎什么问题都可以问。完全不会作诗的也能写出诗来。写的人也能写出素昧平生的人的名字。懂一点心理学的人大概都能解释,这是一种潜意识的作用。但是有好几位外国留学的博士学士,到如今还是相信扶乩。有一位哈佛大学毕业生,于抗战期间任盐务某要职,扶乩报告预言,推测战局,终被政府革职。

巫婆只能召至去世的亲戚朋友的鬼魂,扶乩却能召唤神佛。在做梦时,鬼魂和神佛都能自动地来托梦。我听过许多关于做梦应验的事,但是多半不记得了。我记得一个圆梦的例子是这样的:我的一位曾叔祖到杭州去应乡试,俗称考举人,他在考棚里梦到一只硕大无比的手伸进窗子。因为他从来没有见过这样大的手,这个梦就被解释为他将独占鳌头的征兆。放榜时我的曾叔祖居然中试第一名,俗称解元。

神佛、死去的亲戚朋友或者精灵鬼怪可能由托梦提出希望、请求或者警告。一位死了的母亲可能要求她儿子给她修葺坟墓。死了的父亲可能向儿子讨纸钱。死人下葬时总要烧点纸钱,以备阴间使用。

我们村里发生过一件事,好几年以后,大家谈起来还是娓娓不倦。一位叫阿义的青年农夫预备用船载谷子进城市。那天早上,他坐在家里发呆,人家问他为什么,他说前一晚他死去的母亲来托梦,警告他不要靠近水边。他的游泳技术很高明,他猜不透这个梦究竟是什么意思。

黄昏时,他安然划着船回到家,用竹篙把船拢了岸。他对站在岸上的朋友开玩笑,说他自己的危险总算过去了,说罢还哈哈大笑。突然间他足下一滑就跌进河里去了。挣扎了一阵子,他就沉入水底。朋友们赶紧潜水去救,但是到处找不到。半小时后他被拖上来了。但是已经手足冰冷,一命呜呼。原来他跌入河中以后,手足就被水边的一棵陈年老柳的盘根缠住了。大家说他是被水鬼抓下去的,或许那是一只以柳树根作窝的水猴子。好几个游泳技术很好的人都在那个地方淹死。村里的人常常看到那个"水鬼"在月光下坐在附近的桥上赏月。它一看到有人走近就扑通一声钻到水里去。

各式各样无法解释的现象都使迷信的雪球越滚越大,错觉、幻象、梦魇、想象、巧合、谣言都是因素。时间更使迷信愈积愈多。

村中的医药当然也很原始。我们得走好几里路才能在大镇里找到草药医生,俗称"草头郎中"。对于通常的病痛或者某些特殊的病症,中国药是很有效的。但是对于许多严重的病症,草药不但无效而且危险。

我自己曾经两次病得奄奄一息,结果却都给草药救起了。有一次病了好几个月,瘦得只剩皮包骨,结果是一位专精儿科的草药医生救了我的命。另一次我染了白喉,请了一位中国的喉科专家来医治。他用一根细针在我喉头附近刺了一遍,然后敷上一些白粉。我不知道那是什么东西,只觉得喉头凉爽舒服,很像抽过一支薄荷烟的感觉。

喉头是舒服一点了,病状却起了变化。我的扁桃腺肿得像鹅蛋那么大,两颊鼓起像气球,我甚至连流质的食物都无法下咽。鼻子一直出血不止,最后连呼吸也感到困难了。正在奄奄一息的时候,我父亲认为只有"死马当作活马医"了。于是他就在古老的医书里翻寻秘方,结果真的找到一剂主治类似症候的方子。我吃了好几服重药。头一剂药就发生验效,一两个小时之后,病势居然大有起色。第二天早晨我的扁桃腺肿消了许多,个把星期以后饮食也恢复正常了。

我曾经亲眼目睹跌断的腿用老法子治好,伤风咳嗽、风湿和眼睛红肿被草药治好的例子更是多不胜举。

中医很早以前就发现可以从人体采取一种预防天花的"痘苗",他们用一种草药塞到病婴的鼻孔里,再把这种草药塞到正常儿童的鼻孔里时,就可以引起一种比较温和的病症。这样"种了痘"的孩子自然不免有死亡,因此我父亲宁愿让孩子按现代方法种牛痘。我们兄弟姊妹以及许多亲戚的子弟都用现代方法种痘,而且从来没有出过毛病。

我们村子里的人不知道怎样治疗疟疾。我们只好听它自生自灭地流行几个礼拜,甚至好几个月。我们村子附近总算没有发现恶性疟疾,患了病的人虽然伤了元气,倒还没有人因此致命。后来传教士和商人从上海带来奎宁粉,叫作金鸡纳霜,吃了很有效,于是大家才发现了西药的妙用。

村里有些人相信神力可以治病。他们到寺庙里焚香祝祷,然后在香炉里取了一撮香灰作为治疗百病的万应灵丹。这是一种心理治疗,在心理学应用得上的时候,也的确能医好一些病。

我家的花园里,每月有每月当令的花,阴历正月是茶花,二月是杏花,三月桃花,四月蔷薇,五月石榴,六月荷花,七月凤仙,八月桂花,九月菊花,十月芙蓉,十一月水仙,十二月腊梅。每种花都有特别的花仙做代表。

最受欢迎的季节花是春天的桃花,夏天的荷花,秋天的桂花和菊花。季节到来时,村里的人就成群结队出来赏花。

过年过节时,无论男女老幼都可以高兴一阵子。最重要的年节,通常从十二月二十三日开始。灶神就在这一天上天报告这一家一年来的家庭琐事。

中国人都相信多神主义的,在道教里,众神之主是玉皇大帝。据说玉皇大帝也有公卿大臣和州官吏卒,和中国的皇帝完全一样。玉皇大帝派灶神监视家庭事务,因此灶神必须在年终岁尾提出报告。灶神是吃素的,因此在它启程上天时,大家就预备素斋来祭送。灶神对好事坏事都要报告,因此大家一年到头都谨言慎行。送灶神和迎灶神时都要设家宴、烧纸钱、放鞭炮。

除夕时,家家都大鸡大肉地庆祝,叫作吃年夜饭。吃年夜饭时,家庭的每一个分子都得参加。如果有人远行未归,也得留个空座位给他。红烛高烧到天明,多数的大人还得"守岁"。要坐到子夜以后才睡。第二天早晨,也就是正月初一早晨,一家人都参加拜天地。祭拜时自然又免不了点香烛、焚纸钱和放鞭炮。

新年的庆祝节目之一是灯节,从正月十三开始,一直到正月十八,十八以后年节也就算结束了。灯节时家家户户和大街小巷到处张灯结彩。花灯的式样很多,马、兔、蝴蝶、蜻蜓、螳螂、蝉、莲花,应有尽有。我们常常到大城市去看迎神赛会,街上总是人山人海。

五月里的端午节和八月里的中秋节也是重要的节日。端午节有龙舟比赛。庆祝中秋节却比较安静,也比较富于诗意——吃过晚饭后我们就在月色下散步,欣赏团圆满月中的玉兔在月桂下捣药。

迎神赛会很普遍,通常有好几百人参加,沿途围观的则有几千人。这些场合通常总带点宗教色彩,有时是一位神佛出巡各村庄。神像坐在一乘木雕的装饰华丽的轿子里,前面由旌旗华盖、猛龙怪兽、吹鼓手、踩高跷的人等开道前导。

迎神行列经过时，跳狮舞龙就在各村的广场上举行。踩高跷的人，在街头扮演戏剧中的各种角色。一面一面绣着龙虎狮子的巨幅旗帜，由十来个人扛着游行，前前后后则由绳索围起来。这样的行列在旷野的大路上移动时，看来真好威风呀！这种举大旗游行的起源，据说是明代倭寇入侵时老百姓以此向他们示威的。

碰到过年过节，或者庆祝神佛生日，或者其他重要时节，活动的戏班子就到村庄上来表演。戏通常在下午三点钟左右开始，一直演到第二天早晨，中间有一段休息的时间，以便大家吃晚饭。开演时总是锣鼓喧天，告诉大家戏正在开始。演的戏多半是根据历史故事编的，人民也就从戏里学习历史。每一出戏都包括一点道德上的教训，因此演戏可以同时达到三重目的：教授历史、灌输道德、供给娱乐。

女角是由男人扮演的，这是和莎士比亚时代的英国一样。演员涂抹形形色色的脸谱象征忠奸善恶。白鼻子代表奸诈、狡猾、卑鄙或小丑。在日常生活中我们也常常指这一类人为"白鼻子"。红脸代表正直、忠耿等等，红脸的人心地总是很厚道的，黑脸象征铁面无私。这种象征性的脸谱一直到现在还被各地国剧所采用。

这就是我的童年的环境。这种环境已经很快地成为历史陈迹。这个转变首由外国品的输入启其端，继由西方思想和兵舰的入侵加速其进程，终将由现代的科学、发明和工业化完毕其全程。

**梅贻琦**(1889—1962),字月涵,直隶省天津府天津县(今天津市)人,早年就读于天津南开中学,1909年考取第一批庚款留学生,1914年由美国伍斯特理工学院学成回国,历任清华学校教员、物理学教授、教务长等职,1931年至1948年,任清华大学校长。1962年5月19日病逝于台大医院。

梅贻琦熟读史书,喜爱科学,曾任"中央研究院"院士,是中国近现代最著名的教育家之一。他的教育实践活动以及教育理论和主张,对中国二十世纪三四十年代的高等教育产生了深远而重要的影响。梅贻琦出任清华大学校长的时候,正值国内情势风雨飘摇,学潮起荡,驱逐校长运动此起彼伏,他以前的校长在任时间都不长,但无论什么时候清华的学生都很拥护梅校长,时人称之为"寡言君子"。梅贻琦是清华大学历史上任期最长的校长,他的名言"所谓大学之大,非有大楼之谓也,乃有大师之谓也"也许是对大学最好的解读。毕生服务清华是梅先生最自豪的杰作之一,他得到了清华师生校友很高的评价:"提到梅贻琦就意味着清华","梅贻琦是清华永远的校长"。

工业化的前途与人才问题

梅贻琦

工业化是建国大计中一个最大的节目,近年以来,对国家前途有正确认识的人士,一向作此主张。不过认识与主张是一回事,推动与实行又是一回事。工业化的问题,真是千头万绪,决非立谈之间可以解决。约而言之,这期间至少也有三四个大问题,一是资源的问题,二是资本的问题,三是人才的问题。而人才问题又可以分为两方面,一是组织人才,二是技术人才。近代西洋从事于工业建设的人告诉我们,只靠技术人才,是不足以成事的,组织人才的重要至少不在技术人才之下。中国号称地大物博,但实际上工业的资源并不见得丰富。所以这方面的问题就并不简单。而在民穷财尽的今日,资本也谈何容易?不过以一个多年从事于教育事业的人所能感觉到的、终认为最深切的一些问题,还是在人才的供应一方面。

我认为人才问题,有两个部分,一是关于技术的,一是关于组织的。这两部分都不是亟切可以解决的。研究民族品性的人对我们说:以前中国的民族文化因为看不起技术,把一切从事技术的人当作"工",把一切机巧之事当作"小道",看作"坏人心术",所以技术的能力,在民族的禀赋之中,已经遭受过大量的淘汰,如今要重新恢复过来,至少恢复到秦汉以前固有的状态,怕是绝不容易。组织的能力也是民族禀赋的一部分,有则可容训练,无则一时也训练不来。而此种能力,也因为多年淘汰的关系,特别是家族主义一类文化的势力所引起的淘汰作用,如今在民族禀赋里也见得异常疲弱。一种天然的疲弱,短期内也是没有方法教它转变为健旺的。这一类的观察也许是错误的,或不准确的。但无论错误与否、准确与否,我以为它们有一种很大的效用,就是刺激我们,让我们从根本做起,一洗以前头痛医头、脚痛医脚的弊病。所谓从根本做起,就是从改正制度、转移风气着手。此种转移与改正的努力,小之可将剩余的技术与组织能力,无论多少,充分的选择、训练,而发挥出来;大之可以因文化价值的重新确定,使凡属有技术能力与组织能力的人,在社会上抬头,得到社会的拥护和推崇,从而在数量上有不断的增加、扩展。

改正制度与转移风气最有效的一条路是教育。在以前,在国家的教育制度里、选才政策里、文献的累积里,工是一种不入流的东西,惟其不入流品,所以工的地位才江河日下。如今如果我们在这几个可以总称为教育的方面,由国家确定合理的方针,切实而按部就班的做去，则从此以后，根据"君子之德风，小人之德草，草上之风必偃"的颠扑不破的原则，工的事业与从事此种事业的人，便不难力争上游，而为建国大计中重要方面与重要流品的一种。这种教育方针前途固然缺少不得，却也不宜过于狭窄。上文所云"合理"两个字，我以为至少牵涉到三个方面：一是关于基本科学的，二是关于工业技术的，三是关于工业组织的。三者虽同与工业化的政策有密切关系，却应分作三种不同而互相联系的训练，以造成三种不同而可以彼此合作的人才。抗战前后十余年来，国家对于工业的提倡与工业人才的培植，已经尽了很大的努力，但我以为还不够，还不够合理。这三种训练与人才之中，我们似乎仅仅注意到了第二种，即技术的训练与专家的养成。西洋工业文明之有今日，是理工并重的，甚至于理论的注意要在技术之上，甚至于可以说，技术的成就是从理论的成熟之中不期然而然地产生出来的。真正着重技术、着重自然科学对于国计民生的用途，在西洋实在是比较后起的事。建国是百年的大计，工业建国的效果当然也不是一蹴而就。如果我们在工业文明上也准备取得一种独立自主的性格，不甘于永远拾人牙慧，则工程上基本的训练，即自然科学的训练，即大学理学院的充实，至少不应在其他部分之后，这一层就目前的趋势说，我们尚未多加注意。这就是不够合理的一层。不过，这一层我们目下除提到一笔而外，姑且不谈，我们可以认为它是工业化问题中比较更广泛而更基本的一部分，值得另题讨论。本文所特别留意的，还是技术人才与组织人才的供应问题。

为了适应今日大量技术人才的需要，我认为应当广设专科学校或高级工业学技和艺徒学校。高级的技术人才由前者供给，低级的由后者供给，而不应广泛而勉强地设立许多大学工学院或令大学勉强的多收工科学生。大学工学院在造就高级工业人才与推进工程问题研究方面，有其更大的使命，不应使其只顾大量的出产，而将品质降低，而且使其更重要的任务，无力担负。我们在工业化程序中所需的大量的技术人员，大学工学院实无法供给，亦不应尽要他们供给。德国工业文明的发达，原因虽然不止一端，其高级工业学校的质量之超越寻常，显然是一大因素。此种学校是专为训练技术而设立的，自应力求切实，于手脑并用之中，要求手的运用娴熟。要做到这一点，切忌的是好高骛远，不着边际。所谓不好高骛远，指的是两方面：一在理智的方面，要避免空泛的理论，空泛到一个与实际技术不相干的程度；二在心理与社会的方面，要使学生始终甘心于用手，要避免西洋人所谓的"白领"的心理，要不让学生于卒业之后，亟于成为一个自高身价的"工程师"，只想指挥人做工，而自己不动手。我不妨举两个实例，证实这两种好高骛远的心理在目前是相当流行的。此种心理一天不去，则技术人才便一天无法增加，增加了也无法运用，而整个工业化计划是徒托空言。

  我前者接见到一个青年，他在初中毕业以后，考进了在东南的某一个工程专科学校，修业五年以后，算是毕业了。我看他的成绩单，发现在第三年的课程里，便有微积分、微分方程、应用力学一类的科目；到了第五年，差不多大学工学院里普通所开列的关于他所学习的一系的专门课程都学完了，而且他说，所用的课本也都是大学工学院的课本。课本缺乏，为专科学校写的课本更缺乏，固然是一个事实，但这个青年果真都学完了么？学好了么？我怕不然，他的学力是一个问题，教师的教授能力与方法也未始不是一个问题。五年的光阴，特别是后三年，他大概是囫囵吞枣似的过去的。至于实际的技能，他大概始终在一个半生不熟的状态之中，如果他真想在工业方面努力，还得从头学起。这是关于理论方面好高骛远的例子。

在抗战期间的后方，某一个学校里新添了几间房子，电灯还没有装，因为一时有急用，需要临时装设三五盏。当时找不到工匠，管理学校水电工程的技师也不在，于是就不得不乞助于对于电工有过专门训练的两三位助教。不图这几位助教，虽没有读过旧书，却也懂得"德成而上，艺成而下"与"大德不官，大道不器"的道理，一个都不肯动手，后来还是一位教授和一位院长亲自动手装设的。这些助教就是目前大学理工学院出身的，他们是工程师，是研究专家，工程师与研究专家有他的尊严，又如何可以做匠人的勾当呢？这是在社会心理上好高骛远的例子。

关于艺徒学校的设立，问题比较简单。这种学校，最好由工厂设立，或设在工厂附近，与工厂取得合作。初级的工业学校，也应当如此办理。不过有两点应当注意的：一要大大增添此种学校的数量，二要修正此种学校教育的目标。目前工厂附设艺徒班，全都是只为本厂员工的挹注设想，这是不够的。艺徒班所训练的是一些基本的技术，将来到处有用。我们应当把这种训练认为是国家工业化教育政策的一个或一部分，教他更趋于切实、周密，因而取得更大的教育与文化的意义，否则岂不是和手工业制度下的徒弟教育没有分别，甚至于从一般的生活方面说，还赶不上徒弟教育呢？艺徒学校的办理比较简单，其间还有一个原因，就是加入的青年大都为农工子弟，他们和生活环境的艰苦奋斗已成习惯，可以不至于养成上文所说的那种好高骛远的心理。对于这一点，我们从事工业教育的人还得随时留意，因为瞧不起用手的风气目前还是非常流行，他是很容易渗透到工农子弟的脑筋上去的。

大学工学院的设置，我认为应当和工业组织人才的训练最有关系。理论上应当如此，近年来事实的演变更教我们不能不如此想。上文不是引过一个工学院毕业的助教不屑于动手装电灯的例子么？这种不屑的心理固然不对，固然表示近年来的工业教育在这方面还没有充分的成功,前途尚须努力。不过大学教育毕竟与其他程度的学校教育不同,它的最大的目的原在培植通才;文、理、法、工、农等等学院所要培植的是这几个方面的通才,甚至于两个方面以上的综合的通才。它的最大的效用,确乎是不在养成一批一批限于一种专门学术的专家或高等匠人。工学院毕业的人才,对于此一工程与彼一工程之间,对于工的理论与工的技术之间,对于物的道理与人的道理之间,都应当充分了解,虽不能游刃有余,最少在这种错综复杂的情境之中,可以有最低限度的周旋的能力。惟有这种分子才能有组织工业的力量,才能成为国家目前最迫切需要的工业建设的领袖,而除了大学工学院以外,更没有别的教育机关可以准备供给这一类的人才。

因此,我认为目前的大学工学院的课程大有修改的必要。就目前的课程而论,工学院所能造就的人才还够不上真正的工程师,更别说组织工业的领袖人才了。其后来终于成为良好的工程师和组织人才的少数例子,饮水思源,应该感谢的不是工学院的教育,而是它的浑厚的禀赋与此种禀赋的足以充分利用社会的学校或经验的学校所供给它的一切。就大多数的毕业生而言,事实上和西洋比较良好的高级工业学校的毕业生没有多大分别,而在专门训练的周密上、不良态度的修正(如不屑于用劳力的态度)上,怕还不如。

要造就通才,大学工学院必须添设有关通识的课程,而减少专攻技术的课程。工业的建设靠技术,靠机器,不过它并不单靠这些。没有财力,没有原料,机器是徒然的,因此它至少对于经济地理、经济地质,以至于一般的经济科学要有充分的认识。没有人力,或人事上得不到适当的配备与协调,无论多少匹马力的机器依然不会转动,或转动了可以停顿。因此,真正工业的组织人才,对于心理学、社会学、伦理学,以至于一切的人文科学、文化背景,都应该有充分的了解。说也奇怪,严格的自然科学的认识倒是比较次要,这和工业理论的关系虽大,和工业组织的关系却并不密切。人事的重要,在西洋已经深深地感觉到,所以一面有工业心理和工商管理一类科学的设置,一面更有"人事工程"(Human Engineering)一类名词的传诵。其在中国,我认为前途更有充分认识与训练的必要,因为人事的复杂,人与人之间的易于发生摩擦、难期合作,是一向出名的。总之,一种目的在养成组织人才的工业教育,于工学本身与工学所需要的自然科学而外,应该旁及一大部分的人文科学与社会科学,旁及得愈多,使受教的人愈博洽,则将来他在物力与人力的组织上,所遭遇的困难愈少。我在此也不妨举一两个我所知的实例。

我以前在美国工科大学读书的时候,认识一位同班的朋友。他加入工科大学之前,曾经先进文科大学,并且毕了业;因为他在文科大学所选习的自然科学学程比较的多,所以进入工科大学以后,得插入三年级,不久也就随班毕业了。就他所习的工科学程而言,他并不比他同班的为多,甚至于比他们要少,但其他方面的知识与见解,他却比谁都要多。他对于历史、社会、经济,乃至于心理学等各门学问,都有些基本的了解。结果,毕业后不到十年,别的同班还在当各级的技师和工程师,他却已经做到美国一个最大电业公司的分厂主任,成为电工业界的一个领袖了。

这是就正面说的例子,再就反面说一个。在抗战期间,后方的工业日趋发展,在发展的过程里,我们所遭遇的困难自然不一而足,其中最棘手的一个是人事的不易调整与员工的不易相安。有好几位在工厂界负责的人对我说,目前大学工学院的毕业生在工厂中服务的一天多似一天,但可惜我们无法尽量地运用他们。这些毕业生的训练,大体上都不错,他们会画图打样,会装卸机器,也会运用机巧的能力,来应付一些临时发生的技术上的困难。

但他们的毛病在不大了解别人,容易和别人发生龃龉,不能和别人合作,因此,进厂不久,便至不能相安,不能不别寻出路。不过在别的出路里他们不能持久,迟早又会去而之他。有一位负责人甚至于提议,可否让学生在工科学程毕业之后,再留校一年,专攻些心理学、社会学一类的课程。姑不论目前一样注重专门的心理学与社会学能不能满足这位负责人的希望,至少他这种见解与提议是一些经验之谈,而值得我们予以郑重地考虑的。

值得郑重考虑的固然还不止这一点,不过怎样才可以使工科教育于适度的技术化之外,要取得充分的社会化与人文化,我认为是工业化问题中最核心的一个问题。核心问题而得不到解决,则其他边缘的问题虽得到一时的解决,于工业建设前途,依然不会有多大的补益。这问题需要国内从事教育与工业的人从长商讨(如修业年限问题,如课程编制问题等,皆是很重要而须审慎研究的),我在本文有限的篇幅里,只能提出一个简单的轮廓罢了。

至于工科大学的教育,虽如是其关系重要,在绝对的人数上,则应比高、初级工业学校毕业的技术人才只估少数,是不待赘言的。工业人才和其他人才一样,好比一座金字塔,越向上越不能太多,越向下便越多越好。因此,我以为大学工学院不宜无限制地添设、无限制地扩展,重要的还是在质的方面加以充实。而所谓质,一方面指学生的原料必须良好,其才力仅仅足以发展为专门技工的青年当然不在其内;一方面指课程的修正与学风的改变,务使所拔选的为有眼光与有见识的青年。所以进行之际,应该重通达而不重专精,期渐进而不期速效。目前我们的工业组织人才当然是不够,前途添设扩充工科大学或大学工科学院的必要自属显然。不过无论添设与扩充,我们总须以造就工业通才的原则与方法为旨归。出洋深造,在最近的几十年间,当然也是一条途径,不过我以为出洋的主要目的,不宜为造就上文所说的三种人才中的第二种,即狭义的技术人才,而宜乎是第一种与第三种,即基本科学人才与工业组织人才。第一种属于纯粹的理科,目前也姑且不提;就工业而言工业,还是组织人才比较更能够利用外国经验的长处。不过我们还应有进一步的限制。一个青年想出国专习工业管理,宜若可以放行了。不然,我们先要看他在工业界是否已有相当的经验,甚至于在某一种专业方面是否已有相当的成就,然后再定他们的行止。要知专习一两门工业管理课程而有很好的成绩,并不保证他成为一个工业组织人才。

最后,我们要做到上文所讨论的种种,我必须再提出一句话,作为本文的结束。学以致用,不错;不过同样一个用字,我们可以有好几个看法,而这几个看法应当并存,更应当均衡地顾到。任何学问有三种用途,一是理论之用,二是技术之用,三是组织之用。没有理论,则技术之为用不深;没有组织,则技术之为用不广。政治就是如此,政治学与政治思想属于理论,吏治属于技术,而政术或治道则属于组织,三者都不能或缺。工的学术又何尝不如此?近年来国内工业化运动的趋势,似乎过于侧重技术之用,而忽略了理论之用和组织之用。流弊所及,一时代以内工业人才的偏枯是小事,百年的建国大业受到不健全的影响却是大事,这便是本篇所由写成的动机了。

**张伯苓**（1876—1951），原名寿春，字伯苓，天津人，中国现代职业教育家，私立南开系列学校创办者，西方戏剧以及奥运会的最早倡导者，被誉为"中国奥运第一人"。张伯苓早年毕业于天津北洋水师学堂，后获得上海圣约翰大学、美国哥伦比亚大学名誉博士，曾受教于美国教育家、哲学家杜威、桑代克等人。1948年6月，曾出任中华民国南京国民政府考试院院长。

张伯苓把教育救国作为毕生信念，先后创办南开中学、南开大学、南开女中、南开小学和重庆南开中学，接办四川自贡蜀光中学，形成了著名的南开教育体系，为国家培养了包括周恩来在内的大批人才，被尊为"中国现代教育的一位创造者"。"伟大的教育家应当造福于社会，并以自己的言行丰富自己祖国的文化，其遗产也必为国人所尊崇和传承。"张伯苓正是这样的人，他给后人留下了不可磨灭的印象。他的业绩在社会上、在人们的生活中一直被传诵着，特别是他创办的南开大学，为海内外所称道，堪称一流学府。

南开的目的与南开精神

张伯苓

各位同事，各位学生：

今天是南开大学第十七学年开始的日子。南开的历史，不从大学起，而从中学起。从中学起现在已有三十年。十月十七日就是三十周年纪念日。这三十年来，南开各部，连续的发展，我的感想甚多，特来和各位谈谈。

三十年前，中学正式成立。彼时还在严范孙先生家里。在这以前，还有六年的历史，也在严宅，那是个家塾，后来才成正式的中学。中学成立之后,添设大学,又添女中,又添小学。所以南开的历史可说三十年,也可以说三十六年。无论三十或三十六吧,在此三十或三十六年中,翻看或回想中国历史的人,一定觉得变化真多。学校的历史,也恰恰在这变改极多时期。学校之所以成立,确有它的目的。这目的,旧同事和老学生大概知道,其余的人,或者不知道。

天津有个有名的学者严范孙先生。他读的是旧书,是中国书,但是他的见解,确不限于中国的旧学。他把时局看得极清楚。他以为中国非改弦更张不可。他做贵州学政的时候,所考的是八股,而所教的是新学。现在在本校贵州学生的父或祖,就许是严先生的门生。严先生倡改科举,改取士的方法,触了彼时朝廷——西太后——之怒,便不做官,回到天津来。戊戌年,个人万幸,遇到严先生。自己本来是学海军的,甲午之后,在海军里实习,彼时年纪二十三四岁,就看中国上下多争利,地大物博、人民众多,而不会利用。彼时自己的国家观念很强。眼看列强要瓜分中国,于是立志要救中国,也可以说自不量力,本着匹夫有责之意,要救国。救法是教育。救国须改造中国,改造中国先改造人。这是总方针。方法与组织,可以随时变更。方针是不变的。中国人的道德坏、智识陋、身体弱。以这样的民族,处这样的时局,如何能存在?这样的民族,受人欺凌,是应当的。再想,自己是这族人中之一个。于是离开海军,想从教育入手。真万幸,遇到严先生,让我去教家塾。严先生之清与明,给我极大的教训。严先生做事勇,而又不慌不忙。有人说,旁人读书读到手上来了,能写能作,或是读到嘴上来了,能背能说,而严先生读书,真能见诸实行。我们称赞人往往说某某是今之古人,严先生可以说是今之圣人。他那道德之高,而不露痕迹,未尝以为自是好人,总把自己当学生。可惜身体弱——也难怪,书房的环境,身体如何能好——七十岁便故去了。死前也有几年步履不灵,然而心之热,是真热,对国家对教育都热心。我们学校真幸会由严先生发起,我个人真万幸,在严先生指导下做事。

发起是如此发起,目的是要救国。方法是以教育来改造中国。改造什么?改造他的道德,改造他的知识,改造他的体魄。如此作法,已有三十年。这三十年,时时继续努力,除非有战事,是不停学的。如辛亥革命,局面太乱,停顿几月。记得那是过了旧历九月七日——学校历来的纪念日,后来才改为阳历十月十七日——纪念日过了不久,就停学,下年正月才能开学。以后便未这样长期的停顿。如直皖之战,李景林与张之江在天津附近打仗,奉直之战,不得已停几天,但凡可以,就开学。在座的旧学生旧同事,都还记得,两次津变,不得已停学,不几天又开课,开课就要求进步!

今年的进步,从物质方面说,有中学的新礼堂、女中的新宿舍,小学也有添置,大学也新添教员住宅和化工系的试验室。有人说,华北的局面危险如此,你们疯了,添盖七万四千多块钱的房子。我说,要做,这时候就做;要怕,这三十年就做不成一件事。有人说,南开应该在内地预备退身的地方,我引《左传》上的话回答:"我能往,寇亦能往。"

不错,盖了些房子,然而房子算什么?书籍算什么?设备算什么?如果你们有真精神,到哪里都可以建设起来。学校发达,国难也深,比以前深得多。不怕,所怕者,教育不好、不当,不能教育青年得着这种精神。你们也要这样,不把物质放在眼中。物质是精神造的,精神用的。在这一年以内,增加许多设备,人家看来,一则以为糊涂,二则惊讶。钱从哪里来的?想法去弄的。只要精神专注,样样事都可以成功。前星期有个朋友曾仰丰来看我,他是我第一次到美国的一个同船。他说他未到过中学,我便陪他去看。看见那里的建筑,他问,哪儿来的钱?我说,变戏法来的。反正不是抢来的,要是抢来的,现在早已犯案了。他问我学校一共有多少产业。我算了算,房子有一百多万,地皮七八十万,再连书籍设备,大约有二三百万。我也不知钱怎样来的。我也不计算。我就知道向前进。我绝不望一望,自己说:"成了,可以乐一乐了。"做完一件事,再往前进。赌博的人不是风头顺就下大注么?我也如此。往前进,能如此的秘诀是什么?公,诚。未有别的。用绕弯方法不成,骗人不成,骗人还会骗几十年?谁有这样大的本领?事情本来是容易,都让人给弄难了。曾先生听我的话点点头。我又说,我一人要有这样大的产业,我身旁就要些人保镖了,还能坐辆破洋车满处跑?

这并不是说我好。我只是说,如果公,如果诚,事就能成功。我的成就太小太小,你们的成就一定比我的大得多。成就的要诀,我告诉你,先把你自己打倒。当初我受了刺激,留下的疤很大,难道你们受了伤,不起疤么?受了刺激,不要嚷,咬牙,放在心里,干!南开的目的是对的,公与诚是有力的,干!近来全国渐觉以往的浮气无用,渐要在实地下工夫,要硬干,要苦干。我们的道理,可以说是应时了。我看见国人这样的觉悟,我就死了也喜欢。我受了刺激,我不恨外国人,我恨我自己为什么不争气。近来国人也知道自责了。所谓新生活运动,就是回头看看自己的做法。孔子教人"失诸正鹄,反求诸己"。射箭射得不好,不要怨靶子不正,怨自己!我给你们说个笑话。当初考武考讲究弓、刀、步、马、剑。有一次县考,一个生员射箭,本事不好,一射东到一个卖面的大腿上去了,县官大怒,要罚考生。卖面的说:"大老爷请您不要动怒,这算小的腿站错了地方,如果小的腿正站在靶子那儿,这位爷不就不会射上了?"

前些年,国人太浮,嚷嚷"打倒帝国主义"。嚷什么?这么大的国,还受人欺负,是自己太没出息。好了,现在也不嚷嚷了,当初领着学生们嚷嚷的人,也做官了。全国人的态度转变,与我们所见的相同,不责旁人责自己。近来新生活运动的规律,同旧日中学镜子上的话很相同。当初中学的大门口,有一面穿衣镜,为的是让学生出入的时候,自己照照自己。镜子上刻着几句话:"面必净,发必理,纽必结,胸容宽,肩容平……"我还常教学生,站不直的时候,把胳臂肘向外,就立刻站直了。此外,烟酒绝禁,嫖赌一查出就革除。我以为发挥我们的旧章,认真执行,就是新生活。近来看着全国有觉悟,看到自己不行自己改。凡是一个人,除了死囚之外,都有机会改自己,都有希望。现在中国要脚踏实地,我认为这真是最重要的觉悟,最大的进步。全国的趋势如此。我们也不落人后,发挥南开旧有的精神,认真实行。

再说,你们的先生,我的同事,真不容易请来。钱少,工作重,这是大家都知道的。别的学校用大薪水来请,也请不去。这种精神,是旁处少有的,实在可以作青年的榜样。新来的学生,也知道这里的功课紧、学费重,然而为什么来?不是要得点什么嘛?近来的大学生毕业之后,就有职业慌;而我们今年的毕业生,七十几人,十成里有九成以上都找着事了。为什么?不是因为他们肯干么?先生热心,学生肯干,我们正好再求长进。以后要想侥幸,是未有的事。托个人,找个门子,不成,未有真本事不成。

今天是开学之始,又近三十周年纪念日。我们学校已进了一个新阶段,还做,再做。前三十年的进步太少了,此后要求更大的进步。人常说,学生们是国家的主人翁,主人翁是享福的吗?主人翁是受罪的。我说过不知多少次,奴隶容易当,主人难当。做奴隶的,听人的调度,自己不要操心;做主人就要独立,要自主,要负责任。然而有思想的人,宁可身体不安逸,也要精神自主。你们都是主人翁,就得操心,就得受罪,你趁早把这一项打在你的预算里头吧。

我们国难日深,然而还有机会,还有希望。就怕自己不发良心,不努力。我快六十岁了,我还干,一直到死,就决不留一点气力在我死的时候后悔:"哎哟,我还有一点气力未用。"我希望你们人人如此,中国人人人如此。学校三十周年,而国难日深,所可幸者,国人已知回头,向我们这边来了。都要苦干,穷干,硬干。我们看国人这样,一则以喜,一则以惧。喜的是志同道合,惧的是坚持不久。不管别人,我们自己还是咬定牙根去做。

这次天津的学生,到韩柳墅去受军事训练,我以为很好。中国人向来松懒,乱七八糟,受军事训练,使他们紧张。我常说中国人的大病在自私,近来又加上一种外国的病——自由。你也自由,我也自由。不自由,毋宁死。我有个比喻,一边三个人,一边五个人,两边拉绳子,如果五个人的一边,五个人向各方面拉,三个人那一边,三个向一面拉,三个人的那一边必定得胜。这是我教人团结、教人合作的老比喻。中国人的病,就是各拉各的,拉不动了,还怨别人为什么不往他那一边拉。自私!打倒你自己。说什么自由。汉奸也要自由,自由地去做汉奸。孙中山先生的遗嘱,说"余致力国民革命,其目的,在求中国之自由平等",是要中国自由,现在中国动都动不得,你还讲什么个人自由?求团体的自由!不要个人的自由!从今日起,你说"我要这样",不行;一个学校如此说,也不行。要求整个国家的自由,个人未有自由,小团体未有自由。我们从外国又学来一种毛病——批评。人家的社会已入轨道,怕他硬化,所以要时常批评。我们全国的建设什么都未有,要什么批评?要批评,等做出些事来了再批评;要批评,先批评自己。最要紧的批评是批评自己。现在有许多人,在那里希望日本和苏俄快开战,愿意他们两国拼一下。你呢?你不干就会好了么?孔子的话是真好。颜渊是孔子的大弟子,颜渊所问的,孔子还不将全副本事教他?颜渊问"仁",孔子答道:"克己复礼。"好个克己。你最大的仇敌,是你们自己。中国人,私、偏、假、虚、空,非将这些毛病克了不可。孔子答子张的话也好,"先事后得"。做你的事,不管别的。现在的人还未做事,先打算盘。呀!你把你自己撇开。我们要做新人,我们要为民族找出路。这是我们的最后的机会了。再不争气,惟有灭亡。我们学校,今年要发挥旧有的精神,更加努力。先生肯牺牲,学生不怕难。你们不要空来,要得点精神,要振作精神,打倒自己,你一定行。参加军事训练的学生,先觉难受,后来也行了,行也行,不行也行,也就行了。逼你自己做事,你对自己一定有许多新发现。日本人就是这样去干,他们的方法,总是置之死地而后生。我总想中国人的筋肉太松,我恨不得打什么针,教他紧张起来,本来就松,又讲什么浪漫,愈不成话。

前者有学生的家长,赞成军事训练,并且以为女生也应当学看护,这见解是对的。女生也要救国,救国不专是男子的责任。我以上的话,也不专是对男生说的。好,我们大家努力起来,全国在振作精神,我们不能落后,好容易他们入了正路,我们更当做国民的前驱。

1934 年秋

陈寅恪（1890—1969），字鹤寿，江西修水人。中国现代最负盛名的集历史学家、古典文学研究家、语言学家、诗人于一身的百年难见的人物，与王国维、梁启超、赵元任并称清华四大国学大师。陈寅恪其父陈三立是"清末四公子"之一、著名诗人。祖父陈宝箴，曾任湖南巡抚。夫人唐筼，是台湾巡抚唐景崧的孙女。因其身出名门，而又学识过人，在清华任教时被称作"公子的公子，教授之教授"。

1902年陈寅恪随兄衡恪东渡日本，入巢鸭弘文学院。1905年就读上海复旦工学。1910年考取官费留学资格，先后到德国柏林大学、瑞士苏黎世大学、法国巴黎高等政治学校就读。1918年又再度出国游学，先后在美国哈佛大学、德国柏林大学学习梵文、巴利文、蒙古语、东方古文学和中亚古文字，具备了阅读十几种语言文字的能力。1925年回国后，先后任职任教于清华大学、西南联大、香港大学、广西大学、燕京大学等。抗战胜利后，陈寅恪再次应聘去英国牛津大学任教，1949年返回祖国任教于清华园。中华人民共和国成立前夕，他拒绝了傅斯年要他前往台湾、香港的建议，任教于岭南大学、中山大学。

陈寅恪长期致力于史学研究工作，精通梵文和多种西域古代语言，研究范围甚广，他对魏晋南北朝史、隋唐史、宗教史（特别是佛教史）、西域各民族史、蒙古史、古代语言学、敦煌学、中国古典文学以及史学方法等方面都作出了重要贡献。

清谈误国

陈寅恪

　　清谈的兴起，大抵由于东汉末年党锢诸名士遭到政治暴力的摧残与压迫，一变其具体评议朝廷人物任用的当否，即所谓清议，而为抽象玄理的讨论。启自郭泰，成于阮籍。他们都是避祸远嫌,消极不与其时政治当局合作的人物。

东汉清议的要旨为人伦鉴识,即指实人物的品题。郭泰与之不同。《后汉书》列传五八《郭泰传》云:

> 林宗(郭泰)虽善人伦,而不为危言核论,故宦官擅政而不能伤也,及党事起,知名之士多被其害,惟林宗及汝南袁闳得免焉。

又《世说新语·政事篇》何骠骑作会稽夲注引《郭泰别传》略云:

> 泰字林宗,有人伦鉴识。自著书一卷,论取士之本。未行,遭乱亡失。

又《抱朴子·外篇》四六《正郭传》云:

> 林宗周旋清谈闾阎,无救于世道之陵迟。

郭泰为党人之一,"有人伦鉴识",可是"不为危言核论",而"周旋清谈闾阎"。即不具体评议中朝人物,而只是抽象研究人伦鉴识的理论。故清谈之风实由郭泰启之。郭泰之所以被容于宦官,原因也在这里。

然而,郭泰只是一个开端。魏晋两朝清谈又不是同一面貌,同一内容。魏晋清谈可分前后两期。魏末西晋时代为清谈的前期。此时期的清谈魏当日政治上的实际问题,与其时士大夫的出处进退关系至为密切。换言之,此时期的清谈,是士大夫藉以表示本人态度及辩护自身立场的东西。东晋一朝为清谈后期。清谈至东晋只为口中或纸上的玄言,已失去政治上的实际性质,仅止作为名士身份的装饰品。

前朝清谈因为是与清谈者本人生活最有关的问题,即当日政治党系的表现,故值得研究。这有"四本论"和"竹林七贤"两个大问题。

《世说新语·文学类》云:

> 钟会撰《四本论》始毕,甚欲嵇公(嵇康)一见,置怀中,既定,畏其难,怀不敢出,于户外遥掷,便回急走。

刘注云:

> 《魏志》曰:会论才性同异,传于世。四本者,言才性同,才性异,才性合,才性离也。尚书傅嘏论同,中书令李丰论异,侍郎钟会论合,屯骑校尉王广论离。文多不载。

《世说新语》此条刘注为前期清谈的重要材料。按第一篇《魏晋统治者之社会阶级》说过,曹操求才三令,大旨以为有德者未必有才,有才者或负不仁不孝贪诈的污名,即未必有德。性者,仁孝道德也。曹操求才三令讲的实际就是才性异、才性离的问题。三令为曹魏皇室大政方针之宣言,与之同者即是曹党,反之即是与曹氏为敌的党派。有关四本论的四个人,傅嘏、钟会论同与合,李丰、王广论异与离。就其党系而言,后二人为曹党,前二人则属于与曹氏为敌的党派。何以见得?

《三国志·魏志》二一《傅嘏传》略云:

> 曹爽秉政,何晏为吏部尚书。嘏谓爽弟羲曰:"何平叔外静而内铦巧,好利,不念务本。吾恐必先惑子兄弟,仁人将远,而朝政废矣。"晏等遂与嘏不平,因微事以免嘏官。起家拜荥阳太守,不行。太傅司马宣王(懿)请为从事中郎。曹爽诛,为河南尹,迁尚书。正元二年春,毋丘俭、文钦作乱。或以司马景王(师)不宜自行,可遣太尉孚往,惟嘏及王肃劝之。景王遂行。以嘏守尚书仆射,俱东。俭、钦破败,嘏有谋焉。及景王薨,嘏与司马文王(昭)径还洛阳,文王遂以辅政。以功进封阳乡侯。

据此可知傅嘏为司马氏的死党。东汉士大夫以仁孝道德(性)为本,为体,推广至于治国用兵之术(才)为末,为用。总而言之,本末必兼备,体用必合一。傅嘏所谓"才性同",正是东汉士大夫的主张,也是司马氏的主张。他的主张与曹操三令旨意完全不同。原因即在他所属的党派是与曹氏为敌的司马氏一党。

《三国志·魏志》二八《钟会传》略云:

> 毋丘俭作乱,大将军司马景王东征,会从,典知密事,卫将军司马文王为大军后继。景王薨于许昌,文王总统六军,会谋谟帷幄。时中诏敕尚书傅嘏,以东南新定,权留卫将军屯许昌,为内外之援,令嘏率诸军还。会与嘏谋,使嘏表上,辄与卫将军俱发,还到雒水南屯住。于是朝廷拜文王为大将军,辅政。会迁黄门侍郎,封东武亭侯,邑三百户。及(诸葛)诞反,车驾住项,文王至寿春,会复从行。寿春之破,会谋居多。亲待日隆,时人谓之子房。以中郎在大将军府管记室事,为腹心之任。

据此又可知钟会也是司马氏的死党。他的论"才性合",与傅嘏论"才性同"一样,服从于司马氏一党的需要。他们的分别只是德(体)才(用)的同一与合一之分。

李丰、王广不同。《世说新语·贤媛类》王公渊娶诸葛诞女条刘注引《魏氏春秋》云:

> 王广,字公渊,王凌子也。有风量才学,名重当世,与傅嘏等论才性同异,行于世。

《三国志·魏志》二八《王凌传》云:

> (凌子)广有志尚学行。(凌败并死),死时年四十余。

王凌为淮南三叛之一,司马懿东征王凌,王广与父俱死,其为曹氏之党,自不待言。他所论"才性离",与曹操三令的主旨正同。

《三国志·魏书》九《夏侯玄传》略云:

中书令李丰虽宿为大将军司马景王(师)所亲待,然私心在(夏侯)玄。遂结皇后父光禄大夫张辑,谋欲以玄辅政。嘉平六年二月当拜贵人,丰等欲因御临轩,诸门有陛兵,诛大将军。大将军微闻其谋,请丰相见。丰不知而往,即杀之。

据此又可知李丰也是曹氏之党,后为司马氏所杀。其论"才性异",与曹操三令主旨亦同。只不过"才性离"是相对于钟会的"才性合"而言,"才性异",则是相对于傅嘏的"才性同"而言。

再说"竹林七贤"。

"竹林七贤"是先有"七贤"而后有"竹林"。"七贤"所取为《论语》"作者七人"的事数,意义与东汉末年"三君""八俊"等名称相同,即为标榜之义。西晋末年,僧徒比附内典、外书的"格义"风气盛行,东晋之初,乃取天竺"竹林"之名,加于"七贤"之上,成为"竹林七贤"。东晋中叶以后,江左名士孙盛、袁宏、戴逵等遂著之于书(《魏氏春秋》《竹林名士传》《竹林七贤论》)。东晋有"兖州八伯,盖拟古之八俊"(《晋书》四九《羊曼传》)。兖州为地名,"竹林"则非地名,亦非真有什么"竹林"。

《世说新语·伤逝类》"王濬冲为尚书令"条云:

王濬冲(王戎)为尚书令,著公服,乘轺车经黄公酒垆下过,顾谓后车客:"吾昔与嵇叔夜(嵇康)、阮嗣宗(阮籍)共酣饮于此垆,竹林之游亦预其末。自嵇生夭,阮公亡以来,便为时所羁绁。今日视此虽近,邈若山河。

刘注引《竹林七贤论》曰:

俗传若此,颍川庾爰之尝以问其伯文康,文康云:"中朝所不闻,江左忽有此论,皆好事者为之也。"

据此可知王戎与嵇康、阮籍饮于黄公酒垆,共做"竹林之游",都是东晋好事者捏造出来的。"竹林"并无其处。

《世说新语·文学类》"袁彦伯作《名士传》成"条又云：

  袁彦伯(袁宏)作《名士传》成，(刘注：宏以夏侯太初、何平叔、王辅嗣为正始名士，阮嗣宗、嵇叔夜、山巨源、向子期、刘伯伦、阮仲容、王濬冲为竹林名士，裴叔则、乐彦辅、王夷甫、庾子嵩、王安期、阮千里、卫叔宝、谢幼舆为中朝名士。)见谢公(谢安)，公笑曰："我尝与诸人道江北事，特作狡狯尔，彦伯遂以著书。"

据此又可知所谓正始、竹林、中朝名士，即袁宏著之于书的，是从谢安处听来的。而谢安自己却说他与诸人"道江北事，特作狡狯"，初不料袁宏著之于书。

河北民间以"竹林七贤"之说，附会地方名胜。如《水经注》九《清水篇》"清水出河内修武县之北黑山"句下注云：

  又径七贤祠东，左右筠篁列植，冬夏不变贞萋。魏步兵校尉陈留阮籍、中散大夫谯国嵇康、晋司徒河内山涛、司徒琅邪王戎、黄门郎河内向秀、建威参军沛国刘伶、始平太守阮咸等同居山阳，结自得之游，时人号之为"竹林七贤"，向子期所谓山阳旧居也。后人立庙于此。

又云：

  郭缘生《述征记》所云白鹿山东南二十五里，有嵇公故居，以居时有遗竹焉，盖谓此也。

所谓山阳故居筠篁列植，嵇康故居有遗竹，都是因为不明白"竹林七贤"名称的由来，所作的附会。

"竹林七贤"以嵇康、阮籍、山涛为领袖，向秀、刘伶次之，王戎、阮咸为附属。王戎从弟衍本不预七贤之数，但也是气类相同的人物，可以合并讨论。

《晋书》四九《阮籍传》附《瞻传》云：

  见司徒王戎，戎问曰："圣人贵名教，老庄明自然，其旨同异?"瞻曰:"将无同。"戎咨嗟良久,即命辟之。世人谓之"三语掾"。

《世说新语·文学类》亦载此事,但作王衍与阮修问对之词。其实问者之为王戎或王衍,答者之为阮瞻或阮修,并不重要,重要的只是老庄自然与周孔名教相同之说一点。"三语掾"之三语中,"将无"二语是助词,三语实仅"同"一语。老庄自然与周孔名教相同之说为当时清谈主旨之所在,故王戎举之以问阮瞻。阮瞻的回答与王戎之意符合,故深得王戎的赏识。

关于周孔名教,据《老子》云:

> 朴散则为器,圣人用之则为官长。

又云:

> 始制有名。

王弼注云:

> 始制谓朴散始为官长之时也。始制官长,不可不立名分,以定尊卑,故始制有名也。

《庄子·天下篇》云:

> 春秋以道名分。

据此可知名教或以名为教,依魏晋人的解释,即以官长君臣之义为教。这是入世求仕的人所宜奉行的东西。主张遵行名教,入世求仕,与主张崇尚自然,避世不仕,适相违反。名教与自然明明是不同的东西,何以王戎、阮瞻要说相同呢?这要了解魏末以来的政治状况及嵇康等人的主张与遭遇。

在魏末晋初主张自然与名教互异的士大夫中,其崇尚名教一派的首领,如王祥、何曾、荀𫖮等三大孝,即辅佐司马氏夺取曹魏政权而做到三公的人。其眷怀魏室,不与司马氏合作的人,皆标榜老庄之学,以自然为宗。当时人物对名教与自然主张的不同,即是自身政治立场的不同。

"七贤"之中,应推嵇康为第一人。嵇康的妻子是曹操曾孙之女(见《魏志》二〇《沛穆王林传》裴注引《嵇氏谱》)。在政治上,嵇康积极反抗司马氏;在思想上,嵇康是主张自然的最激烈的领袖。

《魏志》二一《王粲传》裴注引嵇喜撰《嵇康传》略云:

> 少有俊才,旷迈不群,高亮任性,不修名誉,宽简有大量。学不师授,博冶多闻,长而好老庄之业。性好服食,常采御上药。善属文论,弹琴咏诗,自足于怀抱之中。以为神仙者,禀之自然,非积学所致。超然独达,遂放世事,纵意于尘埃之表。撰录上古以来圣贤、隐逸、遁心、遗名者,集为传赞,自混沌至于管宁,凡百一十有九人,盖求之于宇宙之内,而发之乎千载之外者矣。故世人莫得而名之焉。

裴注又引《魏氏春秋》略云:

> 康寓居河内之山阳县,与陈留阮籍、河内山涛、河南向秀、籍兄子咸、琅邪王戎、沛人刘伶相与友善,游于竹林,号为"七贤"。大将军尝欲辟康。康既有绝世之言,又从子不善,避之河东,或云"避世"。及山涛为选曹郎,举康自代,康答书拒绝,因自说不堪流俗,而非薄汤、武。大将军闻而怒焉。初,康与东平吕昭子巽弟安亲善。会巽淫安妻徐氏,而诬安不孝,因之。安引康为证,康义不负心,保明其事。安亦至烈,有济世志力。钟会劝大将军因此除之,遂杀安与康。

据此可知嵇康在当时是一个被号为主张老庄之自然(即避世),违反周孔之名教,不孝不仕之人。司马氏杀嵇康,加在他身上的罪名,正是不仕不孝,违反名教。俞正燮《癸巳存稿·书文选幽愤诗后》说:"乍观之,一似司马氏以名教杀康也者,其实不然也。"司马氏实以名教杀嵇康,俞氏于此未能完全了解。

嵇康被杀后,其余主张自然的名士如向秀,据《世说新语·言语类》(参《晋书》四九《向秀传》)云:

"嵇中散既被诛,向子期举郡计入洛,(司马)文王引进,问曰:'闻君有箕山之志,何以在此?'对曰:'巢许狷介之士,不足多慕。'王大咨嗟。"

刘注引《向秀别传》略云:

(秀)少为同郡山涛所知,又与谯国嵇康,东平吕安友善,并有拔俗之韵,其进止无不同,而造事营生业亦不异。常与嵇康偶锻于洛邑,与吕安灌园于山阳,不虑家之有无,外物不足以怫其心,弱冠著《儒道论》。后康被诛,秀遂失图,乃应岁举到京师,诣大将军司马文王。文王问曰:"闻君有箕山之志,何能自屈?"秀曰:"尝谓彼人不达尧意,本非所慕也。"一坐皆说。随此撰至黄门侍郎、散骑常侍。

可知向秀在嵇康被杀后,完全改节失图,弃老庄之自然,尊周孔之名教。

至于阮籍,则不似嵇康积极反晋,而出之以消极的态度,虚与司马氏委蛇,遂得苟全性命。据《魏志》二一《王粲传》(参《晋书》四九《阮籍传》)云:

籍才藻艳逸,而倜傥放荡,行己寡欲,以庄周为模则。官至步兵校尉。

裴注引《魏氏春秋》略云:

籍旷达不羁,不拘礼俗。性至孝,居丧虽不率常检,而毁几至灭性,后为尚书郎,曹爽参军,以疾归田里。岁余,爽诛,太傅及大将军乃以为从事中郎。后朝论以其名高,欲显崇之。籍以世多故,禄仕而已,闻步兵校尉缺，厨多美酒，营人善酿酒，求为校尉，遂纵酒昏酣，遗落世事。籍口不论人过，而自然高迈，故为礼法之士何曾等深所仇疾。大将军司马文王常保持之，卒以寿终。

关于何曾的仇疾与司马昭的保持阮籍，据《世说新语·任诞类》云：

>阮籍遭母丧，在晋文王坐进酒肉，司隶何曾亦在坐，曰："明公方以孝治天下，而阮籍以重丧显于公坐，饮酒食肉，宜流之海外，以正风教。"文王曰："嗣宗（阮籍）毁顿如此，君不能共忧之，何谓？且有疾而饮酒食肉，固丧礼也。"籍引觞不辍，神色自若。

又《魏志》一八《李通传》裴注引王隐《晋书》所载李秉《家诫》略云：

>（司马文王）曰："天下之至慎，其惟阮嗣宗乎！吾每与之言，言及玄远，而未曾评论时事，臧否人物，真可谓至慎矣。"

可知阮籍虽不及嵇康的始终不屈身于司马氏，然而所为不过"禄仕"而已，依旧保持了他的放荡不羁的行为，所以符合老庄自然之旨，故主张名教、身为司马氏佐命元勋的人，如何曾之流，必欲杀之而后快。

自然之旨既在养生遂性，则阮籍的苟全性命，仍是自然而非名教。而他言必玄远，不评论时事，不臧否人物，被司马昭称为"天下之至慎"，则不独用此以免杀身之祸，并且将东汉末年党锢名士具体指斥政治、表示天下是非的言论，一变而为完全抽象玄理的研究，遂开西晋以降清谈的风派。然则，所谓清谈，实始于郭泰，成于阮籍。

刘伶。《世说新语·任诞类》云：

>刘伶恒纵酒放达，或脱衣裸形在屋中。

则刘伶亦不过有托而逃,藉此表示不与司马氏合作而已。这与阮籍的苟全性命,同是老庄自然之旨。乐广以为"名教中自有乐地",非笑此类行为(见《世说新语·德行类》),"王平子、胡母彦国诸人皆以任放为达,或有裸体者"条及《晋书》四三《乐广传》)足证当时刘伶的放纵,出于他主张的自然之说。

阮咸。《晋书》四九《阮籍传》附《咸传》略云:

  咸任达不拘,与叔父籍为竹林之游,当世礼法者讥其所为。居母丧,纵情越礼,素幸姑之婢。姑当归于夫家,初云留婢,既而自从去。时方有客咸闻之,遽借客马追婢,既及,与婢累骑而还(参《世说新语·任诞类》"阮仲容先幸姑家鲜卑婢"条)。

考《世说新语·任诞类》"阮仲容步兵居道南"条刘注引《竹林七贤论》云:

  诸阮前世皆儒学,善居室,惟咸一家尚道弃事,好酒而贫。

所谓"儒学",即遵行名教之意;所谓"尚道",即崇尚自然之意。阮咸"尚道弃事","纵情越礼,素幸姑之婢",足证阮咸也是主张自然之说的人物。

据上引史料,可见自然与名教不同,本不能合一。魏末名士其初原为主张自然、高隐避世的人,至少对于司马氏的创业,不是积极赞助。然其中如山涛,王氏戎、衍兄弟,又自不同。像山涛,原是司马氏的姻戚。(山涛为司马懿妻张氏的中表亲,见《晋书》四三《山涛传》)其人虽曾"好老庄,与嵇康善"(《世说新语·政事类》"山公以器重朝望"条刘注引虞预《晋书》),但后来终于依附司马氏,佐成亡魏成晋之业。王戎、王衍既与晋室开国元勋王祥为同族,王戎父王浑、王衍父王乂又都是司马氏的党羽,家世遗传与环境熏习都足以使他们站到司马氏一边,致身通显。而他们早年本崇尚自然,栖隐不仕,后忽变节,立人之朝,位至宰执,势必不能不利用一已有的旧说或发明一种新说,以辩护其立场。这就是名教与自然相同之说的由来。此说意谓自然为体,名教为用,自然为名教之本。如袁宏《后汉纪》所云:

> 夫君臣父子,名教之本也。然则名教之作何为者也?盖准天地之性,求之自然之理,拟议以制其名,因循以弘其教,辩物成器,以通天下之务者也。是以高下莫尚于天地,故贵贱拟斯以辩物;尊卑莫大于父子,故君臣象兹以成器。天地无穷之道,父子不易之体,以无穷之天地,不易之父子,故尊卑永固而不逾,名教大定而不乱,置之六合,充塞宇宙,自今及古,其名不去者也。未有违使天地之性,而可以序定人伦矣。

既然名教原是取法自然而设,则不独须贵名教,亦当兼明自然。有了此说,如山涛、王戎、王衍之辈,自可兼尊显的达官与清高的名士于一身,既享朝廷的富贵,仍存林下的风流,而无所惭忌。这是历史上名利并收的最显著的例子。由此可知名教与自然相同之说之所以成为清谈的核心,原有其政治上的实际功用。

如果是林泉隐逸清谈玄理,则纵使无益于国计民生,也不致误国。清谈误国,正因在朝廷执政即负有最大责任的达官,崇尚虚无,口谈玄远,不屑综理世务之故。

《世说新语·轻诋类》桓公入洛条云:

> 桓公入洛,过淮泗,践北境,与诸僚属登平乘楼,眺瞩中原,慨然曰:"遂使神州陆沉,百年丘墟,王夷甫(王衍)诸人不得不任其责。"袁虎率尔对曰:"运自有废兴,岂必诸人之过?"

袁虎不知桓温所以说王衍等人要负神州陆沉的责任,是因为王衍等那些负有最大责任的达官,崇尚虚无,不以国事为务。同书同类同条刘注引《八王故事》云：

> 夷甫虽居台司，不以事物自婴，当世化之，羞言名教，自台郎以下，皆雅崇拱默，以遗事为高，四海尚宁，而识者知其将乱。

同书同类同条刘注引《晋阳秋》云：

> 夷甫将为石勒所杀，谓人曰："吾等若不祖尚浮虚，不至于此。"

《晋书》四三《王戎传》附《王衍传》略云：

> 衍自说少不豫事，欲求自免，因劝（石）勒称尊号。勒怒曰："君名盖四海，身居重任，少壮登朝，至于白首，何得言不豫世事邪？破坏天下，正是君罪。"……使人夜排墙填杀之。

王衍与王戎一样，是主张名教与自然"将无同"的人物。刘注引《八王故事》等书说他"羞言名教""祖尚浮虚"，是说他主张自然为名教之本。王衍少壮登朝，至于白首，位居台司，而存林下风流。"不以事物自婴"，并由此博得四海美名。在他的影响下，自台郎以降，也都"雅崇拱默，以遗事为高"。这就必然要误国。王衍在临死之前所说"吾等若不祖尚浮虚，不免于此"，表示他自己也觉察到了这个问题。

王衍死于宁平，宁平之难，死者数十万，西晋仅有的力量完全丧失，终至灭亡，《元和郡县图志》七《河南道三》亳州真源县条云：

> 宁平故城在县西南五十五里，汉县地。晋永嘉五年，东海王越自阳城率甲士四万死于项，秘不发丧，石勒兵追之，及宁平城，焚越尸于此，数万众敛手受害，尸积如山，王夷甫亦遇害。

《晋书》五九《东海王越传》略云：

永嘉五年薨于项,秘不发丧,以襄阳王范为大将军,统其众,还葬东海。石勒追及于苦县宁平城,将军钱端出兵距勒,战死,军溃。勒命焚越枢曰:"此人乱天下,吾为天下报之。"故烧其骨以报天地。于是数十万众,勒以骑围而射之,相践如山,王公士庶死者十余万。王弥弟璋焚其余众,并食之。

清谈误国是西晋灭亡的原因之一。那时候的西晋官场是,一面奢谈名教与自然"将无同",一面穷极奢侈享受,名士与高官合为一体,而变乱就在这种风气中孕育。此风不到西晋最后灭亡,不能终止。

吴宓（1894—1978），字雨僧、玉衡，笔名余生，陕西省泾阳县人，中国现代著名西洋文学家、国学大师、诗人。清华大学国学院创办人之一，被称为中国比较文学之父。

吴宓1916年于清华学校留美预备科毕业，1917年就读美国弗吉尼亚大学，1918年转入哈佛大学比较文学系，获硕士学位。1930—1931年游学西欧，在牛津大学、巴黎大学从事研究。1921—1949年先后任东南大学、东北大学教授，清华大学（西南联大）国学研究院主任、外文系主任，武汉大学外文系教授兼系主任，相辉学院、勉仁学院、四川省立教育学院教授。其间曾兼任北京大学、燕京大学、北平师范大学、云南大学、四川大学、华中大学、重庆大学教授。他在主持清华国学研究院期间，聘请王国维、梁启超、赵元任、陈寅恪等任教。1950年起在西南师范学院任教。1978年1月在陕西老家病逝。

吴宓通晓世界多种语言，在外国语言文学方面有精深造诣，奠定了他对世界文学对比研究的坚实基础。他在中国开创了世界文学和比较文学研究之先河，把比较文学引入中国学术领域，是我国比较文学的先驱，也是在高等学校开设比较文学课程和运用其理论与方法研究中国文学的第一人。1921年回国后，吴宓在清华大学开设了"中西诗之比较研究"，自此比较文学开始进入中国高等学府的课堂。吴宓还是我国红学的开拓者之一，他用比较文学的方法研究《红楼梦》，为我国比较文学学科之首创。

致李赋宁等

吴　宓

学淑→赋宁→并转诸相知友生同鉴：

……

十月二十八夕,写上蓉字第二号平函,颇有郁郁不乐、悔来成都之意。按此乃一时之感情,少顷即改变。日来对成都一切印象已转好。对燕京尤喜欢,无复丝毫悔怨之心。你们可放心。

请续前述说:宓二十六晚到成都。住唐炳亮家。唐炳亮教授为宓购(1)上好油纸伞＄350,(2)Nugget 黑皮鞋油一小圆盒＄25,(3)本年八月出版成都市详细地图,＄30。均于二十七晚送来。

二十七日访陈寅恪。下午至血清厂罗宅,见王、罗两家人,知宓之黑纸箱德国制已破坏,箱内衣物多霉湿。当由湘月表弟妇为宓刷拭整理。其绸衫等亦均染污,已付洗染店浣濯费四百元,但恐难复原洁白,终多污斑。此箱及衣物之损坏实为宓最感不快之事,而亦人谋未臧之咎也。……二十七日傍晚,萧公权来马宅访晤,相见甚欢,以《宓诗稿》授之。越日,公权作七律诗二首赠宓,甚佳另录。在马宅晚饭。晚空袭警报,早寝。夜中大雨。

二十八日(星期六)雨。马宅早饭。8:00 访四川大学校长黄季陆兼四川省党部主任委员于文庙街六十六号本宅,甚宏阔约定下午赴该校。即乘其汽车至状元街 33 四川矿业公司访陈兆祊(秘书)字行健,高陵籍,清华外文系1934级毕业。留柬,即回马宅。约 11:00 陈兆祊来。邀宓出,雨已止。计宓到成都一星期,雨时极少——仅昨夜及今日上午雨,馀均阴或晴,而无雨。步行至祠庙街在大众食堂请宓便饭,费＄500。

成都街市宽中路及人行道,各为昆明正义路之二倍而平,且无深泥及石砾。即雨时亦易行走。其各街各类店铺,均陈设整洁,货物排列极美观,如售鞭炮者,以炮排束为菊花式及八卦式之圆平块,色相间。桌椅拂拭无纤尘。市肆中人亦有礼貌,颇似北京。一般人安适而富足,自乞丐、洋车夫、舟子以上,莫不长衫,衣履整齐。决不见如宓等在昆明之长衫一再加补缀而褪色者。大小饭馆,座位均宽敞雅洁。肴馔糕点,无论贵贱,均细美而精巧。其价仍较昆明为廉。总之,若为生活之舒适计,则宁居成都,不返昆明矣。尤使宓喜悦者,即所有大小新旧商店及公署机关,其牌匾题字,均工整合法,具欧、赵、颜等各体之美,决无昆明粗恶丑怪及简笔怪体,"詆托徵征误,妄以云为雲"等情形,在成都绝未之见。至于旧文化之深厚,学校中均授文言,能诗词书画者之多且佳,更远非云南所可及者已。……

以上乃多日前所写。近二星期中,以应酬忙碌,竟无暇写信。恐你们悬盼,急欲将信寄发,而日复一日,今(十一月十二日)另改办法,从简叙述,不复作日记体。……

自宓到成都半月馀,仅十月二十七夜、二十八日(至午止)雨,馀仅阴,未尝雨。近数日则上下午全晴,日光朗照,晨夕多雾,且甚和暖。二十八日下午黄季陆校长,以其汽车邀载至四川大学,参加全体学生总数四千人,到者五六百人集会。黄校长训话,命宓坐台上,向学生介绍。宓仅说"客气话"数句。在川大见外文系主任罗念生及教授或讲师石璞、李梦雄夫妇(石为李之妻,皆清华1933外文系毕业)、饶孟侃、谢文炳诸君。又见他系教师中之清华校友周辅成、朱延丰等。而最亲洽者,则李思纯,哲生昔东南外文系同事,学衡社友,其诗又宓所最欣佩也。学淑生一岁时,哲生甫回国,在南京家中住。李任川大师范学院史地系主任。其二子多读旧书,著作斐然,均治国史。黄建中离明为师范学院院长。以上二人均曾请宓在其家午饭。哲生并请宓每次去校,均在其家午饭。其夫人亦殷勤招待。哲生对心一及学淑殷殷询问,谓淑去年在蓉,彼初未知,旋闻,已去,未及照顾,云云。是日仍乘黄校长汽车归。

在马鑑季明先生家,住八日。觉其一家融融泄泄,有中国旧家之诗书文雅,兼新式教会西士之敏细整洁。自马太太以下,皆早起,各尽其职。子女辈亦皆彬彬有礼。八子女,惟最少之二女在家。每日三餐,饭食精美。宓所住一室,原系马彬小姐去年在燕大毕业之居室,特让宓居之。马鉴先生今年六十二,精神极健。其在燕大,助梅贻宝校长_{昨方回到成都},综理内外,协和员生,早作夜思,兼治本末。一方能尊重寅恪等之品学,一方又能不惜劳苦,尽心校务,使宓钦佩,窃叹联大未见此人也。

二十九日,星期日。至王、罗宅,命定江甥陪导宓出。访钱穆,久谈。孔祥瑛在,已有子,四龄。穆遂请我等在小天竺街之江湖(Tip-Top)西餐。_{午饭}此盖为"盟军友人"常至之地。下午访吴蔼辰,_{诇孙父未遇}。游观街市,见售锁等物者,均拂拭光亮,排列整洁。又观煮丝缫丝及织锦纺线之工作,Golden Threads 极可赏玩。成都百物之佳,且较廉,惜不能悉带回昆明以赠亲友耳。是晚,马家宴客,中餐西吃。

先是二十八日上午,马鉴先生介绍宓晤识燕大各部办事职员及教授等,其中有英文系主任 Miss Grace M. Boynton(包贵思),宓略谈及学淑留联大,又为详述梦家、萝蕤赴美等情。包为 Winter 之旧友,今已发斑白,闻多病,将回美国长期休息矣。

十月三十日(星期一)代理校长马鉴先生,邀宓至燕大纪念周,宓坐台上,仅说数语之客气话。燕大学生共四百人,2/3 为平津来者,悉操北京语,整洁而有礼貌。燕大校内地域极小,然洗刷清净,地无微尘。办公各组,均聚于一楼,接洽甚便。

在马宅午饭后,即乘人力车(＄80)至川大上一课。按宓在川大共有课五小时。此后星期一不再来,惟于星期二来川大上二课(1—3p.m.)。星期三来上二课(1—3p.m.)而已。川大虽校长命为宓备办一切,然办事松懈,奉行不力,致终未为宓觅得一室,宓遂每日来去,并未在川大住宿。其后周辅成君_{哲学副教授}愿以其一室_{床帐被褥书案咸备},于每星期二供宓住宿。宓得之,亦尚未利用之也。川大学生四千人,有名无实。校长但夸房屋之多,_{且其宏丽,不减昔之燕京},员生之众,_{教授及教员共五百人},而不问内容。宓来此上课,颇感如昔年在清华时,每星期五,到城内师大等处上课也。宓在川大授课二门,外文系《英国浪漫诗人》二小时,中文系《世界文学史大纲》二小时,学生前者(英语)少而后者(国语)多。

宓旧识之四川诗文朋友,多在川大任教或兼课,如蒙文通、庞俊、彭举等。庞俊君曾宴宓于陕西街"不醉无归小酒家",此地最名贵之酒馆,每菜五六百元,然并不佳。又有初识之四川文学朋友,请宴于其家,则肴馔至为精美。其生活之优美舒适,殆非我等毕生所能望见者矣。蒙文通曾导宓访渭南藏书兼刻书家严谷孙先生,遂见其侄严庄(敬斋)夫妇及谢树英(奚若及金博士之友)夫妇。庄留午饭,畅谈。此外琐事不悉记。

十一月二日(星期四)始在燕大上课,学生热心听讲,且整洁有礼貌,宓甚喜之。宓授二课,均在中文系,《世界文学史大纲》二小时,晨8:30—9:30,《文学与人生》二小时,多人旁听,学生又请宓于星期六下午2—3点另讲一小时(不重复)以免听者向隅。

以上乃初来及十一月十二日所写①,其后因事忙,遂未能续写。近日寇入黔境,传闻其意欲进攻昆明,未识联大同人亦忧急否。愚意总宜镇静,切不可自扰,尤须藉此自验处危乱之工夫。宓数年来,恒在较为平安之地,然往来迁动多出无心,初未尝有比较计算、趋吉避凶之意,特自然所致,以此深感天恩也。

前者学淑来函十一月二十日语甚悖谬,使宓气苦多日。兹已另函知照赋宁,命赋宁自本年十二月份起,每月代发给学淑用费七千元整(连公费可有八千元矣)。学淑得此,当可较裕,但无论如何,需钱可向父请增月费,不应径取宓之西服而毁坏全套。盖他人之片纸破衣,亦不宜取用,应绝对的尊重他人之财产权,并应尊

---

① 原文此段上方作者有眉注:"此下,十二月四日所写,勉钟兄事忙,请由此读下。"

重宓之财产权。世间为父者,有卖其子女得钱自用者矣,而宓岂其人哉！学淑衣箱在宓室中一年,宓未尝不告而取其中一物,更勿论陈毓善等之衣箱,寄宓处,宓决不擅取其物。此为做人之根本道理,决非宓自私。夫宓一生刻苦,以道德自励,以感情自豪,其爱学淑,亦已甚至。赵紫宸兄知之,钱学熙兄知之。学淑南来途中,宓恒每夜祈祷其平安,日记可复查。即去年八月宓不能去成都,函谕淑自决行来滇止,留眘并云"你喜欢如何,便如何。经济(用钱多少)可不必管"云云。至淑到昆明后,宓直接间接为淑所用之钱,又岂仅每月所给之月费而已哉！况宓平日一身极为节俭,而得钱以便多汇与心一及各方,其给淑之钱不多,乃望淑由辛苦艰难中,学得善用财之道,不惟增长自己之才力,且先苦后丰,终身感觉舒适。且与他人之子女比,亦有尚比淑所得更少者,……今兹宓径自决定增淑月费至＄7000者,乃因宓不增其月费,淑或受颉弟、学熙兄等之津助,是宓反累诸公也,此断不可。今时局不安,大家忧惶,而宓前函且烦恳勉仲兄、学熙兄、之颉弟为议定月费数目,未免累诸公太过,故径自动增给至七千元。倘以上三公,认为＄7000仍太少,请具函告宓"应加至若干",宓必遵行。再者,今昆明似较危急(宓意则甚乐观),俗人将曰"宓置其女于昆明而不顾",但此非事实。私意以为,有颉弟、德锡侄、学熙兄、子水兄、蕖妹,以及其他友生,以宓生平与友之情谊,决不致弃淑而不为之所。临时如何相机措置,自必有办法,不烦宓远道恳求指示,且亦不能指示得宜也。最后,万一联大解散,淑自可来成都,重入燕京,但今实非其时。……

此函(尤其三、四两项)务请送呈查勉仲先生良钊一阅。成都近日忽阴,偶雨甚寒,宓仍穿棉袍,暂留皮袍未加。但已以＄6500制一大厚棉被棉花七斤,白布套式,又购毛袜西北制值＄320。赴陕年假省亲一层,已进行定乘车,但且看时局,或即不去矣。不尽,惟祷祝

昆明安谧,大家都好。即祝
冬安

宓顿首
1944 十二月四日写完,付邮。

叶企孙(1898—1977),名鸿眷,字企孙,上海人,物理学家、教育家,中国近代物理学奠基人,中国物理学界的一代宗师。1911年入清华学堂,1918年考取庚子赔款留美公费生,赴芝加哥大学物理系就读,1920年9月入哈佛大学研究院学习,1923年获哲学博士学位,1924年回国后在东南大学、清华学校任教,担任物理系主任,1929年任国立清华大学理学院院长、代理校长。抗战期间任西南联大理学院院长。1945年11月暂代该校常委职务,1948年当选为中央研究院院士。中华人民共和国成立后历任清华大学校长、北京大学教授、中国科学院学部委员、全国政协委员、全国人大代表等职。

叶企孙把毕生精力贡献给中国教育及科学事业,在清华开展了长达20余年的教学教研活动,培养了大批优秀科学家,抗战前毕业的杰出学者有王竹溪、彭桓武、王淦昌、钱三强、赵忠尧、林家翘、钱伟长、王大珩、赵九章、陈芳允、于光远等。西南联大物理系毕业生中,后来成为著名科学家的有黄昆、戴传曾、李荫远、朱光亚、邓稼先、杨振宁、李政道等。中华人民共和国成立后毕业于清华物理系成为著名物理学家的有周光召、何祚庥、唐孝威、黄祖洽、胡仁宇、蒲富恪等。中华人民共和国23位"两弹一星"功勋奖章获得者中,有9位是叶企孙的弟子,就连钱学森、华罗庚都受到过叶企孙的培养和呵护,因而有人称他为"大师中的大师"。

萨本栋先生事略

叶企孙

1949年一月卅一日,萨本栋先生病死在美国旧金山加省大学医院里。中国教育工作者、自然科学工作者,以及曾经听过他的讲演读过他的著作的人,无论他们是在当时已解放的区域或尚未解放的区域,听到了这个消息,心里都非常悲痛。他的死使中国物理学界和电机工程学界失去了一个重要的研究工作者,中国的学术机关失去了一个能干而且能尽力的行政工作者,中国的大学生失去了一位数理及工程方面的好教授。我们看他一生的工作,始终是不断地贡献他的全力。他的寿虽然不满四十七岁,他所作的事业和研究工作确实不少。

1902年七月,萨先生生于福建省闽侯的一个比较宽裕的家庭中,他很顺利地受到小学教育和中等教育,1921年他在北京清华学校毕业,1922年被派到美国去留学,先后在史丹福大学及吴斯德工学院学习电机工程和物理学。他的兴趣起初在电机工程。因为想更深入地研究,所以又推广到物理学了。1927年获得理学博士学位后,接受了一个很大的电机制造公司的聘约,做了一年研究工作,到1928年才回国。

萨先生回国后的工作,可以分为三个时期来叙述。第一个时期是从1928年秋到1937年夏。在这九年中他担任清华大学物理学教授,他曾经讲授过的主课程是大学普通物理、电磁学和无线电原理,他讲授普通物理时,准备充分,声音宏亮,尽力于做表演,考试多而严,平时给予学生充分的发问机会。根据他的教授经验,他写了一部《普通物理学》(上下二册,商务印书馆1933年出版),又写了一部《普通物理实验》(商务印书馆1935年出版)。这两部书在国内甚为通行,到现在还是这样。萨先生的研究工作在这一个时期中最为丰富,他一生共写了二十二篇研究论文,内中有十五篇都是在这个时期写的。他研究了两类问题。第一类问题是双矢量(dyadic)方法解决电路问题(十二篇)。第二类是关于各种真空管的性质和效能(四篇)。1935年萨先生利用休假机会,到美国俄亥俄州立大学电机工程系去讲学,所讲的材料就是第一类问题,以后他又汇集了关于第一类问题的研究成果,加以系统化,用英文写成了一本专著,1939年在美国出版。萨先生在第一个时期的工作树立了他的学术地位;他对于清华的学术环境是满意的;他在师生中留下了很好的印象;他在清华物理学系创造了值得纪念的功绩。他离开了清华以后,对于这个大学的重要事件,常在关心着,一直到他临终的时候。

1937年6月南京政府任命萨先生为国立厦门大学校长。他对于教学及研究的热忱与成就无疑地使当时的教育部决定了这个最适当的人选。在七七事变发生后的第五天,他离开了北平,去就他的新职。他的第二个时期(1937夏至1945夏)就紧张地开始了。他担任厦大校长八年,实际在校七年,刚刚遇到了一个很困难的并且在迁徙中的时期。他为厦大尽了十二分的力,解决了许多困难,设法聘请到几位好教师。但是厦大的教师还是不够的,因此他须要自己担任一班一年级的微积分。因为教本缺乏,他还编了一种微积分的讲义,以后他拿讲义整理成了一本书,这就是商务印书馆在1948年所出版的《实用微积分》。萨先生对于厦大真是做到了心力交瘁的地步,以致严重地影响了他的健康。在抗战期中厦大虽没有能大量发展,却有了重要的改进,树立了良好的校风。1949年秋天萨先生的骨灰归葬在厦大的校址内,在他所用尽心力的地方永留纪念,这是最适当不过的。

在第二个时期中,除了处理繁忙的行政工作外,萨先生还发表了五篇研究论文(论文第十八篇至第二十二篇),其中有三篇是属于电路方面的,仍然继续他已往的主要工作。1944年萨先生到美国去讲学,先后在麻省理工大学及史丹福大学担任访问教授,他的讲演题目是交流电机,以后他拿讲演的材料整理成一本书,1946年在美国出版。萨先生在电机工程方面还有两本中文著作,一是《交流电路》,1948年正中书局出版;一是《交流电机原理》,1949年商务印书馆出版。

1945年夏天,萨先生从国外飞回重庆。朋友们发现他对于回到厦大的兴趣不太浓厚。当时在重庆的中央研究院刚要选聘一位总干事,院内院外的科学家都认为萨先生是一位很适宜的人选,他就应允了中研院的聘请而开始他的第三个时期的工作。从1945年秋天到1948年十二月中旬,他替中研院办了两件繁重的事:一件是复员,一件是在南京建立一个数理化中心。正在国民党发动内战的时候,他竟能筹到款项,为数学研究所及物理研究所在南京九华山附近各造了一所房屋。他虽然没有能看到这两所房屋得到充分的利用,这样的建设终是对于国家有益处的。

对于中国物理学会,萨先生也尽心尽力地在多方面做了重要的贡献,从1932年到1937年,他先后担任学会的会计和秘书。从1942年起又先后担任学报委员会委员和学会副理事长。从1946年起到他病重的时候,他担任名词审查委员会委员兼干事。他对于物理学专门名词的翻译问题,常有很大的兴趣。

萨先生在清华担任教授的时候已经有胃病了。但是他的身体,一般说来是强健的。谁也没有想到他的胃病是属于癌性的。他爱好运动,特别喜欢打网球。他的夫人黄淑慎女士也是一位体育家。萨先生的球技很好,在清华园内,遇有空暇,他常同他的哥哥——有机化学家本铁先生练习打网球,同别队比赛,常得胜利。加上他对于业务的努力,使人不容易想到在他的胃里已潜伏了一种重病。因此,他的病完全给耽误了,这真是不幸之至!

尤其令人伤心的是他刚死在中国逢到大转变的时候。他没有看到新中国的建立，没有参加新中国的建设工作，他的才干，对于自然科学在新中国的新生应该是一个巨大的力量，然而已无从发生作用了。他已过世了，但是祖国的自然科学界是忘不了他的功绩的。

1950 年 7 月 27 日于清华园

傅斯年(1896—1950),字孟真,初字梦簪,山东聊城人。著名历史学家、古典文学研究专家、教育家、学术领导人,五四运动学生领袖之一,中央研究院历史语言研究所的创办者。1919年傅斯年考取庚款官费留学生,先入英国爱丁堡大学,后转入伦敦大学研究院,1923年入柏林大学哲学院学习比较语言学。1926年回国,先后曾任中山大学、北京大学等校教授。抗日战争期间,任国民参政会参政员,兼任西南联大教授,1939年任西南联大北大文科研究所所长,1945年曾一度代理北大校长,1948年当选中央研究院院士。1950年因突发脑溢血在台湾病逝。傅斯年任历史语言所所长二十三年,培养了大批历史、语言、考古、人类学等专门人才,组织出版学术著作70余种,在经费、设备、制度等方面都为历史语言所的发展作出了重要贡献。他组织了第一次有计划的殷墟甲骨考古活动,先后发掘十五次,大大推动了中国考古学的发展和商代历史的研究。傅斯年还将明清大库档案资料争取到历史语言研究所,组织进行专门整理,使明清史研究取得了突破性的进展。

历史语言研究所工作之旨趣

傅斯年

历史学和语言学在欧洲都是很近才发达的。历史学不是著史;著史每多多少少带点古世中世的意味,且每取伦理家的手段,作文章家的本事。近代的历史学只是史料学,利用自然科学供给我们的一切工具,整理一切可逢着的史料,所以近代史学所达到的范域,自地质学以至目下新闻纸,而史学外的达尔文论,正是历史方法之大成。欧洲近代的语言学,在梵文的发现影响了两种古典语学以后才降生,正当十八十九世纪之交。经几个大家的手,印度日耳曼系的语言学已经成了近代学问最光荣的成就之一个，别个如赛米的①系、芬匈系，也都有相当的成就，即在印度支那语系也有有意味的揣测。19世纪下半的人们又注意到些个和欧洲语言全不相同的语言，如黑人的话等等，"审音之功"更大进步，成就了甚细密的实验语音学。而一语里面方言研究之发达，更使学者知道语言流变的因缘，所以以前比较言语学尚不过是和动物植物分类学或比较解剖学在一列的，最近一世语言学所达到的地步，已经是生物发生学、环境学、生理学了。无论综比的系族语学，如印度日耳曼族语学等等，或各种的专语学，如日耳曼语学、芬兰语学、伊斯兰语学等等，在现在都成大国。本来语言即是思想，一个民族的语言即是这一个民族精神上的富有，所以语言学是一个大题目，而直到现在的语言学的成就也很能副这一个大题目。在历史学和语言学发达甚后的欧洲是如此，难道在这些学问发达甚早的中国，必须看着它荒废，我们不能制造别人的原料，便是自己的原料也让别人制造吗？

  论到语言学和历史学在中国的发达是很引人寻思的。西历纪元前两世纪的司马迁，能那样子传信存疑以别史料，能作八书，能排比列国的纪年，能有若干观念比十九世纪的大名家还近代些。北宋的欧阳修一面修《五代史》，纯粹不是客况的史学，一面却作《集古录》，下手研究直接材料，是近代史学的真功夫。北南宋的人虽然有欧阳修的《五代史》、朱熹的《纲目》，是代表中世古世的思想的，但如司马光作《通鉴》（遍阅旧史，旁采小说），他和刘攽、刘恕、范祖禹诸人能利用无限的史料，考定旧记，凡《通鉴》和所谓正史不同的地方，每多是详细考定的结果。可惜长篇不存在，我们不得详细看他们的方法，然尚有《通鉴考异》说明史料的

---

① 现多译为"闪米特"。——编者注

异同。宋朝晚年一切史料的利用,及考定辨疑的精神,有些很使人更惊异的。照这样进化到明朝,应可以有当代欧洲的局面了,不幸胡元之乱,明朝人之浮夸,不特不进步,或者退步了。明清之交,浙东的史学派又发了一个好端涯,但康熙以后渐渐地熄灭,无论官书和私著,都未见得开新趋向,这乃由于外族政府最忌真史学发达之故。语言学中,中国虽然没有普日尼,但中国语本不使中国出普日尼,而中国文字也出了《说文解字》,这书虽然现在看来只是一部没有时代观念,不自知说何文解何字的系统哲学,但当年总是金声玉振的书,何况还有认识方言的輶轩使者?古代的故事且少论,论近代:顾炎武搜求直接的史料订史文,以因时因地的音变观念为语学,阎若璩以实在地理订古记载,以一切比核辨证伪孔,不注经而提出经的题目,并解决了它,不著史而成就了可以永远为法式的辨史料法。亭林、百诗这样对付历史学和语言学,是最近代的:这样立足便是不朽的遗训。不幸三百年前虽然已经成就了这样近代的一个遗训,一百多年前更有了循这遗训的形迹而出的好成就,而到了现在,除零零星星几个例外以外,不特不因和西洋人接触,能够借用新工具,扩张新材料,反要坐看修元史修清史的做那样官样形式文章,又坐看章炳麟君一流人士学问上的大权威。章氏在文字学以外是个文人,在文字学以内做了一部《文始》,一步倒退过孙诒让,再步倒退过吴大澂,三步倒退过阮元,不特自己不能用新材料,即是别人已经开头用了的新材料,他还抹杀着。至于那部《新方言》,东西南北的猜去,何尝寻扬雄就一字因地变异作观察?这么竟倒退过二千多年了。

推绎说去,为什么在中国的历史学和语言学开了一个好的端绪以后,不能随时发展,到了现在这样落后呢?这原故本来显然,我们可以把一句很平实的话作一个很概括的标准:

(一)凡能直接研究材料,便进步。凡间接地研究前人所研究或前人所创造之系统,而不繁丰细密地参照所包含的事实,便退步。上项正是所谓科学的研究,下项正是所谓书院学究的研究。在自然科学是这样,在语言学和历史学亦何尝不然?举例说,以《说文》为本体,为究竟,去作研究的文字学,是书院学究的作为。仅以《说文》为材料之一种,能充量地辨别着去用一切材料,如金文、甲骨文等,因而成就的文字学,乃是科学的研究。照着司马子长的旧公式,去写纪表书传,是化石的史学。能利用各地各时的直接材料,大如地方志书,小如私人的日记,远如石器时代的发掘,近如某个洋行的贸易册,去把史事无论巨者或细者,单者或综合者,条理出来,是科学的本事。科学研究中的题目是事实之汇集,因事实之研究而更产生别个题目。所以有些从前世传来的题目经过若干时期,不是被解决了,乃是被解散了,因为新的事实证明了旧来问题不成问题,这样的问题不管它困了多少年的学者,一经为后来发现的事实所不许之后,自然失了它的成为问题的地位。破坏了遗传的问题,解决了事实逗出来的问题,这学问自然进步。譬如两部《皇清经解》,其中的问题是很多的,如果我们这些以外不再成题目,这些以内不肯捐弃任何题目,自然这学问是静止的,是不进步的。一种学问中的题目能够新陈代谢,则所得结果是可以层层堆积上去,即使年代久远,堆积众多,究竟不觉得累赘,还可以到处出来新路,例如很发达的天文、物理、化学、生物等科目;如果永远盘桓于传留的问题,旧题不下世,新题不出生,则结果直是旋风舞而已,例如中国的所谓经学中甚多题目,如西洋的哲学。所以中国各地零零碎碎致力于历史或语言范围内事的人也本不少,还有些所谓整理国故的工作,不过每每因为所持住的一些题目不在关键中,换言之,无后世的题目,或者是自缚的题目,遂至于这些学问不见奔驰的发展,只表昏黄的残缺。

(二)凡一种学问能扩张它研究的材料便进步,不能的便退步。西洋人研究中国或牵连中国的事物,本来没有很多的成绩,因为他们读中国书不能亲切,认中国事实不能严辨,所以关于一切文字审求、文籍考订、史事辨别等等,在他们永远一筹莫展。但他们却有些地方比我们范围来得宽些。我们中国人多是不会解决史籍上的四裔问题的,丁谦君的《诸史外国传考证》,远不如沙万君之译外国传,玉连之解《大唐西域记》,高几耶之注《马哥博罗游记》,米勒之发读回纥文书,这都不是中国人现在已经办到的。凡中国人所忽略,如匈奴、鲜卑、突厥、回纥、契丹、女真、蒙古、满洲等问题,在欧洲人却施格外的注意。说句笑话,假如中国学是汉学,为此学者是汉学家,则西洋人治这些匈奴以来的问题岂不是虏学,治这学者岂不是虏学家吗?然而也许汉学之发达有些地方正借重虏学呢!又如最有趣的一些材料,如神祇崇拜、歌谣、民俗,各地各时雕刻文式之差别,中国人把他们忽略了千百年,还是欧洲人开头为规模的注意。零星注意,中国向来有的。西洋人作学问不是去读书,是动手动脚到处寻找新材料,随时扩大旧范围,所以这学问才有四方的发展,向上的增高。中国文字学之进步,正因为《说文》之研究消灭了汗简,阮吴诸人金文之研究识破了《说文》,近年孙诒让、王国维等之殷文研究更能继续金文之研究。材料愈扩充,学问愈进步,利用了档案,然后可以订史,利用了别国的记载,然后可以考四裔史事。在中国史学的盛时,材料用得还是广的,地方上求材料,刻文上抄材料,档库中出材料,传说中辨材料。到了现在,不特不能去扩张材料,去学曹操设"发冢校尉",求出一部古史于地下遗物,就是"自然"送给我们的出土的物事,以及敦煌石藏、内阁档案,还由它毁坏了好多,剩下的流传海外,京师图书馆所存摩尼经典等等良籍,还复任其搁置,一面则谈整理国故者人多如鲫,这样焉能进步。

(三)凡一种学问能扩充它作研究时应用的工具的,则进步;

不能的,退步。实验学家之相竞如斗宝一般,不得其器,不成其事,语言学和历史学亦复如此。中国历来的音韵学者审不了音,所以把一部《切韵》始终弄不甚明白,一切古音研究仅仅以统计的方法分类。因为几个字的牵连,使得分类上各家不同,即令这些分类有的对了,也不过能举其数,不能举其实,知其然不知其所以然。如钱大昕论轻唇舌上古来无之,乃自重唇舌头出,此言全是,然可以重唇分出一类为轻唇,唇头分出一类为上,竟不是全部的变迁,这层道理非现在审音的人不能明白,钱君固说不出。若把一个熟习语音学的人和这样一个无工具的研究者比长短,是没法子竞争的。又如解释隋唐音,西洋人之知道梵音的,自然按照译名容易下手,在中国人本没有这个工具,又没有法子。又如西藏、缅甸、暹罗等语,实在和汉语出于一语族,将来以比较言语学的方法来建设中国古代言语学,取资于这些语言中的印证处至多,没有这些工具不能成这些学问。又如现代的历史学研究,已经成了一个各种科学的方法之汇集。地质、地理、考古、生物、气象、天文等学,无一不供给研究历史问题者之工具。顾亭林研究历史事迹时自己观察地形,这意思虽然至好,但如果他能有我们现在可以向西洋人借来的一切自然科学的工具,成绩岂不更卓越呢?若干历史学的问题非有自然科学之资助无从下手,无从解决。譬如《春秋经》是不是终于获麟,《左氏传》后一段是不是刘歆所造补,我们正可以算算哀公十四年之日食是不是对的,如不对,自然是伪作,如对了,自然是和获麟前春秋文同出史所记。又譬如我们要掘地去,没有科学资助的人一铲子下去,损坏了无数古事物,且正不知掘准了没有,如果先有几种必要科学的训练,可以一层一层地自然发现,不特得宝,并且得知当年人士的踪迹,这每每比所得物更是重大的智识。所以古史学在现在之需用测量本领及地质气象常识,并不少于航海家。中国史学者先没有这些工具,哪能使得史学进步,无非靠天帮忙,这里那里现些出土物,又靠西洋人的腿,然而却又不一定是他们的脑袋,找到些新材料而已。整理自己的物事的工具尚不够,更说不上整理别人的物事,如希拉(希腊)艺术如何影响中国佛教艺术,中央亚细亚的文化成分如何影响到中国的物事,中国文化成分如何由安西西去,等等,西洋的东方学者之拿手好戏,日本近年也有竟敢去干的,中国人目前只好拱手谢之而已。

由上列的三项看来,除几个例外算,近几世中中国语言学和历史学实不大进步,其所以如此自是必然的事实。在中国的语言学和历史学当年之有光荣的历史,正因为能开拓的用材料,后来之衰歇,正因为题目固定了,材料不大扩充了,工具不添新的了。不过在中国境内语言学和历史学的材料是最多的,欧洲人求之尚难得,我们却坐看它毁坏亡失。我们着实不满这个状态,着实不服气就是物质的原料以外,即便学问的原料,也被欧洲人搬了去乃至偷了去。我们很想借几个不陈的工具,处治些新获见的材料,所以才有这历史语言研究所之设置。

我们宗旨第一条是保持亭林百诗的遗训。这不是因为我们震慑于大权威,也不是因为我们发什么"怀古之幽情",正因为我们觉得亭林百诗在很早的时代已经使用最近代的手段,他们的历史学和语言学都是照着材料的分量出货物的。他们搜寻金石刻文以考证史事,亲看地势以察古地名。亭林以语言按照时和地变迁的这一个观念看得颇清楚,百诗于文籍考订上成那末一个伟大的模范著作,都是能利用旧的新的材料,客观地处理实在问题,因解决之问题更生新问题,因问题之解决更要求多项的材料。这种精神在语言学和历史学里是必要的,也是充足的。本这精神,因行功扩充材料,因时代扩充工具,便是唯一的正当路径。

宗旨第二条是扩张研究的材料。

第三条是扩张研究的工具。这两层的理由上文中已叙说,不再重复了。这三件实在是一句话,没有客观的地理史学或语言学的题目之精神,即所谓亭林百诗的遗训者,是不感觉着扩充材料之必要,且正也扩充不了,若不扩张工具,也不能实现这精神,处置这材料。

关于我们宗旨的负面还有几句话要说。

(一)我们反对"国故"一个观念。如果我们所去研究的材料多半是在中国的,这并不是由于我们专要研究"国"的东西,乃是因为在中国的材料到我们的手中方便些,因为我们前前后后对于这些材料或已经有了些研究,以后堆积上研究去方便些,好比在中国的地质或地理研究所所致力的,总多是些中国地质地理问题,在中国的生物研究所所致力的,总多是些中国生物问题,在中国的气象研究所所致力的,总是些中国各地气象观察。世界中无论哪一种历史学或哪一种语言学,要想做科学的研究,只得用同一的方法,所以这学问断不以国别成逻辑的分别,不过是因地域的方便成分工。国故本来即是国粹,不过说来客气一点儿,而所谓国学院也恐怕是一个改良的存古学堂。原来"国学""中国学"等等名词,说来都甚不详,西洋人造了支那学"新诺逻辑"一个名词,本是和埃及脱逻辑亚西里亚逻辑同等看的,难道我们自己也要如此看吗?果然中国还有将来,为什么算学、天文、物理、化学等等不都成了国学,为什么国学之下都仅仅是些言语、历史、民俗等等题目?且这名词还不通达,取所谓国学的大题目在语言学或历史学的范围中的而论,因为求这些题目的解决与推进,如我们上文所叙的,扩充材料,扩充工具,势必至于弄到不国了,或不故了,或且不国不故了。这层并不是名词的争执,实在是精神的差异的表显。

(二)我们反对疏通。我们只是要把材料整理好,则事实自然显明了。一分材料出一分货,十分材料出十分货,没有材料便不出货。两件事实之间,隔着一大段,把我们联络起来的一切设想,自然有些也是多多少少可以容许的,但推论是危险的事,以假设可能为当然是不诚信的事。所以我们存而不补,这是我们对于材料的态度;我们证而不疏,这是我们处置材料的手段。材料之内使它发见无遗,材料之外我们一点也不越过去说。果然我们同人中也有些在别处发挥历史哲学或语言泛想,这些都仅可以当作私人的事,不是研究的工作。

(三)我们不做或者反对所谓普及哪一行中的工作。近百年中,拉丁文和希腊文在欧洲一般教育中之退步,和他们在学问上之进步,恰恰成正比例,我们希望在中国也是如此。现在中国希望制造一个新将来,取用材料自然最重要的是欧美的物质文明,即物质以外的东西也应该取精神于未衰败的外国。历史学和语言学之发达,自然于教育上也有相当的关系,但这都不见得即是什么经国之大业不朽之盛事,只要有十几个书院的学究肯把他们的一生消耗到这些不生利的事物上,也就足以点缀国家之崇尚学术了——这一行的学术。这个反正没有一般的用处,自然用不着去引诱别人也好这个。如果一旦引了,不特有时免不了致人于无用,且爱好的主观过于我们的人进来时,带进了些乌烟瘴气,又怎么办?

这个历史语言研究所,本是大学院院长蔡先生委托在广州的三人筹备的,现在正计划和接洽应举的事,已有些条随着人的所在小小动手,却还没有把研究所的大体设定。稍过些时,北伐定功,破虏收京之后,这研究所的所在或者一部分在广州一部分在北京,位置的方便供给我们许多工作进行的方便。我们最要注意的是求新材料。第一步想沿京汉路,安阳至易州,安阳殷墟以前盗出之物并非彻底发掘,易州邯郸又是燕赵故都,这一带又是卫邶故域。这些地方我们既颇知其富有,又容易达到的,现在已着手调查及布置,河南军事少静止,便结队前去。第二步是洛阳一带,将来一步一步地西去,到中央亚细亚各地,就脱了纯中国材料之范围了。为这一些工作及随时搜集之方便,我们想在洛阳或西安、敦煌或吐鲁番、疏勒,设几十工作站,"有志者事竟成!"因为广州的地理位置,我们将要设置的研究所要有一半在广州。在广州的四方是最富于语言学和人类学的材料的,汉语将来之大成全靠各种方言之研究,广东省内及邻省有很多种的方言,可以每种每种地细细研究,并制定表式,用语言学帮助,作比较的调查。至于人类学的材料,则汉族以外还有几个小民族,汉族以内,有几个不同的式和部居,这些最可宝贵的材料怕要渐渐以开化和交通的缘故而消灭,我们想赶紧着手采集。我们又希望数年以后能在广州发达南洋学:南洋之富于地质生物的材料,是早已著名的了;南洋之富于人类学材料,现在已渐渐为人公认。南洋学应该是中国人的学问,因为南洋在一切意义上是"汉广"。总而言之,我们不是读书的人,我们只是上穷碧落下黄泉,动手动脚找东西!

现因我们研究所之要求及同人之祈向,想次第在两年以内设立下列各组;各组之旨趣及计划,以后分列刊印。

一、文籍考订;

二、史料征集;

三、考古;

四、人类及民物;

五、比较艺术。

以上历史范围。

六、汉语;

七、西南语;

八、中央亚细亚语;

九、语言学。

以上语言范围。

历史学和语言学发展到现在,已经不容易由个人作孤立的研究了,它既靠图书馆或学会供给它材料,靠团体为它寻材料,并且须得在一个研究的环境中,才能大家互相补其所不能,互相引会,互相订正,于是乎孤立的制作渐渐地难,渐渐地无意谓,集众的工作渐渐地成一切工作的样式了。这集众的工作中有的不过是几个人就一题目之合作,有的可就是有规模的系统研究。无论范围大小,只要其中步步都是做研究功夫的,便不会流成"官书"的无聊。所有这些集众工作的题目及附带的计划,后来随时布白。希望社会上欣赏这些问题,并同情这样工作的人,多多加以助力!果然我们动手动脚得有结果,因而更改了"读书就是学问"的风气,虽然比不得自然科学上的贡献较为有益于民生国计,也或者可以免于妄自生事之讥诮罢?我们高呼:

一、把些传统的或自造的"仁义礼智"和其他主观,同历史学和语言学混在一气的人,绝对不是我们的同志!

二、要把历史学语言学建设得和生物学地质学等同样,乃是我们的同志!

三、我们要科学的东方学之正统在中国!

钱穆(1895—1990),字宾四,笔名公沙、梁隐、与忘、孤云,晚号素书老人、七房桥人,江苏无锡人,五代时吴越太祖武肃王钱镠之后。中国近现代著名历史学家、思想家、教育家,国学大师,中央研究院院士,故宫博物院特聘研究员。与吕思勉、陈垣、陈寅恪并称为"史学四大家"。钱穆九岁入私塾,十三岁入常州府中学堂学习,1912年因家贫辍学,1922年后在厦门、无锡、苏州等地任中学教师,他是完全靠自修而在学术界确立地位的一代大师。1930年因发表《刘向歆父子年谱》成名,被顾颉刚推荐,聘为燕京大学国文讲师,跻身学术界。后历任北京大学、清华大学、北平师范大学、西南联合大学、齐鲁大学、武汉大学、浙江大学、华西大学、四川大学、云南大学、江南大学教授。1949年南赴香港,创办新亚书院(香港中文大学前身)。1967年迁居台北,1990年8月30日在台北逝世,享年95岁,1992年归葬苏州太湖之滨。

钱穆著述颇丰,一生写了1700多万字的史学和文化著作,专著有80余种。他毕生弘扬中国传统文化,高举现代新儒家的旗帜,在海内外产生了巨大的影响,中国学术界尊之为"一代宗师"。

明代中央政府、内阁制度和地方政府

钱 穆

明代之中央政府

明代是中国近代史的开始时期,同时也是世界近代史的开始时期。从明迄今,六个世纪,五百多年,西方欧洲走上一个新的近代史阶段,中国也复如是。明以后接着就是清,我们要了解清代,该先了解明代,现代中国大体是由明开始的。可惜的是西方历史这一阶段是进步的,而中国这一阶段则退步了,至少就政治制度来讲,是大大退步了。

倘使我们说,中国传统政治是专制的,政府由一个皇帝来独裁,这一说法,用来讲明清两代是可以的。若论汉、唐、宋诸代,中央政府的组织,皇权相权是划分的,其间比重纵有不同,但总不能说一切由皇帝专制。到了明太祖洪武十三年,据正史记载,因宰相胡惟庸造反,明太祖受了这个教训,从此就废止宰相,不再设立。他并说以后他的子孙也永远不准再立宰相。所以明代政府是没有宰相的,清代也没有。所以我们说,中国传统政治,到明代有一大改变,即是宰相之废止。

没有宰相了,又怎样办呢？从前唐代是三省分职制。一个中书省,一个门下省,一个尚书省。到了宋代,门下省退处无权,给事中大体也如谏官般,变成和宰相对立,很少能对诏谏行使封驳权。其时的宰相,则只是一中书省。自元迄明,中书省还是正式的宰相。直待明太祖把中书省废去,只留中书舍人,仅是七品小京官,其职守等于一书记。在唐代,中书舍人是代拟诏敕的,现在只派成管文书与抄写之职而止。给事中在明代也是七品,却还有封驳权。中书门下两省都废了,只剩尚书省,但尚书令及左右仆射也不设了,于是尚书省没有了长官,改由六部分头负责,就叫作六部尚书,这是一种秃头的尚书,在唐宋时,六部中每部的第一个司称本司,如户部有户部司,吏部有吏部司,其余礼、兵、刑、工各部均然。而尚书省则有尚书令,为正长官。左右仆射为副长官。现在明代则等于升本司为部长,六部就只是六个尚书,变成一个多头的衙门。六部首长,各不相属。这些尚书都是二品大员,这已经是当时最高的官阶了。

此外有一个都察院,是由御史台变来的,专掌弹劾纠察。全国各事都在都察院监督之下。把都察院和六部合起来,并称七卿。

七卿之外,还加一个通政司,一个大理院①,则称九卿。通政司管理章奏,全国中外一切奏章送给皇帝的,都归通政司,这是一个公文出纳的总机关。大理院主平反,一切刑法案件到最后判决不了,有什么冤枉,都可以到大理院求平反。刑部尚书加上都察院和大理院,又叫作三法司,这都是司法机关,朝廷一切重大司法案件,就由三法司会审。

上述的九卿,实际上只前面七卿比较重要,后面两个卿就不重要了。在这九卿之上,更无首长,所以明制是有卿而无公,成了一个多头政府。刑部不能管吏部,吏部不能管户部,政府诸长官全成平列,上面总其成者是皇帝。

武官则有大都督,全国有五个大都督府(唐朝有十六个卫),他们都只管出外打仗时带着兵。至于征调军队,一切动员工作,这是兵部的事,不在大都督职权内。

明代政府,经过这样的改变,一切大权,就集中到皇帝。我们若把明代政府这样的组织,来回头和汉唐宋各代的传统政府一比较,便知以前宰相职权在政府之重要。但明代虽说一切事权集中在皇帝,究竟还有历史旧传统,亦并不是全由皇帝来独裁。有许多事,是必经廷推、廷议、廷鞫的。当时小官归吏部尚书任用,大官则由七卿、九卿,或再加上外面的巡抚总督开会来公开推举,这叫廷推。倘使有大事,各部不能单独决定,也常由七卿、九卿公决,这叫作廷议。倘使有大的狱讼,三法司解决不了,也由七卿、九卿开会定狱,这叫作廷鞫。这一制度,本来汉代早就有,朝廷集议大事,屡见正史记载,可见一切事,还不是全由皇帝独裁的。

再说给事中,他官阶虽只七品,但在明代,也是一个很重要的

---

① 即大理寺,清末新政时改名为"大理院"。——编者注

官。明代给事中是分科的,依照尚书六部分六科。如户部给事中,兵部给事中,礼部给事中,故又叫六科给事中。大抵这个人精习财政,便派做户部给事中。那个人懂军事,就派做兵部给事中。皇帝诏书必经尚书,始分部行下全国。此六科给事中仍可有封驳权。如关于财政问题,上面命令到了户部,户部给事中,就可参加审核,发表意见,这好像现在西方政府中的专家智囊团。只要他们不同意,仍可原旨退还。而且给事中并无大官,可以各自单独发表意见。遇到廷推、廷议、廷鞫,他们也可出席。一般说来,他们的意见是很受尊重的。若他们表示反对,在当时谓之科参。往往六部尚书因为科参,束手无策,只有把原议搁下。这仍然是当时君权之一节限。

明代内阁制度

然无论如何,在明代,一切事,总之是皇帝最后总其成。但皇帝一人当然管不尽这许多事,因此我们就得讲一讲皇帝的秘书处。明代皇帝的秘书处,当时称为内阁。秘书便是内阁大学士。因为皇帝在宫里办公,他需要几个秘书帮他忙,这些人的办公地点在中极、建极、文华、武英四殿,还有文渊阁、东阁两阁。这些处都在内廷,所以这些人就称为内阁学士或内阁大学士。内阁学士原本的官阶只五品,而六部尚书是二品,可见内阁学士在朝廷上地位并不高。上朝排班,大学士的朝位班次也在尚书的下面。今且说这些大学士做些什么事情呢?在太祖时,内阁学士不过像是皇帝的顾问,遇皇帝有不清楚的事,可以随时问他们,听他们意见,做皇帝之参考。奏章批答,从前是宰相的事,现在是皇帝的事。皇帝不能一一亲自动笔,便口授大学士写出,这所谓"传旨当笔"。由皇帝吩咐下来,这事怎样办,那事怎样批,他们只照皇帝意见写下。所以照理,大学士不过是皇帝的私人秘书,政治大权还是在皇帝，不在大学士。

据当时统计，自洪武十七年九月十四日至二十一日，先后八日间，内外诸司送到皇宫里的奏章，共有一千一百六十件。每件奏章里，有讲一件事的，也有讲两三件事的，共计有三千二百九十一件事。此因中国地方大，一切事集中到中央，中央政府所当预闻的事当然多。远从秦始皇帝时，早已把天平称着公文，兀自天天看到深夜不得息，何况到明代？那时，西方还没有现代像样的英、法诸国。西班牙、葡萄牙这些小国家，不论疆土那么小，政治规模也简单得可怜。这当然不能与中国比。试问当时偌大一个国家，件件事要经皇帝批核，这当然很困难。我们试看北平故宫，前面三大殿，是朝会之所，后面如乾清宫等，由皇帝住宿。他天天要到前面来办公，距离既相当远，北平之气候九月就结冰，次年二三月才解冻，早上天气尤其冷。而中国政府传统习惯，会议上朝，总要在日出前，早上天不亮就朝会，皇帝也须黎明即起，等到太阳出来便散会了。一般做官人，多半住宫城外，远的如前门外骡马市大街等处。早上跑进皇宫有很远的一段路，骑着一匹马，带着一个仆人，掌一盏灯笼，四更五更就要去。到了紫禁城，还得下马，仍准骑马的只有少数几个人。一律须先到朝房，静候皇帝上朝。皇帝出来，天还没大亮，遇到天气寒冷，那时也没有近代的防寒设备。火炉很简陋，生些炭火，不过摆摆样子而已。明制一天有三次朝，称早朝、午朝、晚朝，如实则皇帝要三次出面见群臣及民众。明制常朝有两种：一叫御殿，一叫御门。御殿又称内朝，是在大殿内朝会议事。御门是到奉天门，就在阳台上，让老百姓也可以见面说话。现在西方国家有什么大集会，还有在阳台上讲话的风气，我们称这是一种民主政治的精神，其实清朝故宫的午门，就是预备皇帝和民众见面的阳台，不过这种制度清朝没有行，但明朝却有。皇帝一天要上朝三次，多少的麻烦。明太祖是开国皇帝,天下是他打来的,以前他是皇觉寺和尚,扫地挑水也干过,他有这样精力,可以做独裁的皇帝。明成祖也还是亲手打天下,他是封出去的王,从北京打到南京来篡了皇位,他也有精力可以亲裁庶务。再下去的儿孙,生长在深宫,精力逐代萎缩,便不能这样做。甚至不能天天出来上朝见群臣。今天不上朝,明天事情就接不上。事情接不上,不能叫文武百官在那里老等着,也不能群臣们说了话,皇帝无辞可答。后来皇帝便只有偷懒,把政权交付与内阁,阁权慢慢地重起来。

不过阁权虽重,而他们的官阶还是低,仍只五品,因此通常内阁大学士都由尚书兼,这样一来,内阁学士地位虽不高,尚书地位是高的。同时也和宋代般,他们都有经筵讲官。经筵讲官,是教皇帝或太子读书的,那是皇室的老师。由曾任这些官职的人来兼内阁大学士,自然和皇帝关系是既尊且亲了。所以明代的大学士(皇帝私人秘书)以六部尚书(政府行政长官)和曾任经筵讲官(皇帝的老师)的来兼任,他们的地位就尊严了。然而明朝大学士的官衔,却始终是某部尚书兼某殿(阁)大学士,譬如兵部尚书兼武英殿大学士之类,他的本官还是尚书,大学士还是一兼职。直到明代亡国,大学士还是一个五品官。不过上朝时,他以尚书身份而兼大学士,已经是站在其他尚书的前面了。然照制度正轨论,他之所以尊,尊在其本官,不尊在其兼职。所以明代内阁大学士,就官制论,绝对不能和汉唐宋时代的宰相地位相比论。

然而明代大学士,他在官职上的地位虽然低,他在政府里的权任却很高。因为一切奏章、政事,看详批答,都要经他们手。太祖、成祖时代,皇帝自己处决事情,口头吩咐大学士代笔,大学士自然只如一秘书。后来皇帝年轻不懂事,事事要谘询大学士意见。而且皇帝因于自己不懂事,也怕和大学士们时常见面,内外一应章奏,先由大学士看过,拿一张小签条,写出他们意见,附贴在公事上,送进宫里,再由皇帝细阅决定,这在当时叫做"条旨",就是向皇帝分条贡献意见的意思。又称"票拟",是说用一个小条子(即票)拟具意见,送皇帝斟酌。待皇帝自己看过,拿这条自撕了,亲用红笔批下,名为"批红",亦称"朱批"。批好拿出去,这便是正式的谕旨。在唐代,一切政令由宰相拟定,送皇帝画敕。在宋代,是宰相向皇帝上劄子,先得皇帝同意或批改,再正式拟旨。现在明代,则一切诏令,皆出皇帝亲旨,大学士只替皇帝私人帮忙,全部责任在皇帝。而皇帝失职,却并无办法,算只有给事中有时可以封驳。给事中究竟是太小的官位,哪能拗得过皇帝。所以明代制度,可以说是由皇帝独裁了。不过碰到大事情,皇帝还是要到文华殿、武英殿来同那批大学士当面商量,只小事情不重要的,由内阁写了条子送进皇宫给皇帝慢慢地批。

但我们应知明代的天下,将近三百年之久,最初是皇帝亲自在内阁,后来有些皇帝不常到内阁,由内阁条旨票拟送进去批。甚至有几个皇帝则长久不管事,因不管事而更不能管事,就变成怕见大臣了。于是经年累月,不再到内阁,一切公事都要送进宫里去。最有名的就是万历皇帝明神宗,他做了几十年皇帝,有二十几年没有上过朝,政府里大臣都没有见过他一面。当时人传说他抽大烟,真假不知,不过这也很可能。自宪宗成化以后,到熹宗天启,前后一百六十七年,皇帝也都没有召见过大臣。但我们也不能尽怪这些皇帝的不好,因他们精力、智力有限,天天困在深宫,而要处决一应国家大事,这何等的不容易。无怪他们要怕事偷懒,避不上朝。我们只该怪明太祖订下那制度的不好。即是废宰相而由皇帝来独裁政事,那一制度确实在要不得。

现在再说皇帝和内阁日常不见面,于是皇帝和内阁中间的接触,就多出一重太监上下其手的机会。皇帝有事交付与太监,再由太监交给内阁。内阁有事,也同样送太监,再由太监上呈与皇帝。这样,太监就慢慢地弄了权。甚至皇帝嫌麻烦,自己不批公事,私下叫太监批。批红的实权,落到太监手里,太监变成了真皇帝,掌握政府一切最高最后的决定权。遇到太监懒批的,便把它当作包鱼包肉的废纸用。这种黑暗腐败,在历史上,只有明代有。太监领袖称司礼监,明代政制最坏时,司礼监便是真宰相,而且是真皇帝。当初太祖定制,一面废去宰相,一面却也预防到太监预闻政事的可能。故在洪武十七年,铸了一块"内臣不得干预政事"的铁牌,挂在宫门里。可见太祖心里尽明白,废了宰相,由皇帝来独裁,太监接近皇帝,易于得弄权。正如汉武帝把相权揽在宫里,也预知嗣皇帝幼小,容易招致皇太后预政,所以要先把母后赐死。这些可有之流害,他们也是想到的,然而明太祖规定不准立宰相,这是他后人遵守了,始终没有敢违背。至于不准太监干预政事,他后人却没有遵守。明代太监预政,就比任何朝代干预得厉害。这哪里是太祖始料所及呢?

在这种情形下,外面弄得没办法,内阁学士若真要做点事,也必须先勾结太监。因为内阁见不着皇帝面,非结合太监,一切政事便透不上最高层。明代有名内阁大学士张居正,这是近人所推中国历史上大政治家之一个,但他也只能结合太监,才能揽实权。在神宗万历还没有做皇帝时,张居正就是神宗的师傅。神宗做了皇帝,张居正是当朝皇帝老师,而且又是内阁大学士。然而先生见不到学生面,大学士照政制论,是无法主持政令的。于是张居正只有同司礼监勾结,他才能舒展抱负,来策动当时的政事。但当时朝臣大家都反对张居正,说他不像前朝宰相,不是政府正式的行政首长,不该弄权专政。这批评实在也不错。当时尚书六部才是政府最高行政长官,他们只须听命于皇帝,并不须听命于内阁。若内阁和六部发生意见,六部可以说:你不是宰相,不是大臣,不该管我们的事。不该管的事而管,不该揽的权而揽,此是权臣，非大臣。权臣弄权与大臣当权，在中国传统政治观点上是大有分别的。大臣是在当时的制度上有他正当的地位的。在中国传统制度下，宰相无事不该问，无权不该把。他不问事，不当权，是失职，是无能。并非宰相，而问事揽权，是奸臣，是权臣。权臣弄权，这是违反国法的，也是违反政治上的传统道德的。然而明代的制度，则根本没有一个正式的宰相。六部尚书乃及七卿九卿，始是名正言顺的大臣。当时反对张居正的人，他们心里想：部（六部）院（都察院）长官，分理国事，只受皇帝节制，你做内阁大学士，只是皇帝私人顾问，你在皇帝面前，"从容论思"是你的责任，你不该借着这一点关系正式出面来干涉部院，那是你越权。因为张居正要管事，所以他要各衙门奏章公事每样备两份，一份送内阁，一份送六科给事中。这又是他不对。给事中虽官阶低，但在当时政制法理上，一切文件，该他过目，这是不错的。内阁则并无必须预闻之职权，只皇帝私下要他预闻才预闻。所以当时人反对张居正，张居正是没有理由答辩的。他于是只有向皇帝去辞职，他说他"所处者危地，所理者皇上之事，所代者皇上之言"，这几句话，丝毫也不错。然试问当时何尝有一道正式命令叫张居正代理皇帝呢？依照中国政治传统，皇帝不该干预宰相的事，此在讲汉、唐、宋三代政制时，已详细述及了。现在是内阁不得干预皇帝的权，就明论明，是不错的，张居正也无法自辩。现在我们不了解当时这情形，总认为张居正是一大政治家，他能主张讲法治，其实他本身就已违法了，而且违反了当时国家的大本大法呀。该皇帝管的事，他来管，那岂非不法之至吗？若张居正在汉唐宋三代，那是一好宰相。依明代制度论，张居正是一内阁学士，不是政府中最高领袖，不得以内阁学士而擅自做宰相，这是明代政制上最大的法理，也是明代之所以异于汉唐宋传统的。张居正要以相体自居，他一死，他家就被抄了。虽然他在明代有很大的建树，但当时清议，并不讲他好话，这就因为认他是一个权臣，非大臣。这不是专就他功业言，而是由他在政府之地位上的正义言。此刻我们要提倡法治，却又来推尊张居正，这正为不了解明代政治制度。当知明代的政治制度，早和汉、唐、宋传统有了很大的变化。张居正并未能先把当时制度改正，却在当时制度下曲折谋求事功，至少他是为目的不择手段，在政治影响上有利弊不相抵的所在呀！我们以上的说法，只就制度与法理论，不从事业和居心论。至少在当时那些反对派的意见是如此。我们详细讲述这一层，正为阐明制度如何牵制着人事，而明代此项制度之要不得，也就即此更可论定了。

明代地方政府

地方政治一向是中国政治史上最大一问题。因为中国国家大，地方行政之好坏，关系最重要。明代亡国以后，当时有两位大史学家，痛定思痛，来讨论明代政治制度，和此下中国政治的出路。一位是黄梨洲，他著了一部《明夷待访录》，他最注意的是明代废宰相那一事。他认为将来只有再立宰相，正名定义，把宰相来做政府领袖，不要由皇帝亲揽大权。另一位顾亭林，著有一部《日知录》，他曾说：天下太平，则小官多，大官少；天下之乱，则必然是大官多而小官少。他举了历史上许多例来讲。总而言之，地方政治干得好，天下就太平。地方政治干不好，天下就大乱。他们两人的着眼点，一上一下，各有不同。黄梨洲注意在上面，顾亭林注意在下面。但我们若细看全部中国政治史，便知他们两位所说，同样是颠扑不破的教训。

从中国传统历史意见论，地方政府制度最好的要推汉代，但唐代地方制度也还好。让我们举一例来说：中国地方这样大，现在有飞机、火车、电报，政令传达，不感觉多么的困难。从前交通完全靠驿骑,这就不容易。驿路可通全国,到处都有站,当时则叫作亭。唐代首都在长安,若要发一公文到番禺(广州)或者到杭州与福州,都非常困难的,这我们可以想象到。但当时并不曾因交通之辽远,递讯之困难,而政事上有所失误。当时公文,也分缓急等次,好像现在发电报要分加急电和普通电一样。当时递送某种公文一点钟马该跑多少路,都有一定的规定。从这一站到那一站,快的多少时,慢的多少时,都规定了。每站都有守站的人,送公事的到达了,守站的早把吃的喝的都预备好,此人吃饱喝够,稍稍休息,再换一匹预先喂好了的马,继续跑。第一天到什么地方歇,第二天到什么地方歇,都有限定。因此几天内,如限赶到,是没有问题的。现在打电报利用科学,从前全靠人力马力。每天户部吏部,尚书各部都有公文送往各地,一匹马来,一匹马去,络绎于路。现在的火车轮船,有时还误点,古时驿骑误点,更该是寻常事。但也总得多少照规定时限到达。否则,政事就会乱,国家就会垮台。举此一例,便知现在我们所喜欢说的中国人一向没有时间观念那句话,也不尽正确呀。照理论,空间愈大,时间愈紧要,中国人若无时间观念,不该能统治管理偌大的空间。

再说那些站,建筑也极讲究。假山、水池、亭阁、厅房、洗澡间、马房,一应设备都周全。送公事的到了,总给你休息得很好,好让你明天再精神饱满地上路。即使不睡觉、不过夜,休息一两点钟,也足够恢复你疲劳。同时替你准备好新马,给你继续上路。马力也分等级,携带第一等紧急公文的,便给你第一级快跑的马骑。这些荒山穷谷的守站人,也决不会误你事。由这一个例,可见当时行政效率之高。但这种功绩,并不能全归之中央,这不是宰相和工部尚书的事,而是地方政府的事。顾亭林亲自走过的地方着实多,据他说:只要看见一条大路,路基筑得坚实平坦的,询问查考,多半是唐代留下来。只要看见一座大城,坚厚雄壮,一经询问查考,也多半是唐代留下来。驿亭的建筑遗址,顾先生也看得多了,他才追怀到唐代的规模。据他《日知录》所讲,真好像近代欧洲人眷念推崇罗马古迹般。但罗马是帝国主义者征服四周,一切为武力而措施。唐代则完全是地方政治之完善。两者间用意不同,而顾先生也不是漫无用意,如考古家般来赞扬唐代。他的用心,正在针对着明代之实际情况。

冯友兰（1895—1990），字芝生，河南省南阳市唐河县祁仪镇人。中国当代著名思想家、哲学家、教育家，称誉为"现代新儒家"。

1918年，冯友兰毕业于北京大学哲学系。1924年，获美国哥伦比亚大学哲学博士学位，师从杜威。回国后，历任清华大学教授、哲学系主任、文学院院长，西南联合大学教授、文学院院长；第四届全国人大代表，第二至第四届全国政协委员，第六至第七届全国政协常委，美国普林斯顿大学、印度德里大学、美国哥伦比亚大学名誉文学博士。他的著作《中国哲学史》《中国哲学简史》《中国哲学史新编》《贞元六书》等，是20世纪中国学术的重要经典，对中国现当代学界乃至国外学界影响深远。

冯友兰对中国学术史、思想史、哲学史诸多领域作出重大贡献。他的《中国哲学史》是继胡适《中国哲学史大纲》之后又一部具有广泛影响的中国哲学史著作，代表了20世纪30年代中国哲学史研究的最高水平。此书被冯的美国学生卜德译成英文，成为现今西方人系统了解中国哲学的为数不多的著作之一。1990年7月，冯友兰七卷本的《中国哲学史新编》全部完成，奠定了中国哲学史的学科基础，是中国哲学由近代走向现代的发展历程中的一座里程碑。

北京大学

冯友兰

在十年动乱以前，北京大学校长陆平提出了一个办北京大学的方针：继承太学，学习苏联，参考英美。大动乱开始以后，他的这项方针受到批判，成为他的罪状之一。当时我也说过，北京大学的校史应该从汉朝的太学算起。不过，当时的批判并没有涉及我。

我所以认为北京大学校史应该从汉朝的太学算起,因为我看见,西方的有名的大学都有几百年的历史,而北京大学只有几十年的历史,这和中国的文明古国似乎很不相称。

现在讲北京大学历史一般是从清朝末年的京师大学堂算起,它是戊戌变法的产物。清朝的慈禧太后篡夺了政权以后,把光绪皇帝在变法的时候所行的新政都作废了,只有京师大学堂继续存在下来。这也可以说是戊戌变法留下来的纪念品吧。我跟着父亲在崇阳的时候,在他的签押房里看见过当时颁布的京师大学堂章程。用木板红字印的,有好几大本。当时我什么也不懂,只记得在分科之中有一科叫作经科。每一种经都有一个学门,例如"尚书门""毛诗门"等。在本科之外,还设有通儒院,大概相当于西方大学的研究院吧。

清朝的京师大学堂地位很高,由朝廷特派的管学大臣管理。管学大臣就是京师大学堂的校长。当时的管学大臣换了几次人,当我进北京大学的时候,学生中正传说管学大臣张百熙的事迹。他可以说是在蔡元培以前的对于北京大学有贡献的一位校长。据说,他当了管学大臣以后,就请吴汝纶为总教习。当时新式学校的教师都称为教习。总教习就是教习的领导。我不知道总教习的职务有什么明文规定,据我推测,他不相当于后来大学中的教务长,教务长的职务主要是管教务行政,而总教习的职务大概是管大学中的学术方面的事。用现在的话说,可能是分工负责学术研究方面的副校长,即管业务的副校长。

吴汝纶是当时著名的桐城派古文家,是当时所谓旧学中的一个权威,但也懂得一点当时所谓新学。严复所翻译的书,有几部都有他作的序。在当时他被认为是一个兼通新旧、融合中西的人物。他在直隶(今河北)做官,在地方上也办了些新式的学校。

张百熙要请他当京师大学堂总教习,这就表明了他的办学方针。据说张百熙当了管学大臣以后,亲自到吴汝纶家里去请他出来,吴汝纶都不见。有一天,张百熙在大清早上,穿着管学大臣的公服,站在吴汝纶的卧房门外(有的说是跪在房门外),等吴汝纶起床相见。吴汝纶只好答应他的邀请,但是附带了一个条件,就是他要先到日本去考察几个月,回来后才能到任。张百熙答应了这个条件。吴汝纶从日本回来以后,不久就逝世了,没有来得及到北京大学到任。虽然没有到任,但是这个经过当时传为美谈。当时我们学生听了,也都很感动。感动的是:一方面,张百熙礼贤下士、为学校聘请名师的精神;一方面,吴汝纶对于职务负责、认真学习的精神。正是这种叫学生感动的精神,才是办学校的真正动力。

中华民国成立,京师大学堂改名为北京大学,以严复为第一任校长,不过为时不久,后来又换了些人。我于1915年进北大的时候,没有校长,由工科学长胡仁源兼代校长。当时的文科学长是夏锡祺。当时的学系称为"门"。各系没有设系主任,系务由学长直接主持。原来京师大学堂的经科已废,原来经科的课程,有些废止了,有些分配到文科各门中。文科有四个门,即中国哲学、中国文学、中国历史和英文四个学门,我入的是中国哲学门。在我们这个年级以前,还有一个年级。

在1915年9月初,我到北京大学参加开学典礼。由胡仁源主持会场,他作了一个简短的开幕词以后,当时的英文门教授辜鸿铭(汤生)也坐在主席台上,就站起来发言。我不知道这是预先安排好的,还是他自己临时冲动。他的发言很长,感情也很激动,主要的是骂当时的政府和一些社会上的新事物。他是从右的方面反对当时政府的。他说,现在做官的人,都是为了保持他们的饭碗。接着说,他们的饭碗,可跟咱们的饭碗不同,他们的饭碗大得很，里边可以装汽车、姨太太。又说，现在人做文章都不通，他们所用的名词就不通，譬如说"改良"吧，以前的人都说"从良"，没有说"改良"，你既然已经是"良"了，你还"改"什么？你要改"良"为"娼"吗？他大概讲了一个钟头，都是这一类的谩骂之辞。他讲了以后，也没有别人发言，就散会了。当时民国已经成立四年了，辜鸿铭还是带着辫子。开学了，他还是带着辫子来上课。我没有去旁听过他的课，只听到英文门的同学们说，他在堂上有的时候也乱发议论，拥护君主制度。有一次他说，现在社会大乱，主要的原因是没有君主。他说，比如说法律吧，你要说"法律"（说的时候小声），没有人害怕；你要说"王法"（大声，一拍桌子），大家就害怕了，少了那个"王"字就不行。总之，凡是封建的东西，他认为都是好的。我听有人说，辜鸿铭在一个地方辩论婚姻制度问题，他赞成一夫多妻制。他说，现在我们这个桌子上一个茶壶带四个茶杯，用着很方便；要是一个茶杯带四个茶壶，那就不像话了。他又说，你们说，西洋人是一夫一妻，不娶姨太太；其实他们每坐一次公共汽车就娶个姨太太。

当时中国文学门的名教授是黄侃（季刚）。在当时的文学界中，桐城派古文已经不行时了，代之而起的是章太炎一派的魏晋文（也可以称为"文选派"，不过和真正的"文选派"还是不同，因为他们不作四六骈体）。黄侃自命为风流人物，玩世不恭，在当时及后来的北大学生中传说着他的佚闻佚事，我也不知道是真是假。比如说，他在北京住在吴承仕（简斋）的一所房子中，他们都是章太炎的学生，本来是很好的朋友。后来不知怎么样闹翻了，吴承仕叫他搬家。黄侃在搬家的时候，爬到房子的梁上写了一行大字："天下第一凶宅"。

又比如说，他在堂上讲书，讲到一个要紧的地方，他就说："这里有个秘密，专靠北大这几百块钱的薪水，我还不能讲，你们要叫我讲,得另外请我吃饭。"又比方说,黄侃有个学生,在"同和居"请客,他听见黄侃在隔壁一个房间说话,原来黄侃也在隔壁请客。这个学生就赶紧过去问好,不料黄侃就抓住他批评起来,批评越来越多,这个学生所请的客已经在隔壁房间到齐了,黄侃还不让这个学生走。这个学生心生一计,就把饭馆的人叫来交代说:"今天黄先生在这里请客,无论花多少钱都上在我的账上。"黄侃一听说,就对那个学生说:"好了,你就走吧。"

在我们中国哲学门里,有一位受同学们尊敬的教授,叫陈黻宸(介石),他给我们讲中国哲学史、诸子哲学,还在中国历史门讲中国通史。据说,他是继承浙江永嘉学派的人,讲历史为韩侂胄翻案。他说,到了南宋末年,一般人都忘记了君父之仇,只有韩侂胄还想到北伐,恢复失地。他讲的是温州那一带的土话,一般人都听不懂,连浙江人也听不懂。他就以笔代口,先把讲稿印出来,当时称为发讲义。他上课的时候,登上讲台,一言不发,就用粉笔在黑板上写,写得非常快,学生们抄都来不及。下堂铃一响,他把粉笔一扔就走了。妙在他写的跟讲义上所写的,虽然大意相同,但是各成一套,不相重复,而且在下课铃响的时候,他恰好写到一个段落。最难得的,是他有一番诚恳之意,溢于颜色,学生感觉到,他虽不说话,却是诚心诚意地为学生讲课。真是像《庄子》所说的"目击而道存矣"的那种情况,说话倒成为多余的了。他的课我们上了一年,到1916年暑假后我再回到北大的时候,听说他已经病逝,同学们都很悲伤。

马叙伦(夷初)给我们开了一门课,叫"宋学"。上了一个学期,他因为反对袁世凯称帝,辞职回南方去了。临行时哲学门的学生开会送行,照了一张相片,他在相片上写了长篇题词。

文科学长夏锡祺不知在什么地方请了一位先生来接替马夷初。那时候,对于教师的考验,是看他能不能发讲义,以及讲义有什么内容。这位先生名不见经传,上课前又没发讲义,我们这班学生对他就有点怀疑了。过了好几天,才发出三页讲义。其中有一个命题是"水为万物之源"。我们这班同学一看,就说这不像一个现代的人所说的话。那时候我当班长,同班的叫我去找学长,说这位先生不行,请换人。学长说:"你们说他不行,总得有个证据呀。"我说他的讲义就是证据。学长说:"讲义怎样讲错了,也得有个理由。"我回到班里一说,同班们每个人都写出几条理由。他的讲义只有油印的三页,我们一下子就写了十几条理由,可以说把他的讲义批得体无完肤。我送给学长,学长一看,也无话可说,只问:"这都是你们自己写的吗?"我说是我们自己写的。学长说:"等我再看看,不过有一条:你们不许跟这位先生直接说什么话或有什么表示,事情由学校解决。"过了一两个星期,没有下文,只有当时的一个学监把我找去,对我说:"某某先生讲义上的错误,你们可以当堂和他辩论。"我说:"学长讲过,不许我们对他直接有所表示。"那位学监说:"彼一时此一时也。"我了解他的意思,大概是学校讽令他辞职,他不肯,所以就让学生直接对付他。等他下一次来上课的时候,我们每一个人都带了几本《宋元学案》,在堂上质问,原来他连《宋元学案》都没有见过。同学们哈哈大笑,他狼狈而去。

1916年底,蔡元培来北大担任校长。他是清朝的翰林,后来弃官不做,到德国去留学,通德文,翻译了一些书。用"兼通新旧,融合中西"这个标准说,他在学术界的地位是吴汝纶所不能比拟的。辛亥前后,他也奔走革命。孙中山担任临时大总统,在南京组织中华民国临时政府,蔡元培担任教育总长。孙中山让位后,蔡元培又担任南京临时参议院的代表,来北京催促袁世凯到南京就职。他的政治上的地位,也是很高的。他担任北京大学校长,社会上无论哪个方面,都认为是最合适的人选。他到校后,没有开会发表演说,也没有发表什么文告,宣传他的办学宗旨和方针。只发了一个布告,发表陈独秀为文科学长。就这几个字,学生们全明白了,什么话也用不着说了。

他从德国回来的时候,立了三个原则,以约束自己。这三个原则是:一不做官,二不纳妾,三不打麻将。当时称为"三不主义"。北京大学校长也是由政府任命,但他认为这是办教育,不是做官。其余两条,都是针对着当时社会上的腐化现象而发的,参看上面所说的辜鸿铭的言论,就可知了。

我在北大当学生的时候,只到蔡元培的校长室去过两次。

那时我的弟弟景兰在北京大学预科上学,河南省政府招考留学生,他要往开封去应考,需要一张北京大学的肄业证明书。时间紧迫,照普通的手续,已经来不及了。我写了一封信,直接跑到校长室。校长室是单独一所房子,设在景山东街校舍的一个旧式院子里。门口也没有传达的人,我就推门进去,房子里中间挂了一个大幔子,我掀开幔子,看见蔡元培正坐在办公桌后面看文件。我走上去,他欠了一欠身,问有什么事。我把信交给他,他看了,笑笑说:"好哇,好哇,能够出去看看好哇。"我说:"那就请校长批几个字吧。"他提起笔来就写了两个字:"照发"。我拿着他的批示到文书科,看着他们办好证明书,我拿着证明书就走了。

那时候,章士钊(行严)在北大,给一年级讲逻辑。我去旁听过两次。他原来讲的并不是逻辑,而是中国哲学史——《墨经》。我有几个问题,写信给章士钊,请他解答。他回我一封信,叫我在某一天晚上到校长办公室等他。我按时到了校长室,他还没有到。我坐在幔子外边等他。又陆陆续续来了些人,像是要开什么会的样子。最后,章士钊到了,他那时候年纪还比较轻,穿得也很讲究,很有一点风神潇洒的样子。他看见我,同我说了几句话,也没有解答问题。我看要开会,就退出来了。

以后我一直没有看见过蔡元培,因为他也不经常露面。一直到1921年,我在纽约哥伦比亚大学的时候,他到美国访问,到了纽约。北大的同学组织了一个随从班子,轮流着陪同他到各地方去。有几天,我们常在一起。有一天,在旅馆里,每人都拿出一张纸,请他写字。我恰好有一把折扇,也请他写。他给每人都写了几句,各不相同。又一天晚上,在纽约的中国学生开会欢迎他,人到得很多。蔡元培一进会场,所有的人都不约而同地站起来了,好像有人在那里指挥一样。有一个久在北京教育界工作的留学生杨荫榆说:"我在中国教育界多年,还没有看见校长和学生间的关系这样好的。北大的学生向来自命甚高,可是见了老校长,这样地恭敬,我现在真是佩服蔡先生了。"

　　我在北京大学的时候,没有听过蔡元培的讲话,也没有看见他和哪个学生有私人接触。他所以得到学生们的爱戴,完全是人格的感召。道学家们讲究"气象",譬如说周敦颐的气象如"光风霁月"。又如程颐为程颢写的《行状》,说程颢"纯粹如精金,温润如良玉,宽而有制,和而不流,……视其色,其接物也如春阳之温;听其言,其入人也如时雨之润。胸怀洞然,彻视无间,测其蕴,则浩乎若沧溟之无际;极其德,美言盖不足以形容"(《河南程氏文集》卷十一)。这几句话,对于蔡元培完全适用。这绝不是夸张。我在第一次进到北大校长室的时候,觉得满屋子都是这种气象。

　　我有一个北大同学,在开封当了几十年中学校长。他对我说:"别人都说中学难办,学生不讲理,最难对付。这话不对。其实学生是最通情达理的。当校长的只要能请来好教师,能够满足学生求知识的欲望,他们就满意了。什么问题都不会有。"他的这番话,确实是经验之谈。学校的任务基本上是传授知识,大学尤其是如此。一个大学应该是各种学术权威集中的地方,只要是世界上已有的学问,不管它什么科,一个大学里面都应该有些权威学者,能够解答这种学科的问题。

大学应该是国家的知识库,民族的智囊团。学校是一个"尚贤"的地方,谁有知识,谁就在某一范围内有发言权,他就应该受到尊重。《礼记·学记》说"师严然后道尊",所尊的是他讲的那门学问,并不是那某一个人。在十年动乱时期人们把这句话误说为"师道尊严",其实应该是说"师严道尊"。

张百熙、蔡元培深深懂得办教育的这个基本原则,他们接受了校长职务以后,第一件事情就是为学生选择名师。他们也知道,当时的学术界中,谁是有代表性的人物。先把这些人物请来,他们会把别的人物都召集来。张百熙选中了吴汝纶。蔡元培选中了陈独秀。吴汝纶死得早了,没有表现出来他可能有的成绩。而陈独秀则是充分表现了的。

陈独秀到北大,专当学长,没有开课,也没有开过什么会,发表过什么演说,可以说没有和学生们正式见过面。只有一个故事,算是我们这一班同他有过接触。在我们毕业的时候,师生在一起照了一个相,老师们坐在前一排,学生们站在后边。陈独秀恰好和梁漱溟坐在一起。梁漱溟很谨慎,把脚收在椅子下面;陈独秀很豪放,把脚一直伸到梁漱溟的前面。相片出来以后,我们的班长孙本文给他送去了一张,他一看,说:"照得很好,就是梁先生的脚伸得太远一点。"孙本文说:"这是你的脚。"这可以说明陈独秀的气象是豪放。

附带再说两点。陈独秀的旧诗做得不错。邓以蛰(叔存)跟他是世交,曾经对我说,陈独秀作过几首游仙诗,其中有一联是:

九天珠玉盈怀袖,

万里仙音响佩环。

抗日战争时期,我在重庆碰见沈尹默,谈起书法。沈尹默说,还是在五四运动以前,陈独秀在他的一个朋友家里,看见沈尹默写的字,批评说:"这个人的字,其俗在骨,是无可救药的了。"沈尹默说,他听了这个批评以后,就更加发奋写字。从"其俗在骨"这四个字,可以看出陈独秀对于书法评论的标准,不在于用笔、用墨、布局等技术问题,而在于气韵的雅俗。如果气韵雅,虽然技术方面还有些问题,那是可以救药的。如果气韵俗,即使在技术方面没有问题,也不是好书法,而且这些弊病是不可救药的。书法的好坏,主要是在于气韵的雅俗。从"在骨"两个字,可以看出陈独秀评论书法,也不注重书法的形态,而注重形态所表现的那些东西。

这是他对于书法理论的根本思想,也是他对于一切文艺理论的根本思想。这是他的美学思想。

以上所说的,大概就是在十年大动乱中所批判的所谓"智育第一""学术至上"吧。"学术至上"一经受到批判,就一变而为"学术至下"了。"知识越多越反动",成了一条"规律"。很有些像在农村中,谁要富起来,谁就是资产阶级、修正主义。"越富越修",也成了一条"规律"。当时有人在农村提倡"穷过渡"。在学校中所提倡的,可以说是"愚过渡"。好像非穷非愚,就不能过渡到共产主义。实践已经证明,这种极左思潮的危害性是多么大了。

随着"学术至上"而受到批判的是"为学术而学术"。历史唯物主义者应该知道,"为学术而学术"这个口号在当时是针对什么而说的,它所针对的是"为做官而学术"。上面已经说过,在清末民初时代,人们还是把学校教育当成为变相的科举。哪一级的学校毕业,等于哪一级的科举功名,人们都有一个算盘。上学校为的是得文凭,得了哪一级学校的文凭,就等于得了哪一级的科举功名。学术成了一种做官向上爬的梯子。蔡元培的"三不主义"中,首先提出"不做官",就是针对着这种思想而发的。他当了北大校长以后，虽然没有开会宣传"不做官"的原则，但从他的用人开课这些措施中间，学生们逐渐懂得了，原来北京大学毕业并不等于科举时代的进士；学术并不是做官向上爬的梯子，学术就是学术。为什么研究学术呢？一不是为做官，二不是为发财，为的是求真理，这就叫"为学术而学术"。学生们逐渐知道，古今中外在学术界有所贡献的人们，都是这样的人们。就中国的历史说，那些在学术界有所贡献的人们，都是在做官的余暇做学问的。

他们都可以说是业余的学问家，学问的爱好者。虽然是业余，可是成功以后，他们的成绩也还是对于国家、人民和人类大有好处的。学问这种东西也很怪，你若是有所为而求它，大概是不能得到它。你若是无所为而求它，它倒是自己来了。作为业余的学术爱好者，为学术而学术尚且可以得到成绩，有所贡献。如果有人能够把为学术而学术作为本业，那他的成绩必定更好，贡献必定更大。

在十年大动乱时期，还批判了所谓"教授治校"。这也是蔡元培到北大后所推行的措施之一。其目的也是调动教授们的积极性，叫他们在大学中有当家作主的主人翁之感。当时的具体办法之一，是民主选举教务长。照当时的制度，校长之下，有两个长：一个是总务长，管理学校的一般行政事务；一个是教务长，管理教学科研方面的事务。蔡元培规定，教务长由教授选举，每两年改选一次。我在北大的时候，以学生的地位，还不很了解所谓"教授治校"究竟是怎么个治法。

后来到了清华，以教授的地位，才进一步了解所谓"教授治校"的精神。这一点以下再说。

教授之所以为教授，在于他在学术上有所贡献，在他本行中是个权威，并不在于他在政治上有什么主张。譬如辜鸿铭在民国已经成立了几年之后，还是带着辫子，穿着清朝衣冠，公开主张帝制,但是他的英文在当时说是水平很高的,他可以教英文,北大就请他教英文,在蔡元培到校以前就是事实。蔡元培到校,也没有改变这个事实,他还又加聘了一个反动人物,那就是刘师培(申叔)。刘师培出身于一个讲汉学的旧家,在清朝末年他在日本留学,说是留学,实际上是在东京讲中国学问。那时候,在东京这样的人不少,章太炎也是其中的一个。当时在东京这样的人中,比较年轻的都以章太炎为师,刘师培却是独立讲学的。这样的人也都受孙中山的影响,大多数赞成同盟会。刘师培也是如此。袁世凯在计划篡国称帝的时候,为了制造舆论,办了一个"筹安会",宣传只有实行帝制才可以使中国转危为安。筹安会有六个发起人,当时被讥讽地称为"六君子"。在六人之中,学术界有两个知名人士,一个是严复,一个是刘师培。在袁世凯被推翻以后,这六个人都成了大反动派。就是在这个时候,蔡元培聘请刘师培为中国文学教授,开的课是中国中古文学史。我也去听过一次讲,当时觉得他的水平确实高,像个老教授的样子,虽然他当时还是中年。他上课既不带书,也不带卡片,随便谈起来,就头头是道。援引资料,都是随口背诵。当时学生都很佩服。他没有上几课,就病逝了。

这就是所谓"兼容并包"。在十年大动乱的时候,这也是一个批判的对象。所谓"兼容并包",在一个过渡时期,可能是为旧的东西保留地盘,也可能是为新的东西开辟道路。蔡元培的"兼容并包"在当时是为新的东西开辟道路的。

那个时候的北大,用一个褒义的名词说,是一个"自由王国";用一个贬义的名词说,是一个"资产阶级自由化的王国"。在蔡元培到北大以前,各学门的功课表都订得很死。既然有一个死的功课表,就得拉着教师讲没有准备的课,甚至他不愿意讲的课。后来,选修课加多了,功课表就活了。学生各人有各人的功课表。说是选修课也不很恰当,因为这些课并不是有一个预订的表,然后拉着教师们去讲,而是让教师们说出他们的研究题目,就把这个题目作为一门课。对于教师们说,功课表真是活了。他所教的课,就是他的研究题目,他可以随时把他研究的新成就充实到课程的内容里去,也可以用在讲课时所发现的问题发展他的研究。讲课就是发表他的研究的机会,研究就是充实他的教学的内容。这样,他讲起来就觉得心情舒畅,不以讲课为负担;学生听起来也觉得生动活泼,不以听课为负担。这样,就把研究和教学统一起来了。说"统一",还是多了两个字,其实它们本来就是一回事。有一位讲公羊春秋的老先生崔适,他写了一部书,叫《春秋复始》,并且已经刻成木板,印成书了。蔡元培把他请来,给我们这一班开课,他不能有系统地讲今文经学,也不能有系统地讲公羊春秋,只能照着他的书讲他的研究成果。好,你就讲你的《春秋复始》吧。他上课,就抱着他的书,一个字一个字地念。我们当时的水平,也提不出什么问题。他就是那么诚诚恳恳地念,我们也恭恭敬敬地听。开什么课,这是教师的自由,至于这个课怎么讲,那更是他的自由了。你可以说韩愈好,我可以说韩愈坏,完全可以唱对台戏。戏可以唱对台戏,为什么学术上不可以对堂讲呢。至于学生们,那就更自由了。他可以上本系的课,也可以上别系的课。你上什么课,不上什么课,没人管;你上课不上课也没人管。只到考试的时候你去参加考试就行。如果你不打算要毕业证书,就不去参加考试,也没人管。学校对于校外群众也是公开的。学校四门大开,上课铃一响,谁愿意来听课,都可以到教室门口要一份讲义,进去坐下就听。发讲义的人,也不管你是谁,只要向他要,他就发,发完为止。当时有一种说法,说北大有三种学生:一种是正式学生,是经过入学考试进来的;一种是旁听生,虽然没有经过入学考试,可是办了旁听手续,得到许可的;

还有一种是偷听生,既没有经过入学考试,也不办旁听手续,不要许可,自由来校听讲的。有些人在北大附近租了房子,长期住下当偷听生。

在这种情况下,旁听生和偷听生中可能有些是一本正经上课的,而正式中有些人上课不上课就很随便。当时有一种说法,到八大胡同(当时北京妓院集中的地方)去的人,比较多的是两院一堂。两院指的是当时的国会众议院和参议院,一堂指的是北京大学(当时沿称大学堂)。北大的这种情况,从蔡元培到校后已经改得多了,但仍有其人。有些学生在不上课的时候,也并非全干坏事。顾颉刚告诉我说,他在北大当学生的时候,喜欢看戏。每天在上午第二节课下课的时候,他就走出校门,到大街上看各戏园贴出的海报。老北京的人把看戏说成"听"戏。在行的人,在戏园里,名演员一登场,他就闭上眼睛,用手指头轻轻地打着拍子,静听唱腔。只有不在行的人才睁开眼睛,看演员的扮相,看武打,看热闹。顾颉刚是既不听,也不看,他所感兴趣的是戏中的故事。同是一个故事,许多戏种中都有,不过细节不同。看得多了,他发现一个规律:某一出戏,越是晚出,它演的那个故事就越详细,枝节越多,内容越丰富。故事就好像滚雪球一样,越滚越大。由此他想到,古史也有这种情况。故事是人编出来的,经过编的人的手越多,内容就越丰富。古史可能也有写历史的人编造的部分,经过写历史的人的手,就有添油加醋的地方,经的手越多,添油加醋的地方也越多。这是他的《古史辨》的基本思想,这个思想,是他从看戏中得来的。

照上边所说的,北大当时的情况,似乎是乱七八糟,学生的思想,应该是一片混乱,派别分歧,莫衷一是。其实并不是那个样子,像上边所说的,辜鸿铭、刘师培、黄侃等人的言论行动,同学们都传为笑谈。传说的人是当成笑话说的,听的人也是当成笑话听的,所谓"兼容并包"不过是为几个个人保留领薪水的地方,说不上保留他们的影响。除了他们的业务外,他们也没有什么影响之可言。为新事物开辟的道路,可是越来越宽阔,积极的影响越来越大。陈独秀当了文科学长以后,除了引进许多进步教授之外,还把他在上海办的《新青年》杂志,搬到北京,成为北大进步教授发表言论的园地。学生们也写作了各种各样的文章,在校外报刊上发表。学生们还办了三个大型刊物,代表左、中、右三派。左派的刊物叫《新潮》,中派的刊物叫《国民》,右派的刊物叫《国故》。这些刊物都是由学生自己写稿、自己编辑、自己筹款印刷、自己发行,面向全国,影响全国。派别是有的,但是只有文斗,没有武斗。

上边所引的那位中学校长说,学生是通情达理的,不仅通情达理,就是在大是大非的问题上,他们的判断水平也是不能低估的。当时已经是五四运动的前夕,新文化运动将达到高潮,真是人才辈出,百花争艳,可以说是"汉之得人,于斯为盛"。

就是这些人,提出了民主与科学的口号。就是这些人,采取了外抗强敌、内除国贼的行动。在中国历史中,类似的行动,在太学生中是不乏先例的。这是中国古代太学的传统。五四运动继承并且发扬了这个传统。

汤用彤(1893—1964),字锡予,祖籍湖北省黄梅县,生于甘肃省渭源县,哲学家、佛学家、教育家、国学大师。1917 年,清华学堂毕业后留学美国,入汉姆林大学、哈佛大学深造,获哲学硕士学位。回国后历任国立东南大学(1928 年改为中央大学,1949 年更名为南京大学)、南开大学、北京大学、西南联大教授,任南开大学、中央大学哲学系主任。在西南联大期间,先任哲学系主任,后任文学院院长。1948 年当选中央研究院第一届院士。

中华人民共和国成立后,历任北京大学副校长,中科院哲学社会科学部学部委员,中国人民政治协商会议第一届全国委员会委员、第三届常务委员,第一、二、三届全国人大代表。

汤用彤是现代中国学术史上少数几位能会通中西、接通华梵、熔铸古今的国学大师之一,与陈寅恪、吴宓并称"哈佛三杰"。著作有《汉魏两晋南北朝佛教史》《隋唐佛学史稿》《印度哲学史略》《魏晋玄学论稿》等。

隋唐佛学之特点

汤用彤

隋唐佛学之特点,这个题目有两种讲法:一种是把特点作历史的叙述,从隋初到唐末,原原本本地说去,这叫作"纵的叙述",一种是"横的叙述",就隋唐佛学全体作分析的研究,指明它和其他时代不同的所在。原则上这两种方法都应该采取,现在因为时间限制,只能略略参用它们,一面讲线索,一面讲性质。即使这样讲,也仍然只能说个大概。但是先决问题,值得考虑的是:隋和唐是中国两个朝代,但若就史的观点去看,能否联合这两个政治上的朝代作为一个文化学术特殊阶段？就是隋唐佛学有无特点，能否和它的前后各朝代加以区别？我们研究的结果，可以说佛学在隋唐时代确有其特点。这一时期的佛学和它的既往以及以后都不相同。平常说隋唐是佛学最盛的时候，这话不见得错，但是与其说是最盛，倒不如拿另外的话去形容它。俗话说"盛极必衰"，隋唐佛学有如戏剧的顶点，是高潮的一刻，也正是下落的一刻。所谓"分久必合，合久必分"，隋唐佛学的鼎盛，乃因在这时期有了很高的合，可是就在合的里面又含有以后分的趋势。总括起来说，隋唐佛学有四种特性：一是统一性，二是国际性，三是自主性或独立性，四是系统性。若欲知道这四种性质及其演变，便也须知道佛学在这一时期之前与以后的趋势。

先说统一性。隋唐时期，佛教在中国能够在各方面得以统一，扼要说来，佛学本身包含理论和宗教两方面。理论便是所谓哲理，用佛学名词说是智慧。同时佛教本为宗教，有种种仪式信仰的对象，像其他宗教所供奉的神，以及有各种功夫如坐禅等。所以佛教既非纯粹哲学，也非普通宗教。中国佛教对于这两方面，南北各有所偏，又本来未见融合，可是到了隋唐，所有这两方面的成分俱行统一。从历史上看，汉朝的佛教势力很小，到了魏晋南北朝虽然日趋兴盛，但是南北渐趋分化。南方的文化思想以魏晋以来的玄学最占优势；北方则仍多承袭汉朝阴阳、谶纬的学问。玄学本比汉代思想超拔进步，所以南方比较新，北方比较旧。佛学当时在南北两方，因受所在地文化环境的影响，也表现同样的情形。北方佛教重行为、修行、坐禅、造像。北方因为重行为信仰，所以北方佛教的中心势力在平民。北方人不相信佛教者，其态度也不同，多是直接反对，在行为上表现出来。当时北方五胡很盛，可是他们却渐崇中国固有文化，所以虽然不是出于民族意识，也严峻地排斥佛教。南方佛教则不如此，着重它的玄理，表现在清谈上,中心势力在士大夫中,其反对佛学不过是理论上的讨论,不像北方的杀和尚、毁庙宇那样激烈。并且南方人的文化意识和民族意识也不如北方那样强,对外来学问取容纳同化态度,认为佛教学理和固有的玄学理论并没有根本不同之处。换言之,南方佛学乃士大夫所能欣赏者,而北方的佛学则深入民间,着重仪式,所以其重心为宗教信仰。

到了隋唐,政治由分到合,佛教也是如此。本来南方佛教的来源,一为江南固有的,另一为关中洛阳人士因世乱流亡到南方而带去的。北方佛教的来源,一为西北之"凉"的,一为东北之"燕"的。南方为玄学占有之领域,而"凉"与"燕"则为汉代旧学残存之地,佛教和普通文化一样,也受其影响。但是自从北朝占据山东以及淮水流域,有时移其人民,南方佛教也稍向北趋,又加以南方士大夫逃亡入北方的也不少,俱足以把南方佛学传入北方。所以,北朝对佛学深有研究者多为逃亡的南方人。再其后,周武帝毁法,北方和尚因此颇多逃入南方;及毁法之事过去,乃学得南方佛学理论以归。到了隋文帝,不仅其政治统一为南北文化融合之有利条件,并且文帝和炀帝俱信佛教,对佛学的统一都直接有很大的功劳。文帝在关、洛建庙,翻译经典,曾三次诏天下有学问的和尚到京,应诏者南北都有。以后炀帝在洛阳、江都弘扬佛教,置备经典,招集僧人,而洛阳、江都间交通很发达,南北来往密切,已不像隋以前的样子,这也是南北文化统一的主要因素。

就佛教本身说,隋唐的和尚是修行和理论并重。华严的"一真法界"本为其根本理论,可是其所谓"法界观",乃为禅法。天台宗也原是坐禅的一派,所尊奉的是《法华经》,它的理论也是坐禅法,所谓"法华三昧"是也。法相唯识,本为理论系统,但也有瑜伽观行。禅宗虽重修行,但也有很精密的理论。凡此俱表明隋唐佛教已统一了南北,其最得力之口号是"破斥南北,禅义均弘"。天台固然如此,华严也可说相同。唐代大僧俱与南北有关。天台智者大师本为北人,后来南下受炀帝之优礼;唐玄奘在未出国前曾到过襄阳和四川,襄阳乃南方佛学的中心。菩提达摩本由南往北。三论宗的吉藏本为南人,后来隋文帝请他到北方,极受推崇。法照乃净土宗大师之一,本为北人,也曾到过南边。表面看,北方佛教重行为信仰,仍像旧日的情形,可是实在是深入了。这时仍同样造佛像,建庙宇,势力仍在平民;却又非常着重理论,一时天台、华严诸宗论说繁密,竞标异彩。南方佛学,反而在表面上显现消沉。可是对后来的影响说,北方的华严、天台对宋元明思想的关系并不很大,而南方的禅宗则对宋元明文化思想的关系很大,特别关于理学,虽然它对理学并非起直接的作用,但自另一面看,确是非常重要。

再说国际性。隋唐时代,中国佛学的地位虽不及印度,但确只次于印度。并且当时中国乃亚洲中心,从国际上看,中国的佛教或比印度尤为重要。当时所谓佛教有已经中国化的,有仍保持印度原来精神的。但无论如何,主要僧人已经多为中国人,与在南北朝时最大的和尚是西域人或印度人全不相同。南朝末年的法朗是中国人,他的传法弟子明法师是中国人,但是他最重要的弟子吉藏是安息人,为隋朝一代大师。隋唐天台智者大师是中国人,其弟子中有波若,乃是高丽人。唐法相宗大师玄奘是中国人,其弟子分二派:一派首领是窥基,于阗人;另一派首领是圆测,新罗人。华严智俨系出天水赵氏,弟子一为法藏,康居人,乃华严宗的最大大师;一为义湘,新罗人。凡此俱表示当时佛教已变成中国出产,不仅大师是中国人,思想也是中国化。至若外国人求法,往往来华,不一定去印度。如此唐朝西域多处的佛经有从中国翻译过去的。西藏虽接近印度,而其地佛教也受中国影响。朝鲜、新罗完全把中国天台、华严、法相、禅宗搬了去。日本所谓古京六宗,是唐代中国的宗派。而其最早的两个名僧,一是传教法师最澄,一是弘法大师空海。其所传所弘的都是中国佛教。所以到了隋唐,佛教已为中国的,有别开生面的中国理论,求佛法者都到中国来。

佛教到隋唐最盛。佛教的势力所寄托,到此时也有转变。因此接着谈到它的自主性或独立性。主要的是,这时佛学已不是中国文化的附属分子,它已能自立门户,不再仰仗他力。汉代看佛学不过是九十六种道术之一,佛学在当时所以能够流行,正因为它的性质近于道术。到了魏晋,佛学则倚傍着玄学传播流行,虽则它给玄学不少的影响,可是它在当时能够存在是靠着玄学,它只不过是玄学的附庸。汉朝的皇帝因信道术而信佛教,桓帝便是如此。晋及南朝的人则因欣赏玄学才信仰佛教。迨至隋唐,佛教已不必借皇帝和士大夫的提倡,便能继续流行。佛教的组织,自己成为一个体系。佛教的势力集中于寺院里的和尚,和尚此时成为一般人信仰的中心。至于唐朝的皇帝,却有的不信佛教。高祖仅仅因某种关系而中止毁灭佛教。唐太宗也不信佛教,虽非常敬爱玄奘,但曾劝过玄奘还俗。玄奘返国后,着手翻译佛经,要求太宗组织一个翻译团体,太宗便拿官话搪塞玄奘,意思是你梵文很好,何须他人帮忙。据此,足见太宗对佛教的态度如何了。玄宗虽信佛教,可是信的是密宗,密宗似道教,实际上信道教才信佛教。唐朝士大夫信佛教的也不多,即有信者也对于佛学理论极少造诣。士大夫排斥佛教的渐多,且多为有力的分子。加以道教的成立,使阴阳五行的学者另组集团来反对佛教。儒教则因表现在政治上,和佛教无有很大关系。因之佛教倒能脱离其他联系,而自己独立起来。另外,佛教这种不靠皇帝士大夫,而成独立的文化系统、自主的教会组织,也正为它衰落的原因。即缘佛教的中心仅集中于庙里的和尚,则其影响外界便受限制。和尚们讲的理论,当时士大夫对之不像魏晋玄学之热衷。平民信仰佛教的虽多,然朝廷上下则每奉儒教,不以事佛为主要大事。这些实在都是盛极必衰的因子。本来佛学在中国的表现,一为理论,二为解决生死问题,三为表现在诗文方面的佛教思想。可是到了向下衰落的时候,理论因其精微便行之不远,只能关在庙里;而生死问题的解决也变为迷信。这时只有在文学方面尚可资以作为诗文的材料,韩昌黎虽然排佛不遗余力,倒尝采取佛学材料作些诗文赠给和尚。

最后谈到系统化。印度佛教理论,本来有派别的不同,而其传到中国的经典,到唐代已甚多。其中理论亦复各异。为了要整理这些复杂不同的理论,唐代的佛学大师乃用判教的方法。这种办法使佛教不同的派别、互异的经典得到系统的组织,各给一个相当地位。因此在隋唐才有大宗派成立。过去在南北朝只有学说上的学派(Sect)。例如六朝时称信《成实论》者名成实师,称信《涅槃》者名涅槃师。而唐朝则成立各宗,如天台、禅宗等,每宗有自己的庙、自己的禁律,对于佛学理论有其自己的看法。此外每一宗派且各有自己的历史,如禅宗尊达摩为祖宗,代代相传,像《灯录》里所记载的。这也表明每派不仅有其理论上的特点,而且还有浓厚的宗派意识,各认自己一派为正宗。此种宗派意识,使唐朝佛教系统化,不仅学术上如此,简直普及到一切方面。华严、天台、法相三宗,是唐朝最重要的派别。另一为禅宗,势力极大。天台、华严不仅各有一套学理,并且各有一个全国性的教会组织,各有自己的谱系。华严、天台、法相三宗发达最早。华严上溯至北朝,天台成于隋。它们原来大体上可说是北统佛教的继承者。禅宗则为南方佛学的表现,和魏晋玄学有密切关系。到中唐以后,才渐渐盛行起来。原来唐朝佛学的种种系统,虽具统一性,但是南北的分别,仍然有其象迹。唐朝前期佛学富北方的风味,后期则富南方风气。北统传下来的华严、天台,是中国佛学的表现;法相宗是印度的理论,其学说繁复,含义精密,为普通人所不易明了。南方的禅宗,则简易直截,明心见性,重在觉悟,普通人都可以欣赏而加以模拟。所以天台、华严那种中国化的佛教行不通,而来自印度的法相宗也行不通,只有禅宗可以流行下去。禅宗不仅合于中国的理论,而且合乎中国的习惯。当初禅宗本须坐禅,到后来连坐禅也免去了。由此也可见凡是印度性质多了,佛教终必衰落,而中国性质多的佛教渐趋兴盛。到了宋朝,便完全变作中国本位理学,并且由于以上的考察,也使我们自然地预感到宋代思想的产生。从古可以证今,犹之说没有南北朝的文化特点,恐怕隋唐佛学也不会有这样情形;没有隋唐佛学的特点及其演化,恐怕宋代的学术也不会那个样子。

刘文典(1889—1958),原名文聪,字叔雅,笔名刘天民,祖籍安徽怀宁,出生于安徽合肥。现代杰出的文史大师、红学家、校勘学大师,研究庄子的专家。1907年加入同盟会,1909年东渡日本,就读于早稻田大学,1912年回国后同于右任、邵力子在上海创办《民立报》,任编辑、翻译。1913年再赴日本,任孙中山秘书处秘书,从事反对袁世凯复辟斗争。1916年回国后历任北京大学教授、省立安徽大学校长、清华大学国文系主任。

1938年,刘文典至昆明,先后在西南联大、云南大学任教。终生从事古籍校勘及古代文学研究和教学。所讲授课程,从先秦到两汉,从唐、宋、元、明、清到近现代,从希腊、印度、德国到日本,古今中外,无所不包。专长校勘学,版本目录学,唐代文化史。著有《淮南鸿烈集解》《庄子补正》《三余札记》等。

我的思想变迁史

刘文典

我哪里有什么思想,我的思想又哪配有甚么变迁史呢。然而中国人往日讲的是君道臣节,读的是"子曰""诗云",做的是"今夫""且夫",现在的青年思想大变,天天说"解放""改造",到处都听见"德摩克拉西""新文化"的呼声,旧思想的威权虽然还没有完全失坠,我个人的精神生活上也确乎有了绝大的变迁。我虽然无似,总是中国这新旧交替时候的一个人,幼年拖辫子的时候,也抱过极旧的思想,现在也随着大家的脚跟往新的路上跑。这中间也不知经历了几多的变迁。从一方面说来,这是我自己的精神生活变迁史，从另一方面看来，也就是中国现代思想史的小影。据生物学的原理说："个体发生 Ontogeny 本是系统发生 Phylogeny 的一个重演。"譬如一个人在胎里的发育程序，是要把由单细胞生物以至人类的层层进化阶级的概要重演一遭。我想"形"既有之，"神"亦宜然，一个民族的思想变迁，从一个人的思想变迁上也可以看个大概。《吕览》上所谓"故审堂下之阴而知日月之行、阴阳之变，见瓶水之冰而知天下之寒、鱼鳖之藏也，尝一脟肉而知一镬之味、一鼎之调"，就是这个意思。况且我个人失败的历史，也颇有许多处可供现代青年的借鉴，所以老老实实地把我的过去的思想史写在下面，不过我的文笔十分拙劣，不能作有系统的叙述罢了。

我生在安徽合肥县，这地方交通也很便利，离通商的大埠不远，若以常理说来，文化本不应该十分低下的。无奈这个地方的人，都有一种奇特的性质，不大喜欢读书，到今天莫说西洋的近世文明一些都没有沾得着，就连中国固有的旧文明也是毫无所有。这地方离徽州不过是一江之隔，而徽州的经学只往浙江跑，我们合肥人连戴震、江永、胡培翚、俞正燮的名姓都不知道。离桐城也不过两天的路程，而桐城的文章也不到合肥来，我们"敝县"的那些硕学鸿儒竟没一个配做方苞、姚鼐的云礽。我生在这样的地方，是那幼年时代的思想，当然还是"原人思想"，对于宇宙，对于人生，竟没有丝毫的疑惑，以为人生就是人生，世界就是世界罢了。叔本华说形而上学的观念是人人有的，把人类叫作甚么"形而上学的动物"（Animal Metaphysicum），要以我十一二岁时候的思想说来，这句话竟是错了。照这样昏天黑地地活到十二三岁，胡乱读了些"经书"和"古文"，会做些"今夫天下，且夫人"的文章，心里全是些"扶清灭洋"的思想，现在回想起来，觉得当时竟是一只毫无理性（Reason）的动物。后来听人家大谈洋务，讲究新学,我也就立志要讲洋务,到本地的基督教会医院里从一位美国的教士学英文。这是我第一遭和西洋的文化接触,看见他用的器物无一件不十分精美,而且件件都有神妙莫测的作用,心里十分惊异。我这时候的心情,竟和那荒岛里野蛮人初见白人探险家一般。读者诸君想必也都读过欧美探险家的笔记的,那上面所叙的土人初见白人的情形,就是我当年的写照了。我心里细细想着,西洋人真有本事,他的东西件件比中国人的强,难怪我们中国打他不过。又看见他替人治病,真正是"着手成春",那种"剖腹湔肠"的手段,就连书上说的扁鹊、仓公都赶他不上。他又教我用显微镜看微生物,看白血轮,用极简单的器具试验化学给我看,这是我有生以来第一次受近世科学的恩惠,就是我现在对于生物学的兴味也还是在那个时候引起来的。我这时候虽然是大海里尝了一滴水,但是总算识得了咸味了。若是从那个时候起,就专去学这一派的科学,以我那样的年纪那样浓的兴味,到今天在生物、生理、医学上未必不能有所建树,于人群或者也有点裨益,何致于弄成今日这种样子呢。那知到我肚子里既胡乱读了些"圣经贤传",觉得他十分的古雅,十分可贵,真我家子玄说的"句皆《韶》《夏》,言尽琳琅,秩秩德音,洋洋盈耳,譬夫游沧海者徒惊其浩旷,登泰山者但嗟其峻极"。而那位教士给我读的书,英文的只是些羊和狼说话、鹦哥和小孩子问答,汉文的只是些《创世纪》《大卫诗篇》之类。拿他和我们中国的书一比,觉得相差太远了。我那时候就制了一种感想,以为西洋的学问,只有偏于形质一方面的,至于文章德行这方面的他都是一无所有的。回家来看见先生桌子上放的那些《洋务汇编》《时务丛编》《皇朝经世文新编》上,也是这般说,所以竟死抱着"中学为体,西学为用"的思想,和现在这班"总"字号的官僚竟是一鼻孔出气,就连现在学校里的学生,怕还有抱这种思想的哩。我就是这种思想的牺牲,那班大官贵人且由他去,学生诸君要有抱这种思想的,总要快快把他打破才好。

  我那时候新的固然是浅尝,旧的毒也还受得不深,不料我的第二步厄运不久也就降临了。我离了乡里到上海去读书,上海是当时新文化的中心。我到了那里,自然是耳目一新了。我进的某校就是爱国学社的后身,进校不多久,就抱了极端的民族主义,以为中国贫弱到这样——其实那时候的国势比现在强多了,全怪那些满洲人作祟,若是把满洲人杀尽了,国家自然而然就好起来了,政治自然也清明了,生计自然也充裕了,内忧外患自然都没有了,全不晓得国家社会形成的原理,改造社会的方法。所以后来袁世凯作耗的时候,也以为一旦袁世凯倒了,中国也就好了,到那天就真是共和了,现在南方还有许多人在那里做梦,以为中国只要把北洋派打破了,安福部解散了,就立刻可以好了,北方的军阀头目也以为只要想法子把南方军阀的几个头子除了,"南人就不敢复反"了,这都是一样的迷梦呵。我那时候哪里懂得这个道理,把我们自身的罪过全推在五百万可怜的满人身上,天天说排满。后来这个学校散了,我又回到本省,进了一个中学校。这个中学校就其实际说来,竟是一个排满主义的传习所。请了一位排满排得最厉害的经学大师来当教员,这位先生是现代数一数二的鸿儒,经学、小学、文学都到了登峰造极的地位,就连比起余杭章先生来,也只能说是各有所长,难以分他们的伯仲。我那时候正是抱着"饥餐胡虏肉,渴饮匈奴血"的思想,在学校里"谈"排满"谈"得最起劲,做国文那就不用说了,地理、历史、伦理的课卷上总硬要扯上几句排满革命的话,所以这位先生也就最得意我,叫我到他家里去读书。他教人的方针只有八个大字,就是"寝馈许书,钻研萧选"。我初见他的时候,他就问我对于这两部书用过功没有,我说我全然不曾看过,他就先拿这个教我。这时候学校里的功课不完备极了,教英文的是个洋行小鬼,教数学的也不大高明,至于物理、化学、生理、博物、音乐等类的功课,竟是时有时无。历史、地理也是这位国文先生代授。他讲起历史来,只顾搜罗许多的异说,并没有甚么统系,编上古史竟用起罗泌的《路史》、马骕《绎史》的办法,讲到毕业,中国史才讲到秦。讲地理也是"……考""……说"居多,要不是历史地理的专家,难以得着益处。所以可学的唯有国文,其余功课要学也无从学起。我于是拿立主意,委务积神的专学国文了。从此就和近世科学完全脱离关系,硬着心肠去"抗志慕古",这位先生也就越发赏识我。

这位先生对我说,西洋的各种科学,都是中国"古已有之"的。我说到轮船,他说这是中国古时就有的,《宋史·岳飞传》上有,我翻开《宋史》一看,果然说杨幺的船"以轮激水,其行如飞"。我说到几何学,他说墨子的几何学最好,我翻开《墨子》的《经》一看,果然圆的定义、四边形的定义都有在上面。我说 Malthus 的人口论不错,他说这句话韩非子早就说过的,在《五蠹》篇上。我一看果然有"今人有五子不为多,子又有五子,大父未死而有二十五孙,是以人民众而货财寡,事力营而供养薄"的话。诸如此类的话很多。可怜我那时候的新知识,都是些一鳞半爪不成片段的。关于近世科学方法、系统、价值,都一无所知。偶然翻翻那些所谓"新学"的书,得着些零零碎碎的知识,问起他来,他总能在中国的那些"故书雅记"上寻出一两条仿佛相似的话头来。我就十分的相信,以为西洋的科学哲学真都是中国书上所曾经讲过的了。我当时如果能学完了中学程度的平面几何,略懂机械学、经济学大意,自然就会晓得杨幺的轮船、墨子的几何、韩非子的人口论到底有多大的价值了。现在还有一班老先生——也有许多少先生,还死抱着这样的思想,其病源就在关于近世的科学哲学没有系统的知识,和我当年是吃的一样的亏呵。

我这时候既是"抗志慕古""非三代两汉之书不敢读",不但做起文章来是要"追效昔人,示其稽古",就是寻常写起字来,也故意写得古古怪怪的,表示我懂得"古",譬如我的姓名"刘文典"三个字,"刘"字不见《说文》,是不写的,定要写作"鎦"字,"典"字的古文从竹,便硬要加上个竹字头。试问《说文》上有"浏"字,有"蓟"字,《尔雅》上"刘,杀也",《尚书》上"重我民无尽刘",《左传》上"虔刘我边垂",这明明是"相承脱误,非箸书之时本无",方东树说得不错,"叔重汉人岂得蔑国姓而不箸哉",硬要写"鎦"字有甚么道理呢。经典上有而《说文》上没有的字也很多的,便是眼前的字,像"笑"字、"由"字、"兔"字,《说文》上都没有的,硬要别寻一个字去"当之",这又何苦呢?"典"字的古文从竹,是我晓得的,还有成千整万的字,古文都是甚么呢,可能个个字都写古文呢。像那"选体"的文章,比了唐宋的文章固然古些,比起周秦的文章来,又尝何古呢?古可就是好呢。越古就是越好,那书契以前绳子打的结子好不好呢。我现在想起从前的那些行径来,自己也要失笑,但是当日竟不知其非。直到后来读过一两本文学书,听过几位真正文学家的议论,稍稍地晓得了文学是件甚么东西,文学的价值究竟在哪里,明白了文章的好不好和古不古全然是两件事,这才把这些无聊的"把戏"收了起来。现在还有一班青年,放着平平坦坦的大路不走,硬要往那荆棘里跑,充其量也不过做到个民国铜匠打造的"周鼎商彝",究竟有甚么益处呢?我是吃过亏的了,总盼望现在的青年不要再弄这些玩意儿才好。

　　我那时候除了做这些工夫以外,还有一种极琐碎麻烦的生活。甚么生活呢?我看见李善的《文选》注引得有八百四十种古书、七百八十九篇诗文,那些古书有许多是"今佚"了的,又有许多注字上引的字句和"今本"不同的。我都把他一类一类地抄了下来。先生看见就大加奖饰,教我去做校对(本该叫作"校勘",其实也无异印刷局里的"校对")的工夫。我从此又天天和《御览》《治要》《白帖》《初学记》《意林》等类书做伴了。校书这种工夫本是很难的,要深懂声类通转,博览群书,都能记得,又要多见旧刊精本,才能有点成就,教"书得我的益"。可怜我对于这几层都是外行,专去从类书上寻那一字一句的差异,寻着了一条就像拾着了一件宝贝,恭恭敬敬地记了下来,也做成几本札记。其实莫说是"是正文字的讹舛"罢,照那样的捃摭新异,冯臆改易,只怕书还受我的累哩。唉,颜之推说得不错,"校定书籍亦何容易,自扬雄、刘向方称此职耳。观天下书未遍,不得妄下雌黄"。近代干这件事的也不算少了,真能嘉惠后人的只有王怀祖、伯申、孙仲容、俞荫甫四位,像卢绍弓、孙渊操、严铁桥,也还算好的,至于顾洞宾、尚之、洪篇轩这一班人就更次一等了,再要去穿凿附会,以是为非,那还成个事体吗?依我看起来,现在的中国人,苟非想成国学的专家,尽可不看古书。即使要想看看消遣,有这许多家"补正讹夺",也尽够的了,再要看不下去,也是无法可想的了。那班"金根白芨"的先生们,与其教书受我的累,何如教我得书的益呢。即如我那时候也看了几部古书,只因一心去看这句和《御览》对不对,那句和《治要》差不差,没有精神再去管这书里面的义理,白费许多心力,一点不得益处。我奉劝诸位:如果真有读古书的必要,于此道固然不能不略知一点,拿着坊本去胡猜乱想是不行的,像那《荀子》的以"案"当"则",《墨子》的以"焉"当"乃",《晏子》的以"敔"为"对",凭你如何猜,也不得懂的,知道他的"例"就容易了。至于校勘,是个专门的业务,你要没有"日思误书更是一适"的癖性,千万不要去尝试。得筌忘鱼,误了你自己,把"己亥"改成"三豕",又害了别人呵。

读者诸君试想,我那时候尽干这些营生,那学校里的正经功课还能学得好吗！我一心相信梅文鼎的本领比 Boincare 高,把学校里教的数学,不当一回事,物理、化学是一位日本人教了一个多月就停了的,其余的功课我也都不大热心,成绩自然很坏的。幸亏我这位本师把我的国文、地理、历史、伦理几门功课都评定成一百五六十分(凡讲排满的都另加几十分,不讲的扣几十分),所以平均起来勉强及格。毕了业,别人都有专门高等学校可进,可怜我几何、代数都不行,物理、化学全不懂,东考也不行,西考也不取,无论哪种的专门学校都不容我进门。我这时候才觉得世界虽宽,没有我容身之地,悔不该看轻了近世科学,但是已经迟了。鬼混了一阵,又跑到上海,进了个美国人的教会学堂,在这里没有古的可学了,天天除了学英文以外就是做礼拜。我是不信鬼神,厌恶宗教的,看着英文的面上,勉强到礼拜堂里随着大众喊一声"亚门",精神上很感苦痛的。我在这教会学堂里,除了英文略有长进以外,其他一无所得。那些教士天天说上帝七天创造世界和耶苏的许多灵迹,我听了心里暗笑,绝对不肯相信。但是既脱出了以前那种古色古香的环境,那时候保存国粹的潮流也流不到我们这教会学堂来,所以思想倒十分的自由。时常想着,世界固然不是耶和华七天创造的,但是究竟怎样来的呢？人固然不是耶和华用土造的,但是究竟怎样生的呢？人生固然不是为末日受审判,善的升天堂,恶的入地狱,但是究为甚么呢？这类问题古书上虽然也有答案,但是总都含含浑浑的,只得几句囫囵话,不能使我满足。我想这种问题不解决,如何烦闷得过呢？听说西洋有甚么 Bacon、Kant,甚么 Darwin、Spencer,都是哲学家,他们总该答得上来。于是跑到街上寻这几位的著作。Bacon 短篇论文集第一天就买着了,查字书,问先生,费尽气力读完了,这几个问题却一个也未得解决。其余的书竟一路也寻不见(这几个人著的书直到今天上海也买着不着,一叹),惟有凭自己的脑子去呆想,越想越支离。偶然有许多的奇想,同人谈起来,人人都称赞我的思想十分高妙,是个大哲学家。我自己也忘了自己,以为凭我这副脑筋想去,总可以想出一个极玄妙、极高超的哲学来,觉得 Kant、Bacon、Descartes、Spencer 这一班所谓哲学家也都不过是会坐在安乐椅子上发奇想的人罢了。一面又听见许多人说

——许多书籍杂志上也说,西洋人的哲学都是很肤浅的,远不如中国古代的哲学好,我也半信半疑的。这时候,我的那位本师因为被清政府拿急了,逃到日本去了,我又厌恶这教会学堂里的"教气",所以决意到日本去留学。

上文已经表过,我对于各种科学都很不行的,要想考进高等专门学校,去学那最有用的农、工、医、理是无望的。学法律、政治、经济倒勉强能行,而我又不愿意。我觉得农、工、医、理等科都是要规规矩矩、循序渐进的,我是干不来了,惟有哲学、文学是个虚无缥缈间的空中楼阁,可以凭我去遐想并不要用甚么苦功。算起来还是这条路最不费力,又最容易见长,所以到了日本之后,也并不肯去补习数学理化考投高等专门,一心只要去做那不费力就能成功的哲学家、文学家。那时节哪里知道哲学是个极难的科学,哪里知道"哲学是起于科学的终点"(Bergson 的话),哪里知道思想是要经训练的,"胡思乱想"是毫不中用的呢。我在中国读的英文不过是些《莎氏乐府本事》,斯文通氏《英文学》之类,觉得他比《文选》还不如。又听见说 Bacon 著书用腊丁文①而不用英文,说这种文字不久终归灭绝,我遂以为西洋文字学不足学。我学中国文学也比较的要容易些,况且中国的文学只要摹仿得像就行了,外国文学是要创造的,天下事是摹仿容易创造难,我更乐得拣容易的做了。就是这几个想头,生生地把我陷害到深坑里来

---

① 即拉丁文。——编者注

了。我想抱这种念头的总万不止我一个人。我眼看见许多的青年——前途很有望的青年,都似乎有点犯这种毛病,在学校对于要耗心血的数学理化不大注意,却喜欢高谈哲理,卖弄文学,把哲学误认为一种浮天无岸的空想,把文学只当作一种五花八门的游戏。这种思想,要说深刻些,竟是懒惰苟且的心理。我奉劝诸君:人生在世上,无论贤、愚、穷、达,都有创造文化的一部分责任,以农、工、医等事立身的,不论你大成小就,多少总于人群有点利益,独你的责任倒完些。你要不是真有哲学的天才,千万不要迷在这上头,因为哲学是各种科学的总和,要讲这门学问,先要懂心理学、伦理学、生物学,这几种"预备学科"的基础,就是数学、物理、化学。那"空想哲学"的时代早已过去了。莫说自己建立系统,在哲学史上占一把交椅是千难万难,就连略懂古今思想的变迁,现代哲学的趋势,免得做新思潮的落伍者,也都要有几年的苦读,费一番的深思。中国现在的思想界虽然幼稚,"哲学家"总不会容你白做的。至于文学,是人生之无形的图画。你对于人生,要没有极明锐的观察,你的心里要没有极高超极丰富的理想力,你要不养成极灵妙的手腕,徒恃你那华辞丽藻,眩你的富赡,示你的稽古,那是万站不住脚的。我自量不行,所以缩起头来藏拙了。闲话休提,言归正传。我到日本之后,见了我的本师,谁知他那时候已经宗旨大变,提倡极端的 Anarchism,学习 Esperanto,不大热心讲中国的旧学,我十分的扫兴,也不常去请教。不久,他又回上海去了。我就在日本沿门持钵,疗我头脑子的饥饿,今天从人学这样,明天从人学那样。日本买书极其方便,我就把听见过名字的人的著作,买了许多,查着字典读着,读来读去,总是个"不懂,不懂"。我这时候却不敢轻视西洋哲学,说他肤浅了。然而"不懂"依旧是"不懂"。得便了有人指教我,说"这样乱看,便看一百年也是枉然",教我先看一两部哲学概论,再看一两部哲学史。

我遵他的吩咐，读了部 Jerusalem 的哲学概论，Windelband 和 Webe 的哲学史。这才算模模糊糊地晓得了哲学是件甚么东西，里面有多少问题，古来哲学家解决这些问题是个甚么态度。看见书上常说到生物进化的话，不懂进化论究竟是怎么一回事，拿起 Darwin 的《种源论》，看不出味来，后来读了日本人丘浅次郎和石川千代松的，略晓得一点，后来又寻着了 Heacke 的《宇宙之谜》和《生命之不可思议》两部书，读了真是无异"披云见日"，把我所怀疑不解的问题，确实解决了几个。我从此才真晓得近世科学的可贵，晓得哲学万离不了生物学，晓得国家社会的一切问题都要依据生物学来解决，才晓得不但是中国的学，就连学西洋那些"没有科学上根据的哲学"都是不中用的。我的世界观、人生观从此就略略定了，枝叶上虽然也学着时髦，时时有些变化，根本上却从来没有生甚么动摇。我从此把历史上遗留下来的、思想上的枷锁一齐都扭脱了，承传的谬说和因袭的思想都打破了，只仗着理性的光明，不怕他四围的黑暗。我以为道德的观念、社会的制度、经济的组织，但有不合生物学原理的，都要把他改造过才是。但恨我早年自误，对于生物哲学是竟有志未遂，现在"寒鸦理旧巢"似的来重新讲习，已经是很迟了。这就是我的 Confession 了。

郑天挺(1899—1981),又名郑庆甡,字毅生,笔名攫日,祖籍福建长乐,生于北京。中国近现代历史学家、教育家。

1917年考入北京大学本科国文门学习,1919年参加了五四运动,1920年北京大学毕业后应聘为厦门大学国文教授,同年考取北京大学研究所国学门研究生,专研古文字学。1922年加入北大"清代内阁大库档案整理会",参加明清档案整理工作。1924年后,郑天挺历任北京大学预科讲师、浙江省民政厅秘书、广东省建委及教育部秘书,浙江大学秘书兼文理学院文科讲师,北京大学文科研究所副所长、中文系教授兼秘书长等。1937年,七七事变爆发,北平沦陷,郑天挺留北大苦撑危局,保护师生安全疏散后只身南下,先后任长沙临时大学、西南联合大学历史系教授,1940年兼任西南联大总务长。中华人民共和国成立后,历任南开大学历史系主任、副校长,天津市政协副主席,第三、第五届全国人大代表等职务。

郑天挺早年师从国学大师黄侃、刘师培,治学严谨,精于比证,毕生从事中国古代史等学科的教学与研究,主要研究方向为明清史,此外在隋唐史、魏晋南北朝史、音韵学、历史地理等方面也有突出成就。

郑天挺自传(节选)

郑天挺

我于1921年秋天和周侬(稚眉)结婚,添了家庭负担,这时的生活更加困难,因而必须找到兼职工作,以补家用之不足。正好这时张耀曾做法权讨论委员会会长,于是在1922年9月让我去当他的秘书。

法权讨论会是当时政府筹备收回帝国主义在中国的领事裁

判权的机构,会中曾保存了大批中外文献及一些外交档案。当时主要工作在翻译中国法典为英法文。当时真正干事的都是年轻的秘书,有张志让、戴修瓒等人,后来陈复光也来了。他们外文都好。我外文不行,只好编写汉文资料。我从阅读这些文献中,增加了许多知识,扩大了视野。我特别注意到领事裁判权的问题。于是乃以该会名义撰写了《列国在华领事裁判权志要》一书,于1923年8月正式出版。这部书是我编撰的第一部学术著作,是在张耀曾指导、鼓励下完成的。书中开首,先就帝国主义在我国设立领事裁判权的侵略行径加以揭露,认为外国人对此问题的著述,大多为在中国设立领事裁判权进行辩解,没有涉及实质问题。事实上,这个问题除表明系"强者(帝国主义)蔑视弱者(殖民地国家)一语而外,殆更无重大之根据也"。此外,该书又就帝国主义在华领事裁判权之沿革、内容及中国撤废领事裁判权之经过,作了相应的论述。书中指出,领事裁判权明确确定而立于条约中,系1843年(道光二十三年)中英五口通商条约第十三款,但语意尚较为含混。随后又与英、法、意等国订约,则领事裁判制度已于此时明确确立。这时"我国已全失其治理外人之权"。书中第五章还列举种种事实,揭露领事裁判权侵害中国主权、紊乱中国之治安秩序、轻视中国人民权利、妨害经济及一切文明事业之发达,等等,主张领事裁判权必须撤废。该书出版后,曾获得当时一些法学家的好评,刘师舜并曾撰文,称道过此书。当然,事实上该书亦有不足处。我在会中,张耀曾还让我编写《中国司法小史》,初稿已成,后因我南下工作,该会亦取消,遂作罢。

当时法权讨论会的薪水很少,不足以养家,只好到各校兼课。1922年,经郑奠介绍我到北京女子高等师范学校(简称女高师)教书,同时还在北京法政大学、市立一中、春明公学、私立华北大学、励群学院兼课。当时课兼得很杂,主要是因为生活负担加重,只好如此。到 1924 年夏,我到北大做讲师,有了固定收入,这种到处兼课的情况才减少了。1922 年 10 月,福建发生政变,驱逐了北洋军阀的督军,由广东军政府的北伐军进入福建。当时张哲农任福州第一中学校长,找几位北京的福建人去帮忙。11 月底,我和郭梦良、朱谦之一起回福建。这是我第一次回到家乡,见到了伯母、婶母和堂兄等人。我们住在第一中学(旧凤池书院),但没有上课。不久北伐军退回广东讨伐陈炯明,政变失败,我也就离闽回京。一共在闽仅待了一个月。

1926 年春,那时北洋政府财政异常混乱,特别是教育经费更加困难,经常欠薪。每月经费不过发一成余。高等学校经常罢课,表示抗议。这时北洋政府有人提议把教育经费是否独立核算,另作计划。于是当时的教育部曾一度成立一专门机构,名教育特税公署,进行管理,由马叙伦先生主持。马先生是我在北大时的老师,当时任教育部次长。他找到了我班同学许宝驹,许又把我介绍给他,成了他的部下。但这个机构,仅是北洋军阀政府的一个骗局,只存在了一个月,昙花一现就完了。我和许曾拟定了几个计划书,完全成了一堆废纸。我受知于马先生,实始于此。

这年 3 月,北洋政府教育总长章士钊非法解散北京女师大,全校师生大愤,进行抵制。当时鲁迅先生和许寿裳等人曾觅定另一校址为学生上课。我这时仍在女师大上课,曾参加了他们的行动,并抗议解聘。这年 3 月 18 日,执政府卫队一手制造了对广大学生的血腥屠杀,即"三一八"惨案。当时北大学生死 3 人,其中两个是我的学生;女师大所死 2 人,也是我的学生。女师大刘和珍同学,家极贫穷,上有母,下有弟,一衰一幼,颇值同情。3 月 25 日上午,我参加了全校师生为死难学生召开的追悼会。会上师生均异常愤慨,对执政府制造流血事件表示抗议。会后,我曾给郑介石写信,发动一些教师对死难家属募捐。当时许多人都表示支持此议。记得当时郑介石、张怡荪、李仲侃等均各助十元,我也捐了二十元。

1927年上半年,我仍在北大教书,并在法权讨论会工作。当时北洋政府欠薪更为严重,有时仅能拿到月薪的十分之一二,家中生活也异常困难。是年5月,马叙伦先生任浙江民政厅长,许宝驹来电约我去杭州。6月底,学校课程结束后,我即由海道经大连南下。7月初到杭州,和罗常培、章廷谦(川岛)同住一起。马先生初发表我为科长,因我晚到,且没有实际行政经验,到厅之后改任秘书。8月,马先生辞职,令我代拆代行,负责移交。我替他到处奔走、周旋,是月底我也辞职。许多朋友劝我不辞,留在杭州,但9月我仍从海道回到北京。这时北洋军阀合并了北京的几个大学,北大旧人多数离校,我也再没有回去教书。法权会也于此时改组,机构撤销,我失业了。

1928年2月,表兄梁漱溟在广州政治分会建设委员会任职,邀我去广州协助他工作。我也感到在北方甚烦闷,想去南方工作。这时罗庸约我再赴杭州,那边几位老同学也敦促前往。我们遂于3月中南下,下旬到达杭州。这时蒋梦麟任浙江大学校长,他让我暑假后到浙大任秘书。在假期前的几个月,又把我推荐到浙江禁烟局当秘书,以为过渡。蒋梦麟原是我北大时的老师,此前并无深知。主要还是通过马裕藻先生及北大几位老同学的介绍。但是,在杭州并无适当的工作好做。于是,于是年5月到了广州。是时梁漱溟任建设委员会常务,我任秘书。

建设委员会的工作本极无聊,事情亦不多,每天或草文件,或任会议记录,开起会来大多议而不决,全系空谈。加以当时官场各种关系异常复杂,而我亦不精于此道,所以决心早日离去。幸而当时罗常培、丁山等均任教于中山大学,得以每日谈论学问,由于他们的鼓励,我才开始写作。不久,朱谦之亦来广州,有时一起辩论问题几至通宵达旦。记得有一次我和他就中国史料的问题展开讨论。他认为:中国史料无一可信。我则认为:在未发现新史料之前,只能勉强用之。他又认为,旧史以本纪为纲,视皇帝过重。我说,这是古人无法编排年代之故。他还认为,甲骨文字可为史料。我则认为,其材料虽然丰富,但时代尚难断定。当时两人观点均相持不下,争得面红耳赤。及今思之,还是满有趣的,但也表现出某种幼稚。是时朱的夫人杨没累刚刚病逝于杭州肺病疗养院。杨是学音乐的,遗作有《没累文存》。在广州,我们还经常去看望黄节先生。他是我在北大时的老师,当时任广东教育厅长。

我在广州先后3个多月。梁漱溟所以从政的意思在于推行乡村自治。但因当时派系复杂,梁的计划未获通过。就在这时,蒋梦麟屡电给我,约去浙江大学,我遂于8月中乘船转道上海复至杭州。

我到浙大时,蒋梦麟已到南京做教育部长,浙大校务由秘书长刘大白负责。这时我做浙大秘书,同时还在该校文理学院任讲师,并在浙江省立高中及浙江自治专修学校兼课。省高校长是林晓,专修学校负责人是马巽,他们与我都很熟。那时在杭州还举办过西湖博览会,我也参加一些会务工作。1930年2月,蒋梦麟和刘大白(当时任教育部次长)因为要在是年3月召开全国教育会议,要我去帮忙,我就到那里任秘书,主管审核公文。

这几年我在南方工作,家眷仍居北京,只春节回家探望一次,感到很不方便。是年夏,我决定回北京工作,已接受了北大的聘书,但走不脱。这时,山东大学校长杨振声也约我去到历史系教书,我也无法去。直到11月,蒋梦麟到北大做校长,我遂于12月也回到北大。

我到北大仍然不能摆脱行政事务,蒋让我在校长室当秘书。

同时，我还在预科担任国文课，一直延续了几年。

北大当时除校长及三院院长（文、理、法）外，另设有秘书长（总务）及课业长（教务）。1933年暑假，秘书长王烈（地质系教授兼）辞职，由蒋梦麟暂兼。到了是年10月，由于不应有的过失，学校浴室倒塌，不幸压死同学1人，重伤2人，引起了学潮。蒋梦麟大惧，急忙物色专职秘书长，以便应付。开始时他属意法学院长周炳琳，周不就，反推荐由我继任。蒋又征求了刘树杞、胡适、马裕藻、刘半农等人的意见，就这样决定了。当时我明知困难很多：例如一上任首先碰到的是为同学开追悼会的问题，颇感棘手。其次还有许多人事上的困难：因为论资历，自己不是留学生；论关系还有许多人与蒋的关系更密；何况还有一些校方负责人愿意担任此职。后来经过反复协商，再加上许多人的鼓励，我就同意了。从此我就担任北大的秘书长，一直到1950年5月为止。

1937年抗日战争前，我一直在中文系任教。当时每天行政事务冗杂，占去了每天的大部分时间，我只好利用晚上从事备课和进行科研工作，我这时为同学开设过古地理学及校勘学等课程。曾编辑古地理学的讲义，由北大出版社印刷。为了配合校勘学的课程实习，我只能利用晚上的零碎时间，每天校勘《世说新语》数页，假日亦不间断。与此同时，我还利用校勘的方法，写出了《杭世骏〈三国志补注〉与赵一清〈三国志注补〉》《张穆〈䀑斋集〉稿本》等论文。"杭文"系通过杭、赵有关《三国志》的两书进行校勘比证，证明"赵书"所征引的文献，多于"杭书"七八倍，而雷同者则少，从而证明赵一清是清中叶一位"捃摭益富，考订綦详"的学者，而不是"攘美窃名之流"的文抄公。"张文"则利用稿本中的三类文字，加以校勘比证，证明稿本中有何秋涛、何绍基二人的批注，后之刻本与此稿本多有不同，有依"二何"之意见改正者，亦有"付刻时亦未能尽从"者。

1936年，因为历史系蒙文通教授离校，我又到历史系兼课，讲授魏晋南北朝史。但我的志向和兴趣还在清史。我出生于清末，人在北京长大，从一些亲友中耳闻目睹了许多清人掌故，一直到我工作后，许多北洋政府的官职称呼还受清代的影响。例如我初到法权讨论会时，我的名义不叫助理秘书，而叫"秘书上办事"。因此我对清史有浓厚的兴趣，非常想研究清朝历史。恰在这时，范文澜主持北平女子文理学院，他和李季谷约我去该校讲授中国近三百年史。于是我又开始对清史进行研究。我觉得清初摄政王多尔衮是一个值得研究的人物，他是满洲入关后的实际统治者，也是清朝统一中国的奠基人。于是我先后写出了《多尔衮称皇父之臆测》等几篇论文，从此为我致力于清史研究奠定了基础。

我在这一期间还有一事可提，就是参加了1933年春天北平市各界市民为李大钊同志的安葬仪式。李大钊同志也是我在北大的老师，蒋梦麟等人也都和他同事。送殡的那天，一齐去了不少人。我们都看到了地下党以北平市民革命各团体名义送给李大钊同志的那块碑，碑的正上方还刻有斧头镰刀。当时大家感到，如果不把这块碑妥善处理，必然会遭受国民党当局的干预，反而会给安葬仪式造成麻烦，于是决定把这块碑埋在地下了。

1937年春节，别人都愉快地过节，而我家却出现了不幸。我的妻子周俶因难产病逝于北京德国医院。她是江苏泰州人，我6岁时父母已给我们订了婚，但相隔太远，从未见面。1920年我大学毕业后，她家多次催促结婚，于是在1921年9月我们在北京结了婚。婚后她对我关怀备至，我们俩人一直感情极好，从未吵过嘴。我自幼丧失父母，缺少天伦之乐。成家后，添人进口，经济虽时有拮据，但却感到了家庭的欢乐。她长我2岁，逝世时也不及40岁。家中遗下了5个儿女，长女不过13岁，幼子年仅3岁，因此她的去世,给我精神上极大的打击。我痛苦万分,但又无处倾诉,有2个时期,我甚至经常念经以悼死者,藉以消除心中的烦闷。在此之后,有人也曾多次劝我续娶,但我见到一些友人重建家庭后带来的矛盾和不安,我私自下定决心,一定要以学业为重,决不以家事干扰自己的事业。从此以后,我就一直未再产生结婚的念头。

1937年夏,我任中文系教授。是年7月7日卢沟桥事变。这时校长蒋梦麟、文学院长胡适等人全不在北平。此后不久,学校其他负责人亦纷纷南下,于是北大的事情全由我来负责。那时北京各大学负责人每天都在北大开会,研究如何应付新的情况;北大几位老教授如孟森、马裕藻等人,天天来一起商议对策。当时北平在日寇包围下,情势危急,而留校的学生都是经济极困难的。一位姓刘的同学和我商议,在校中学生款内每人发给20元,使之离校。所以到7月28日北平沦陷时,北大校内已无学生。但是蒋梦麟离开北大后久无来信,对学校如何处理,大家都不知道,只得临时应付。当时许多人为我的安全忧虑。是年8月9日为我的38岁生日,姑父董季友先生来家看我。我正在学校各处奔忙。他在我的案头写上"鸿冥"二字,促我远走。未过几天,表姐夫力舒东大夫传闻日本人要逮捕我,急忙雇辆汽车强拉我到他的尚志医院(在西长安街)三楼病房躲避。我住了一夜,第二天清晨又背着他回到家中。结果因为一夜未返,倒使另外许多人为我担惊。8月某日,日本宪兵搜查北大办公室,发现了抗日宣传品。他们问是谁的办公室?我说是我的。他们似乎不大信,因为当时各处的负责人早已逃散一空。这月月底华北汉奸维持会派人接收北大,从此我就不再到校,而有事同人还来家找找。当时国民党政府对北大的善后如何安排,没有正式通知。在私人信中和从清华得来的消息,才知道学校决定迁往长沙,改为临时大学。于是大家想走,又无路费,同时我还需要把一些遗留的事全部妥善处理完毕。这时胡适忽然从九江来信给我和罗常培、魏建功等人,劝我们留在北京读书,大家有些犹豫。但是我感到这么大的学校,同人的生活实在无从设法维持。10月,学校派教务长樊际昌北上接各教授南下。而他又停在天津不敢到北平,又未带经费。同人十分怀疑,谣言很多,怕我也溜走,置同人经济困窘情形于不顾。我于是托心理系教授陈雪屏到天津和樊(二人同在一系)见面,催长沙迅速汇款。十月底款到,分送同人,陆续南下。11月17日,我离别了5个幼儿,只身和罗常培、魏建功、罗庸等同车赴津,次日又有几人走,就是北大的最后一批了。临走前,我2次到协和医院看望了史学系孟心史(森)先生,他当时已患胃癌,生命垂危,但他见到我,尚以病榻日记相示。日记中无时不以国事为念,并以诗讽刺郑孝胥。临别时尚执手殷殷,潸然泪下。我往日所作清史论文,颇得先生奖饰,已感不安。今见先生如此如此,我亦深受感动,为之动容。2月后,孟先生即遽归道山。我还到辅仁大学向陈垣先生辞行,他在办公室见到我,并亲自将我送出至校门口,长揖惜别。此外还向余嘉锡先生处辞行。

我到天津住六国饭店,这里是南下的交通站。当天下午钱稻荪从北京赶来,劝我不要走,说一走北大就要垮,要为北大着想。我正词拒绝,并辩论了很久。钱是北大日文系教授,与日本关系密切,后来当了伪北大校长。

过了几天,我们搭"湖北"轮南下,同行的有罗常培、罗庸、魏建功、邱椿、陈雪屏、赵迺抟、周作仁、王烈等教授。经过青岛,我们本想由胶济线转陇海到平汉路,及至下船访问山东大学,方知胶济线已断,只好乘船一直到香港上岸。到香港,因粤汉路敌机轰炸,于是坐船到梧州,取道贵县、柳州转桂林,由公路入湘。12月14日,好容易经衡阳到了长沙,才知道南京沦陷,学校又准备迁移。不久我弟弟郑少丹也由南京逃难经芜湖来长沙。他的衣物行李在途中已付之一炬,狼狈不堪。次日他来辞行,两人欷歔而别,未想到竟成永诀。

长沙临时大学系北大、清华、南开三校组成,借湖南圣经学院上课,位在长沙韭菜园。圣经学院校舍宽大,每逢饭后可在庭园中散步5圈,每圈500步。

我在长沙时,已改任历史系教授,讲隋唐五代史。当时长沙已遭轰炸,学校乃决定迁往昆明。在长沙时,我行政事不多,得以安心读书授课。但蒋梦麟仍然不时促我兼管行政,我都尽力设法避开。2月中,学校师生决定迁滇,我乃与周炳琳、赵迺抟、章廷谦、张佛泉、周作仁、劳干等人,于15日乘车出发,经衡阳、桂林、龙州,出睦南关到越南谅山、河内,然后乘滇越路车于3月1日到达昆明。其他两部分人以及由黄子坚、闻一多等人组成的师生步行团,亦先后陆续而至。师生步行团的精神最值称赞。他们一行,经贵州凡行3500余里,时60多天始胜利到达昆明。这是西南联大师生团结的开端,同时也是一次很好的锻炼。到昆明后,学校改称西南联合大学。因昆明校舍尚未建造,由北大、清华、南开三校各派2人到蒙自筹设分校,清华派了王明之,南开派了杨石先,北大派了我。筹备完备,我就留在蒙自,专在史学系教课。同时在蒙自还有北大办事处,也由我负责。当时联大文法学院已决定暂设在蒙自,理工学院设在昆明。

蒙自是滇南一个重要县城。自滇越路经碧色寨而不经蒙自后遂日渐衰落。原法国在这里设立之领事馆及歌胪士洋行亦已迁出。我们大队师生来到蒙自,轰动了整个县城,该地商人遂乘机提价。原来在长沙时,学生包饭每月仅5元5角,且午餐、晚餐可3荤2素。及至蒙自,商人却将学生包伙提至每月9元,教师包伙每月12元。而是时云南本地各局之三等办事员,月薪不过

12元(滇币120元),是教职员一月之伙食费已与该职员1月所入相等。这不仅增加师生负担,也觉得愧对当地父老,于是协议未洽。至于以后,则是另外一种情况了。

我在蒙自分校半年,除了讲授隋唐五代史外,还注意到对西南边疆史地的研究。我曾注意南诏史,曾拟草南诏疆域方面的论文,未能实现。后来又注意西藏的问题,先后写出《发羌之地望与对音》《〈隋书·西域传〉附国之地望与对音》《〈隋书·西域传〉薄缘夷之地望与对音》《历史上的入滇通道》等一组文章。其中《发羌》一文,系我在读《新唐书·吐蕃传》中,发现发羌很可能即是西藏土名 Bod 之对音,于是用唐代有关史籍,以地理证发羌之地望,以古音证发字与 Bod 可相对,从而得到发羌即 Bod 对音之结论。我写完此文后,曾向陈寅恪、罗常培、魏建功、邵循正诸人请教。他们除对我鼓励外,陈先生曾为之订正梵文对音及佛经名称;罗曾就音韵学方面提供了有关证明;邵又据尹兰语为之补充译文,他们的帮助,使我非常高兴。当时蒙自虽地处西南一隅,比较偏避,但有这些师友聚集一堂,每日数见,大家一起对学术问题时有磋商,这对远离家乡的我来说,真是一种极大的安慰和鼓励。

在蒙自时,史学系师生还召开过几次会议,纪念孟森教授。我曾写《孟心史先生晚年著述述略》一文,发表在北大史学系主办的《治史杂志》第2期中,以对已故著名明清史学家孟老的缅怀。

在蒙自我在报中看到表兄张耀曾病逝的消息。他那些年一直在上海当律师,身体很好。这次突患伤寒,为庸医所误。临终前尚关心汉口情况,询问战情。后来我收到电报,曾到上海吊唁及处理丧事,及时2月而未能回家省视。是年9月,蒙自分校的师生又迁回昆明。这时西南联大已正式成立。学校没有校长,由三校校长蒋梦麟、张伯苓、梅贻琦任常委,采取常委共同负责制。但张伯苓一直留在重庆;蒋梦麟亦不常在校,对一些事也不大管;学校一般事情多由梅贻琦处理,是没有名义的常务校长。

1939年5月底,北大决定恢复文科研究所,由傅斯年主持。傅原是北大国文系1919年毕业生,与罗常培同班。留德回国后曾在中山大学任文学院长、中央研究院史语所所长。这时史语所亦在昆明,所以与北大形同一家。第2年史语所迁往四川李庄,傅也离昆至渝。傅事情很多,难以全面兼顾。他拉我做副所长,协助工作。我觉得自己无论从学识、年龄及资历上都差之甚远,没有同意。后来许多同事也来敦促并加以鼓励,我才勉为其难。6月中,北大正式通过设立文科研究所。所中分设宋史工作室及明清史工作室,分别由姚从吾及我负责。是年暑假正式招生。以后又陆续招过几次。

北大文科研究所设在昆明北郊龙泉镇(俗称龙头村)外宝台山响应寺,距城20余里。考选全国各大学毕业生入学,由所按月发给助学金,在所寄宿用膳,可以节省日常生活自己照顾之劳。所中借用历史语言研究所和清华图书馆图书,益以各导师自藏,公开陈列架上,可以任意取读。研究科目分哲学、史学、文学、语言四部分,可以就意之所近,深入探研,无所限制。

研究生各有专师,可以互相启沃。王明、任继愈、魏明经从汤用彤教授;阎文儒从向达教授;王永兴、汪篯从陈寅恪教授(我亦在其中);李埏、杨志玖、程溯洛从姚从吾教授;王玉哲、王达津、殷焕先从唐兰教授;王利器、王叔岷、李孝定从傅斯年教授;阴法鲁、逯钦立、董庶从罗庸教授;马学良、刘念和、周法高、高华年从罗常培教授。其后,史语所迁四川李庄,也有几位(任继愈、马学良、刘念和、李孝定)相随,就学于李方桂、丁声树、董作宾诸教授。

宝台山外各村镇,有不少联大教授寄寓,研究生还可以随时请益。清华文科研究所在司家营,北平研究院历史研究所在落索坡,都相距不远,切磋有人。附近还有金殿、黑龙潭诸名胜,可以游赏。每当敌机盘旋,轰炸频作,山中的读书作业,从未间断。这里确实是个安静治学的好地方。英国学者李约瑟、休士到昆明,都曾在所下榻。在抗日战争期间,一个爱国分子,不能身赴前线或参加革命,只有积极从事科学研究,坚持谨严创造的精神,自学不倦,以期有所贡献于祖国。宝台山的研究生(或称宝台山士)就是这样的。

傅斯年除主持文科研究所外,还对研究明史有兴趣。我当时正为同学讲授明清史,涉及明史有关问题亦多。是年夏,在一次闲谈中,傅说要纂辑《明编年》及《明通典》,我说想别撰《明会要》,而毛子水教授劝我编辑《续资治通鉴》续集。过了几天,傅又来找我,劝我一起搞个东西不叫《明通典》和《明会要》,而叫《明书》。遂共同拟24目。后来傅斯年又将24目增为30目。即历法志、皇统志、祖训志、地理志、京邑志、土司边塞志、氏族志、礼乐民风志、学校选举志、职官志、刑法志、兵卫志、财赋志、河渠志、商工志、儒学志、文苑志、典籍志、书画志、器用志、宦官志、党社志、释道志、朝鲜安南志(琉球附)、鞑靼西域志、乌斯藏志(喇嘛教附)、倭寇志、南洋·西洋志、远西志、建州志。他并留信给我:"前所谈明书三十志,兹更拟其目,便中拟与兄商榷其进行之序。果此书成,益以编年,《明史》可不必重修矣。弟有心无力,公其勉之。"次日我们就拟定分工。其中历法志,此中有二纲:1.明人如何承用元人历法(尤其是回回历)? 2.崇祯新历。其二是皇统志,此中应论历世之继承,而以宗室表附上。至于祖训志,此中应载太祖宝训而申述其义,实关系有明一代之开国规模。在京邑志中,以南京、旧北京、中京、京师为叙述内容,包括宫闱、衙市。氏族志中应仿宰相世表,但此志较难作,因明代不尚门第。在职官志中,则尤应注重其实质之变迁,《明史》原式不可用。商工志则难作,且无人作,只能暂阙。典籍志情况亦同。党社志重点放于晚明、南明,应加详叙述。释道志拟由汤用彤担任,南洋西洋则由陈受颐主之。其他各志则由两人分任。我当时很以书名与傅维鳞所著《明书》相同而以改为《明志》为好,但傅斯年以为并不相碍。此书原拟5年完成,后来因为战争紧迫,事务冗杂,傅又迁往重庆,计划因之搁浅。

是年8月,我整40周岁。深感30年来百无一成,徒赖师友奖掖致借清位,遂作诗一首以为留念。诗曰:

读书学剑两无成,浪得浮生才士名;

四十已来应不惑,好从中道觅中行。

1940年初,西南联大总务长沈履去川大离校,清华梅贻琦、沈履诸人推荐由我继任,让汤用彤来探询我意。我表示行政事务绝不就,还是专心教书,致力研究明清史,汤亦以为然。罗常培也劝我不就,并说:"君欲为事务专家乎?为明清史专家乎?"更坚定了我的决心。但联大常委会议已通过,聘书已送来。梅多次找我,我尽力躲避。校方领导黄子坚、查良钊、冯友兰、杨振声诸人也来劝驾,且有"斯人不出,如苍生何"之句。我虽多次上书,说明不就任的原因,"并非谦让,亦非规避,更非鸣高,诚以学殖日荒,思自补益",希望以后专事学问。事情虽经往返周旋多次,仍然无效,北大领导又以照顾三校关系为言,于是在是年2月,遂应允就职。

1940年暑假后,因中日战争紧张,联大曾在四川叙永设立分校,由杨振声前往负责。次年5月,梅贻琦约我和罗常培到叙永视察,并决定分校取消。我们三人曾在四川待了2个多月,先后到了重庆、泸州、叙永、李庄、嘉定、峨嵋、成都等处,饱尝了战时

"蜀道难"的滋味。后来罗常培专门写了《蜀道难》一书,就是叙述这次到四川参观的情形。此行参观了武汉大学、四川大学及华西、齐鲁、金陵大学,会到了许多同行。

我在1939年后,在联大即讲授明清史及清史研究、中国目录学史等课程。当时年轻的学生激于爱国热情,都要更多地了解中国的近世史,尤其嘱目于明清时期,故每次选修该课的多达一百数十人,情况前所未见。清代的满洲发祥于我国的东北,而这时东北早已沦陷,且建立伪满洲国。为了针对日本帝国主义侵占我国东三省而制造的"满洲独立论"等谬说,我在这一时期先后写出了《清代皇室之氏族与血系》(1943)、《满洲入关前后几种礼俗的变迁》(1942)等论文,用许多历史事实,证明清代皇室包含了满、蒙、汉三族的血统,早在入关前就和关内人民在政治、经济、文化等方面有着密不可分的关系,是中华民族大家庭中的一员。我在《血系》文中一开始即写道:"近世强以满洲为地名,以统关外三省,更以之国名,于史无据,最为谬妄。满洲出于建州左卫,为女真支裔,即唐之靺鞨,周之肃慎,乃中华历史上宗族之一,清朝入关后散居中原,更不可以一省一地限之也。"至于入关后满、汉两族的文化互相调融,相互影响,更使两族人民间的关系日益密切,这决非政令强制所能造成的。此后我又写出一些清史方面的论文,合为一集,名《清史探微》,于1946年初在重庆出版。

抗战中期后的昆明,日机时常轰炸,几乎天天要跑警报。加以物价飞涨,民不聊生,教授中大多入不敷出,更不必说职员和学生了。那时闻一多和我们这些人,曾联名出示告白以卖字、刻印取酬,以补助生活费之不足。1943年夏,我的长女郑雯由北平远道来昆明念大学,走到洛阳被困。我于是向独立出版社卢逮曾借了一些钱,寄她以佐路费。《清史探微》一书的出版,也是为了偿还这笔欠债。我在书中的叙目中,谈到了抗日期间在昆明的情况。其中道:"右近年读史所作杂文 12 篇,次为一集以求正于当世。天挺早失怙恃,未传家学,粗涉秘籍,远惭博贯。比岁僻居无书,蓄疑难证,更不敢以言述作。独念南来以还,日罕暇逸,其研思有间恒在警报迭作、晨昏野立之顷,其文无足存,而其时或足记也。通雅君子原其'率尔操觚'之妄,有以匡其违误,斯厚幸矣。"这是我在昆明 8 年的真实情况,别的人也和我差不多。遗憾的是,此书出版不久,即 1946 年 7 月 12 日,我的长女在上完西南联大外文系 3 年后,于北上复校中因飞机失事死于济南,时年 23 岁。

  1945 年 8 月 15 日抗日战争胜利,这给西南联大的师生带来了希望,昆明街头的市民到处游行欢呼,鞭炮齐鸣。像我这样远离家庭 8 年只身来昆明的人,其内心之喜悦,更不待言。正在这时,北大人事上发生了一些变化。

  原来北大校长蒋梦麟在这年四五月份曾到美国考察教育,北大教授们曾希望他能到美国有所洽商,物色新教授,以为胜利复员中的北大建设有所裨益。不料他这时却被国民党行政院长宋子文找去做行政院秘书长,并于 6 月就职。此事他事前并未能与同人商量,事后又不来信与教授们解释,而且自美回国经过昆明也未下机而径飞重庆,因而引起北大一些人的不满。法学院长周炳琳对此事尤为愤慨,感情异常激动,溢于言表。当时一些教授主张,既然做官就不能兼任大学校长,而应由在美国的胡适继任北大校长。但胡适一时也不可能回国,因此必须有 1 个代理校长。9 月初,当时的教育部发表胡适为北大校长,傅斯年为代理校长。就在这时,学校派我北上去筹备复员。教育部还组织了一个平津区教育复员辅导委员会由沈兼士领导,约我也参加。原来这个委员会都是各校的代表,每校一人,后来又加入一些我不认识的人。当时清华参加的是邓以蛰,北大是我。那时交通工具异常紧张,我9月初到重庆,等候飞机就待了1个月,只好先到南京。10月份又在南京候机,到处托人,终于在11月3日到达北平。这距我离开昆明已整整2个月了。回到北平,知道我弟弟郑少丹已于是年春天病逝,我感到万分悲痛。他和我自幼一起寄居在亲戚家中。抗战中他为了照顾我的儿女,虽年已40有余,却始终未结婚。及至儿女均已长成,胜利在望,没想到他却先我而去。

我到北平后,情况与我们在昆明的想象不同。这时北京各大学正在上课,不能接收。而教育部又派陈雪屏为北平临时大学补习班主任,故学校先由补习班接管,原校中人员亦大多未动。敌伪时期亦成立个北京大学及北京师范大学。北大校长是钱稻荪,文学院长是周作人,下分文、理、法、农、工、医六院。其中医学院设备最好,教授阵容整齐。于是补习班即以这个学校的理、文、法、农、工、医为第一至第六分班,第七分班是师大,第八分班是艺专。陈自兼第一分班主任,第二分班是邱椿,由我先代理。第三分班是张佛泉,第六分班是马文昭,第八分班是邓以蛰。这时补习班的总务长赵迺抟尚未北上,也暂由我兼。

1946年1月后,北大积极筹备复校,又加派曾昭抡、杨振声、郑华炽、俞大绂来平工作。不久赵迺抟、邱椿均先后来,我乃专在北大办事处,负责复校。这年春,当时在平的一些文教界知名人士,曾上书国民党政府,为文化汉奸周作人缓颊。有人也让我签名,我未同意。我在北大上学时,周是我的老师,以后周又任北大日文系教授,与我亦时有联系。在周任敌伪北大文学院长时,也确实为该校图书馆弄来不少善本珍籍。但我觉得,教授应当有起码的民族气节,周曾任伪教育总署督办,这是不能原谅的。事后闻知,陈垣老亦未签名。

这年夏天,昆明的北大师生陆续北上,胡适也回到北京就校长职。未几天,我拿着一本《清史探微》求他指正,并说"我仍希望搞学问",向他辞职。他未接书,而说"书我已看过",意即不准我辞,于是我仍然兼学校秘书长。这年冬天,史学系主任姚从吾到开封去做河南大学校长,我又代理史学系主任。名义上的系主任陈受颐,一直在美国未回。这些年,我行政事务冗杂。当时国民党政权濒于垮台,经济崩溃,物价一日数变,每天找我签名向金城、大陆银行借款的人络绎不绝,我的研究工作几乎完全停顿。但课还是要教的,我仍授明清史、清史研究、清代史料、历史研究法等课。

1948年12月中旬,我人民解放军已包围平津,国民党军队围于城内一隅。12月14日中午,胡适给我电话,有事让我去。到了东厂胡同,知他要走。他的汽车去接陈寅恪。我们看到他异常匆忙在收拾行装。大家一齐送他到中南海(当时傅作义司令部设此)。不料因飞机未洽好,天色已晚,未能成行。胡适异常焦躁地说:"今天走不成,我就不走了。"第2天,他还是走了。他临行前在案头放着两个条子,一是学校校务由汤用彤代理,汤未同意。另一条子,是托汤用彤、周炳琳和我维持北大校务。汤当时也说:"还是人多一些好。"接着国民党派飞机接北平教育界文化界的人南下,名单是傅斯年开的,理工医的较多,文科极少。均由傅斯年出面写信和电报催促,并托清华校长梅贻琦、师大校长袁敦礼和我代为接洽。梅、袁两人天天来北大,并在我的办公室放一个本,愿走者自由签名。前后来过两次飞机,走的人极少,只有梅贻琦、袁同礼、毛準、钱思亮、刘崇铉等人和一些眷属。这时,傅作义经常派人在御河桥召集各高校代表开会,北大多由周炳琳和我参加。

12月17日是北大50周年校庆,学校仍举行了纪念会。过了几天,学生自治会以全体学生名义送给我一面锦旗,题了"北大舵手"4个字,我非常高兴,受到鼓舞。这时华北城工部发给各机关人员文告,让大家好好保护人民财产,北大在全校师生保护下,也未受到损失。同时,石家庄的北大同学也给我写信,鼓励我看好北大的家。

1949年1月,邓宝珊托大公报徐盈约北大教授座谈北平局势,汤用彤、周炳琳、杨振声和我4人均参加。大家都说必须保全北平,以民意为依归(意即和平解放),邓亦表示了相同的意见。过了几天,傅作义又约了更多的人在中南海座谈,大家表示都差不多。这年1月底,北平和平解放。当天下午,傅作义召集各大学及其他机关负责人宣布此事,并说第2天早晨有飞机飞往南京,愿走的仍可以走。我当然不走。

2月,解放军入城,军管会召集各校代表开会,北大由汤用彤和我参加。5月,文管会接管北大,成立校委会,任命我为委员兼秘书长,并指定为常务委员会书记,仍兼史学系主任。

1949年,我整整50周岁。这年10月1日新中国成立,我参加了国庆大典,内心非常喜悦。回顾我这50年,东奔西跑,忙于生活,没有认真读书。现在对我来说,要学的、应当学的太多了。我有了如今天这样安定潜研的读书环境,这远远不是当年所能想象比拟的。因此我要充分利用这一好时机,认真学习,为新中国发展,作出一定的贡献。解放以后,我一直讲授元明清史及中国近代史。当时已成立教研组,我是中国史教研组负责人。中国通史由先秦到1840年鸦片战争共分四段:张政烺教第一段,即先秦;余逊教第二段,即秦汉、魏晋南北朝;邓广铭教第三段,即隋唐五代、宋辽金;我教第四段。我教中国近代史,听课的人很多,当时刚成立的中国近代史研究所一些中青年都来旁听。是时清华的邵循正也在北大兼课,他曾提出两人合作教这门课,我讲内政,他讲外交。这个倡议极好,可惜由于我很快即到天津,未能实现。

金岳霖(1895—1984),字龙荪,原籍浙江诸暨,出生于湖南长沙,中国近现代著名哲学家、逻辑学家。他把西方哲学与中国哲学相结合,建立了独特的哲学体系,著有《论道》《逻辑》和《知识论》,被誉为"中国哲学界第一人"。1911年考入清华学堂,1914年获官费留美资格,入宾西法尼亚大学学习,后转入哥伦比亚大学,1920年获政治学博士学位。1921年赴英国伦敦大学经济学院学习。1926年在北京清华大学任教,与冯友兰等一起创办清华大学哲学系,任系主任。1948年当选中央研究院第一届院士,1950年任清华大学文学院院长,1952年任北京大学哲学系主任,1953年加入中国民主同盟,任中央委员、常委,1979年当选中国逻辑学会会长。

我喜欢山水画

金岳霖

我喜欢中国的山水画,其余的虫鱼鸟兽(齐虾除外)等我都不喜欢。我欣赏以大观小的原则,在画上执行这个原则就是怎样留空白的问题。我认为这是布局中最大的问题,还有一些其他的问题,因为比起来次要就不必提了。解放后,我当心山水画后继无人了,哪里知道这完全是杞人忧天。我认为,解放的时间虽不长,然而伟大的山水画已经画出来了。前些时我欣赏钱松喦先生的《密云水库》,最近我认为陈徽先生的《蜀江烟雨》更是伟大。直到现在,我天天都要看看这张画。说的是报纸上剪下来的照片,尽管是报纸上剪下来的纸片,然而我看时仍然是最大的喜悦。这些时候天天如此,真是百看不厌。

留空白不是简单的事,在能者手里有非常之灵巧处理的办法。

《人民日报》上印出戴慧文先生的木刻《晴雪》。我谈的是照片,不是木刻本身。照片就是一张印出来的画。作为一张画,它也有空白问题。奇怪的是它堆满了画,可是我看了又看,并不感到挤。黑白两颜色虽然是接连的,然而从观看者的感觉说,两山相隔至少也有几十里路。真是不画空间或不刻空间,自有空间了。多灵呀!

报纸上登了一些无山的水乡画,我剪下了两张。一张只有房子没有人,另一张有许多人在工作。头一张水乡画给人的印象很特别,我一想就想到那是地主的水乡。地主早已不存在了,可是我想到的仍然是地主的水乡。不但是地主的水乡,而且想到黄公望、黄鹤山樵、倪云林、沈石田、文徵明等,这又给我很大的愉快的感觉。尽管如此,这个水乡仍然是死的,水是死水。

另一张完全不一样,在水上或水旁的是劳动人民或小资产阶级,他们都在工作。这张水乡画充满了紧张气氛,画里的人都在劳动,他们当然也都是活泼泼地生活着。这张水乡画是活的画,水乡是活的水乡,水也是活的。

在报纸上我也剪下了一张可以说是完全宁静的画。画面是一湖水,远处有山,水上有两只渔船。这张画宁静得很,似乎可以听见下雨的声音。印象是"千山鸟飞绝,万径人踪灭"的味道。我还剪下来黄树文先生画的《湖岩春色》。这张画给我的印象是,它完全忠实于它的对象。它是用笔墨把肇庆的风景画出来。从前对于人物有所谓"画影"(不知是否此两字)。我的父亲曾照过相,可是,他死后我母亲曾请人画了一张他半身官服的像。这张画是忠实于父亲的形象的。我的印象是黄树文先生的《湖岩春色》画的是肇庆的风景。不知对否,但是我的印象是这样的。

从前有副对联说："春水船如天上坐，秋山人在画中行。"看了黄先生的画，我也在画中行了。

在站立和走路都不方便之后，我没有努力克服困难，政治活动参加得越来越少，思想也越来越落后了。在这种情况下，参观画展这样的事情也就提不上日程上来了。

在艺术方面，中国对世界文化的最大贡献之一，就是山水画。古人论山水画，确实有许多玄学。我认为，这许多玄学与山水画都不相干。这不是说山水画没有哲学背景或根源，这个背景或根源就是天地与我并生，万物与我为一。这个哲学有弊，也有利。弊很大，克服天地的能力小了。但是这个哲学也有有利的一面，它没有要求人自外于他自己的小天地（天性），也不要求人自外于广大的天。"松下问童子，言师采药去，只在此山中，云深不知处。"这位童子对于他所在的山何等放心，何等亲切呀！比这更好的例子一定很多，不过我读的诗极少，想不出更好的例子而已。

我个人对山水画也是有偏爱的，来源主要是邓叔存先生。他收藏的画非常之多，山水画尤其多。我一有机会就到他家看山水画。故宫也有好些水印出来的古画，我也有，现在遗失了。邓先生懂山水画，如请教的话，他也乐于讲解。看来中国山水画和西洋的山川风景画不一样。它没有西洋画的"角度"或"侧画"，它有的是"以大观小"。叔存先生送给我一张他自临朱德润的山水画，这张画就是很好的以大观小的例子。我在夏天仍然挂着它。他讲南宗、北宗，自己倾向南宗，喜欢用笔的中锋，喜欢写画，不喜欢画画。他对画有这样的要求，我也跟着有这样的要求。这是就画本身说的。

山水画的中心问题是意境。这里看来有一个哲学问题，我没有很好地思考过这个问题。我的初步看法是，一张画可能有两方面的意境，画者的意境和看画者的意境，二者完全符合恐怕很少。

我们最好用钱松嵒先生的最近的伟大的作品为例。

上面既然提到钱松嵒先生,我要借此机会表达我的敬意。我头一次看见他的画的印品,是在《人民画报》上,画的是密云水库。我看了那张画,也就看见了劳动人民的伟大建设,既有长城,也有帆船乘风远去,既古老而又崭新,高兴极了。可是那张画远远比不上最近为了庆祝党的第十二次代表大会而画的《山欢水笑》。我认为,这张画不是中国山水画的最高峰,也是顶峰之一。当中国的劳动人民举国同欢的时候,山山水水也沸腾起来了。这就是这张画的伟大意境。仅仅有了伟大的意境当然还不够,还要看画得怎样,执行得怎样。钱先生的执行也是头等的,也应该说是伟大的。先讲笔墨吧,钱先生没有把大块的墨汁涂在纸上,看来整张画是用笔的中峰写出来的。画中的空白怎样处理的呢?它既是空白,又是画,好些画家都能够这样用空白,钱先生所留的空白是水蒸气似的泡沫的飞扬。瀑布的声音虽大,若没有泡沫的飞扬,腾欢的气氛仍然得不到。声音靠瀑布,声势靠所留的空白。空白的意义和作用就和画家普通所留的空白大不一样了。最后,还要提一提那几只鹿。鹿在古时一直象征君民和陆,现在当然没有什么"君民"了。但是最高层的领导和最低层的干部,比起古时候要配合得多、密切得多的共同奋斗,才能得到预期的结果。说了上面一大堆的话,只表示我的学习而已。

现在提一提作者的意境和看者的意境问题。一张山水画是一件客观事物,它对作者和看者说是一样的。但是,意境可不一定,它很可能完全不一样。画与意境的关系有点像语言与思想的关系,不过一般地说,除文学作品之外,要复杂得多。画者的意境看者可能得到,也可能得不到;不能得到时,仍然有看者自己的意境。作者的意境因画已经画出,好像已经摆出来了,推动他画的动机也已经实现了,他没有什么话要说。看者不同、他没有画,可是他有意境。看者之间，可能因意境的不同而引起意见的不同，也可能因意见的不同而发展为争论。显然，这是好事。这很可能引起画家的努力，使山水画来它一个"百花齐放、百家争鸣"的新局面，这样中国山水画就得到复兴。

潘光旦(1899—1967),字仲昂,原名光亶(后以亶字笔画多,取其下半改为光旦),又名保同,笔名光旦。生于江苏省宝山县罗店镇(今属上海市)。社会学家,优生学家,民族学家,与叶企孙、陈寅恪、梅贻琦并称清华百年历史上四大哲人。

潘光旦于1922年赴美留学,入达特茅斯学院,1924年入哥伦比亚大学研究院,获理学硕士学位。1926年学成归国后先后在上海、长沙、昆明和北京等地多所大学任教授,1938年任西南联大教授、教务长。1941年参加中国民主同盟,后任民盟第一、二届中央常委。中华人民共和国成立后任政务院文化教育委员会委员、全国政协第二、三、四届委员。1952年全国院系调整,潘光旦调入中央民族学院,主要从事少数民族史的研究。他一生涉猎广博,在性心理学、社会思想史、家庭制度、优生学、人才学、家谱学、民族历史、教育思想等众多领域都有很深的造诣。在20世纪二三十年代中国思想文化界群星璀璨、名人济济的行列中,潘光旦以其学贯中西、博古通今的学问和卓然不群的独到见识成为一位光彩照人的学界泰斗。

清华初期的学生生活

潘光旦

清华高等科的教育虽没有标榜什么,事实上已经走上英美所谓"自由教育"或"通才教育"(liberal education)的道路。(一)课程与上课钟点不多。在美国,每学期一般是五门或六门,每周上课十五至十八小时;在清华,当时也不过六七门,二十几个小时;学生有着很多的自由活动时间。(二)自然科学如数、理、化、生物,社会科学如政治、经济、社会学,又所谓人文科学如文、史、哲等三大类的一些入门课、基础课,虽不是每门必修,总是鼓励学生尽量地多读,每一类选上几门。(三)选修课很多,学生可以随意挑,考不及格也无关宏旨,下学期另选一二门,来凑满毕业时所要求的学分总数就行了。这种选修课在某些美国大学里有的已流为"烟斗课",师生都可以叼着烟斗上课,清华的选修课当时还差一点,没有到此境界。(四)鼓励学生跑图书馆,闯书库,乱翻书,说是跌跌撞撞大有好处,学生自己,在准备成为一个"通才"的同时,会撞出个比较专门的名堂来。清华的藏书一直不太少,当时推为国内最现代化的馆屋建成以后,库藏更充实了,环境更引人了,借阅更方便了,于是这种美其名曰涉猎的读书风气更趋于泛滥。(五)无目的地与缺乏指导地提倡所谓科学研究和论文写作。一到高年级,很多课上就要求学生多看参考书,搞些小题目,从事写作,长短虽不拘,却要别出心裁,不蹈前人窠臼。以我个人为例,在出国前的一二年,我就曾经乱抓一阵所谓"精神分析派"的书刊,配合上《虞初新志》里支如增所写的《小青传》,在梁任公先生的"中国历史研究法"班上,写缴了一篇《小青的分析》,也算是"历史",也算是做了"研究",也算是提供了一个"研究的方法"。当时任公先生大为称赞,在奖饰的评语中勉励我"成就其一",不要学他自己那样的"泛滥无归",即只要泛滥而有归缩,一个人就是"专家",而此种专家又不碍其为一个"通才"。同时,一个教德文的美国教授认为我在小青这人身上找到了上好的资料,比西洋用来证明这派学说中的同一论点的资料好得多,又向我灌上大量的米汤。任公先生所欣赏的是"方法",而这个美国教师所赞许的是"资料","方法"与"资料"都对了头,岂不是前途无量!所谓"自由教育"的内容与终极,大概言之,就是这一套了。我自己就是这种教育的相当典型的产物,就自己当年的感受多说了几句,我想是可以容许的。

谈到这里，似乎有必要说一说清华当时"创用"的一种课业成绩计分制，称为"Weighted Credit System"，可译为"权衡计分制"。说"创用"，因为，据我所知道，在国内只是清华用这方法；但我又加上引号，因为这方法一定来自美国的某些大学。这计分法主要的内容是把学生成绩分成五等，超、上、中、下、劣（英文符号是 E、S、N、I、F）。劣就是不及格，不得补考。在此法实行以前是容许大、小考不及格的学生补考的。更主要的是这五等的评给有着一定的比例，一班一百个学生罢，"中"的当然最多，"上""下"次之，"超""劣"最少，各占百分之五；即一次考试，或年终考绩，一班之中，总得有几个幸运的"超"，几个倒霉的"劣"，初不问成绩好的学生真好到甚么程度，和坏的学生真坏到甚么程度。换言之，这种评分法认定成绩只是一个相对的东西，而并无绝对的标准；因此，无论他对一般学生有多大激励的作用，对根底差而学习能力一时还难以赶上的学生是个打击，无论他如何用功，总归是个"劣"，终于要被淘汰！

当年清华的课业与教师的评分，一般是紧的，中等科的汉文课尽管拖沓，学生也总得在大考时努一把力，免得陷于"劣"等。五等的计算背后当然还得写个分数，在别的学校，一般以六十分为及格，即够得上一个"下"，而清华却要求一个七十分的总平均，才算及格，才够得上升级与毕业出洋。

下面该说说当年清华学生们的课外或课余活动。但在这以前，有一种活动应须先谈一下，因为在我读书的年月里，它的地位是介乎课与非课之间的，而过了不多几年，它就正式成为课程的一部分，同时负责教导的人员也从职员改成了教师——那就是体育活动。清华一开始就以注重体育，高自标榜，大力号召，特设了一个部门，重金聘请了教练专家，这种专家更必然地是来自美国了。当我在校的几年里，前后两任主任都是有博士头衔的美国人,马约翰先生担任部主任,是又过了几年的事。起初只有户外的田径和各式球类运动,应有尽有。后来又添上所谓"国术",就是我国固有而我们现在更认真提倡与推广的各种武艺,主要是拳类,但在当时只有很少的学生选习,像汉文的学习一样,姑备一格而已。不久以后,体育馆,包括户内的游泳池建成了,在规模与设备上在当时国内也算是首屈一指的,不用说,除砖瓦以外,它的全部建筑物料都来自美国。从此,又添了许多户内运动与锻炼的方法,可以风雨无阻地进行活动了。

  学生的体育活动,几乎从开办之日起就用强迫的方式进行的。学校规定下午四至五时为强迫运动时间,到时,图书馆与全部课堂、自修室、寝室都给锁上,只有体育场与体育馆敞开着。平时最不爱活动的小老头子似的学生到此起码要在马路上或荷池边溜得上一个钟头;只要在这时间内照章活动活动,其余倒也不作硬性规定。更硬性的规定是在后头。不是人人想出洋么?出洋是末日,末日要有一番审判,审判取测验的方式,称为"矫捷测验"(这是我在这里拟的一个译名,当时我们都用惯英文,称为 A-gility Test),包括五项,每项要够个标准,即跑得够快、跳得够高、游得够远……你才能取得出洋的资格。每年毕业生中,被搭救一两把而过关的例子也是有的,但一般说来,这一条章程是执行得十分严格的。因此,它的强迫性实际上是大于每天下午的那个钟头,就是中等科生在七八年之内,高等科插班生在两三年之内,平时总得强勉自己,锻炼锻炼,免得临时上轿发生问题,有碍出洋大事。这种例子还不太少,如现在还在重庆任大学教授的西洋文学专家吴宓先生。也因此,平时,就个别学生说是最后的一年半年,急来抱佛脚而锻炼得极为艰苦的"老先生"们也还不少,往往为平静的校园生活点缀上一些喜剧性的场面;到时总有跑场的人奔走相告:某人某人又在苦练什么啦,赶快去瞧呀!后来,不知在我走后的哪一年,体育终于成为必修课目的一种,和其他课程同样地排进了课程表。成为必修之后,平时要评分,周期有考试,其为带有强制性,是不消说的了。

  体育比赛活动是频繁的。春秋两季的校内运动会、平时班级之间的各种比赛、校外地区性和全国性的运动大会、校际的球赛,在日历上是排得相当紧凑的。由于当时大中学校的一般风气,也由于清华的条件较好,提倡得更着力,清华在这方面也曾头角峥嵘过一段时期;不但在华北,并且在全国,俨然以盟主的姿态出现,比起南方的南洋、约翰,大有后来居上之势。一九一七年一月十八日(我记得这日子,因为它恰好是我由于醉心体育运动而不得其道,终于失落一条腿的第一个周年),南洋大学的足球队,于击败南方各大学的校队之后,远征来到清华,一场会战,即铩羽而归。还记得当天中午食堂上空气紧张与推测纷纷的光景,一般出乎主观的愿望,都认为清华必胜,至少主客与劳逸的形势对清华有利;与我同桌吃饭的一个新从南洋转来的插班生却不以为然,大概由于旧有的感情联系罢,认为清华必败。我们在桌上争得面红耳赤——结果是南洋输了,这同学也输了,好几天在桌上没有开腔。为此,当年的清华也曾吸收过一批擅长运动的高等科插班生,但由于插班考试与平时功课比较严格,专靠运动在学校里混混的"武学生",或职业运动员学生,或向别的学校挖取已显过身手的此种学生——这一类的例子或现象似乎不存在。不过这种学生构成校园内一个特殊阶层的情况还是有的。凡属在体育运动上已表显有成绩而足够某种标准的学生就有资格在特设的小食堂吃饭,这种食堂称为"训练桌",这又是我在这里临时使用的译名了,当时都用英语呼为 Training Table,在没有希望参加而又不免艳羡的其他同学则称之为"雅座"。当时清华学生的一般伙食,八人一桌,八菜一汤,半荤半素,用旧时的任何标准来衡量,本是够特殊的了;但"雅座"则有牛奶,有更多的鸡蛋和肉类,据说非此就"训练"不出来,不能为学校在疆场上争光夺彩。这在许多同学看来是极不舒服的,其中有的固然是出于"酸葡萄的哲学",但一般认为这里面确有问题:一则一般伙食的营养已经够好,没有这种必要,不必要而为之,是浪费,是制造特权;再则提倡体育固然必要,但提倡体育与豢养打手毕竟是两回事。大家当时也看到,美国大学生活方式的又一部分搬到中国来了,美国大学各有其大学运动队(Vargity Team),受到学校的特权待遇,甚至有特殊的衣服,平时一样地穿,在特制的毛线衫的胸前还缝上大学名称的第一个字母,至于这种衣服一定要用规定的所谓"校色",是不消说的了。清华当时还没有效颦到这样一个程度,但特制的服装已经有,是白地紫字,因为"校色"是"紫与白"。这种服装,比赛时固然要穿,平时也一样地有人穿,甚至有把旧的多余的送给非运动员的同学作为内衣穿的。在本世纪的最初二三十年,美国大学的体育活动便已发展到一个尾大不掉的地步,连美国自己的电影都不得不加以讽刺。例如有一部片子描绘一个规模很小的大学的种种怪状,第一个镜头就揭示"一座庞大的体育场旁边附带着一个小小的学院"。这种歪风不可能不很快地吹过了太平洋,来到中国,当时的清华以及其他大中学校,尤其是教会学堂,在不同程度上,无疑地已受到这股歪风的袭击。

但话得拉回来说。清华的体育,即在当年,积极的一面终究是更大的一面。上面说到它的强迫性,强迫就意味着普遍,积极的一面就在这里。对付当年专啃书本、足不出户、手无缚鸡之力的一班"小老头子",就得这样办,才有希望把千百年的积习与惰性加以初步的扭转。因此,当时得益的倒未必全是"雅座"上的座客,而是一般的同学。有了体育馆的设备和形成正式课程以后,这种好处更取得了物质与制度的保证。缺点也是有的,特别是在最初美国人担任指导的若干年里,一般的鼓励有余,个别的指导很不足。我入校不久,就选择了"跳高"作为经常锻炼的方式。不到一年,就出了毛病。我自己总想做个"文武双全"的人,想在体育方面,也出人头地,好高骛远,一意孤行,当然要负主要的责任。但若当时,作为一个十四五岁的孩子,能够得到一些指导,这毛病与后来的不可挽回的损失,我想是可以不发生的。

此外,又曾推行过一段时期的课间操,每日上午十分钟,也还有意义。像其他中学一样,也曾搞过英帝国主义者贝登鲍威尔所"创立"的所谓童子军,设备很齐全,解放前的末任校长梅贻琦早年还担任过清华童子军的一员教官,这就不值得多说了。

下面可以一叙完全不属于课程范围的各种活动了。

首先是各级级会和后来的全校学生会。两科八级一开始就各有级会,当时每级的学生不多,最多的不过七十多人,遇事开级会决定。平时有个小小的执行机构,有间小屋子,可以洽办事务,也供同级看些书刊。照说,级会的组织该在学校与同学之间起桥梁的作用,把学校的意图与同学的要求沟通起来。事实不是。说它提供了练习组织与办事的机会罢,有一些,不多,只少数几个同学有此机会。大抵会说话的当会长,写字写得好些快些的当书记……每年总是这几个人,变动很少。练习组织也只是个形式,主要是在开会时练习,开会的次数不少。章程的拟订、通过、修正,人员的选举,提案的处理,包括提议、附议、修正、搁置或最后表决,等等,一切模拟议会政治那一套,倒是麻雀虽小,五脏俱全。

一九一九年起的学生运动向学校争取到全校学生会的组织后,有了明确的全校代议机构,称为"评议会",由各级会推选一定名额的"评议员"组成。从此,一般对这一套开会的清规戒律更熟悉了,少数被选进领导机构的同学当然是尤其熟练。熟练也正是被推荐的重要条件之一,其中不止一个现在是我们全国政协的委员,有时谈到这一段历史的时候,还不免以此自豪。

  资产阶级民主政治讲所谓三权鼎立,明月三分,同学们勉力效颦,到此算是已得其二,就是立法与行政,司法则一直归学校掌握,直接的主管部门是"斋务处"。但一九二〇年后,同学通过学生会提出要求,一度成立了所谓"学生法庭",选出了审判官与检察官。学校还居然拨了一笔钱,为法官们缝制了"法服"。我就曾当过第一任也是最后一任检察官之一,峨冠博袖、大摇大摆地在同学们面前炫耀过一番。但似乎连一桩民事案子都没有处理结束,就收场大吉了。当时因何收场,如何收场,我已经记不清了,可能是因为碰上又一度的学生运动的浪潮,大家无暇于这一类粉饰太平的把戏了。当时盛传美国有几个大中学校搞"学生共和国"的试验,十分新鲜,清华师生中颇有人想如法炮制,也曾鼓吹过一番,当然更是空口说白话了。如今回想,即使这一整套都学会了、学像了,又将怎样?如果一个人认为猴戏值得一看,那就要看真的,要看大的,美国的政治舞台就一直在开台上演,并且愈演愈烈,也愈空虚。当年的清华也曾极小规模地"沐猴而冠"过一番,但实际上始终受着北洋政府外交部所指派的包括美国使馆的一个参事的三人董事会和这会所任命的校长的统治,师生们何尝真正有过提供改进意见的机会?学校行政对待学生的官僚主义和同时的其他学校没有丝毫分别,所不同的是,更多了些从太平洋彼岸直接输送而来的花招而已。从一九一九年起,由于全国政治浪潮的冲击,同学的觉悟有所提高,逐步发展了全校性的学生组织,一面尽管继续玩弄议会政治的戏法,一面由于群众的力量加大,在爱国主义与反官僚主义方面,才终于起了些极初步的作用,下面还有机会叙到。

  学术与文艺的活动也很频繁。听所谓演讲的机会,虽不经常,是不少的,大都是临时性的。在北京的或到北京的中外名流来校访问,学校,或学生团体在取得学校的同意下,拉他讲一次或几次。现在印象较深而可供追忆的例子不多了。记得美国有名的人类学家埃德里希卡(Alee Hrdlicka)很早就来清华讲过一次,听众不多,因此我有机会向他提出这样一个天真的问题:"白种人一般身体上的毛多于黄种人,这是不是说明他们比黄种人进化得慢?"相去六七年后,杜威也来讲过,当然是讲所谓实验主义的哲学,他说话声音很低,又单调,不但听不清,还起了"摇篮曲"的作用,一起讲五次,我在座入睡过四次。一个姓苏的,据说是个天文与地理学家,"老店新开",来讲日绕地球的"学说",想推翻久经肯定了的哥白尼的理论,真是匪夷所思,不知是怎样会被约来的。名画家陈衡恪,陈寅恪先生的哥哥,讲中国画学,酒后开讲,在黑板上写个"黄"字,下面光脱脱的,掉了两点,弄得大家忍俊不禁。

  刊物很多。全校性的有《清华学报》,似乎分中、英文两种,算是学术性的,代表师生的学术水平。《清华周刊》,则以议论与报导为主,起过论坛的作用,例如在白话文的问题上,同学们作过较长时期的热烈的争论。各级和不少学生社团,有时候也分别出些自己的刊物。全校性刊物的经费,由学校负担,其他则同学拼凑些印刷费,也要求学校津贴一部分。最浪费而无聊的,是每一级于毕业离校前所编印的一种留念性刊物,通称为 Tsinghuapur,附加上毕业的公历年别。例如,我是一九二二年毕业的,前三分之二当然是清华的英文校名,尾巴上的三个字母就莫名其妙了。刊物主要是用英文写的,其中包括在校若干年的全级的大事记,一切属于本级的重要事件的特写,当然都是荣誉的事件了。例如得过甚么冠军亚军、受过甚么奖旗奖章之类;也包括个人的传记,刻画着每一个人的才具、兴趣、志愿、癖习,加上编者的"月旦",照片与插画多得出奇,有现拍的,也有历年保留下来,专供这一朝之用的;印刷用铜版纸,十二开,硬封面,烫上金字,厚厚的一大本,从搜集到出版,历时大半年以上。后来到了美国,轮到又在那里毕业一次,才明白原来这又是美国的玩意儿。在那儿,大学毕业班的留念册更要伟大,是八开本,重十多斤。不过在清华,我所属的一级在这一点上,倒是一个例外,只匆匆地出了一本小册子,而我个人又被摈不在其列,幸免了这一分灾梨祸枣的罪过,这却是有原因的,我在下面另有地方说到。

上面说组织演讲和编写刊物的负责者也有一些是学生自动结合的小团体,这种团体也是不少的,多的有四五十个成员,少的七八个人,大都是班级相近、年龄相仿而所谓志同道合的分子;它们都有章程,章程必有"宗旨"一条,这一条一定会写上"磨砺道德、交换知识、联络感情"十二个大字,一般搞得很认真,吸收新成员很严格,在团体以内做些所谓"律己律人"的工夫。专业性的很少,因为学校当时还不分科系,至多只有理实两途的些微分化而已。其中少数也搞些团体以外的活动,管些校园生活中的"闲事",推动些改良主义性质的措施,但这种事例是不多的,也是要从一九一九年起才有一些。

演说、辩论的练习会与比赛会也经常有,有学校主持的全校性的、有班级性的,也有专搞这种活动的学生社团所举办的,进行时分汉语英语两类。为了提倡英语的演说辩论,学校的英语课中还特设了一门,和这方面的课外活动相配合。教这门课的教员当时也成为同学笑谈的对象,因为他在班上现身说法,指手划脚,往往十分机械,有如看木偶戏或皮影剧,使人起鸡皮疙瘩。例如,他做示范演说,讲"在历史上有那么一个转折点"时,一到"转折"两字,右手臂就配合着举起来,着重那么"转折"一下!演说、演说,大抵"说"的内容本来不关宏旨,主要的是"演",说的道理未必能折服人,而演的姿态动作一定要富有煽惑力。美国政治界和宗教界里所谓成功的人物大都具备这一套本领。我们,作为留美的一部分预备工夫,依样葫芦,又安得放过不画呢?因此,演说比赛场合上也就充满着这一类的表现,能选择恰当的题目,乃至借用一些课题,从而用警辟的语句,说出些较大的道理来的,是极难得的例外。如今还记得的一例是很多人都熟识的洪深同志,曾于一九一六年以《敬惜字纸》的题目获得了汉文演说比赛的亚军。至于辩论,目的性就更差了,总是为辩论而辩论,或找些模棱两可的与实际全不相干的题目,或虽相干而是非曲直已很明显的题目,反复辩驳一番。只须三寸不烂,掉得灵活,不怕理屈,但要词强,评判员就可以宣告你方胜利。我一直没有过机会去旁听西方议会里的所谓辩论,方式容有不同,精神实质必然是一样的。当时,演说与辩论还曾发展成为一门校际比赛的活动。

对中等科的学生,音乐起初采用过上课的方式,由一个美国女教师主持,专教唱洋歌,从《三只瞎老鼠》《苏格兰大火》一类的儿歌,基督教的"颂圣诗歌",到见于《一〇一个名歌选集》中的许多歌曲,由浅入深,教了不少。同时又挑选部分同学,组织了初级和高级的两个唱歌队,当时一般用英文呼为 Glee Club。尽管那位女教师很严格,其中南郭先生还是不少,我自己就是一个。但一般说来,从中等科读起的清华毕业生都会哼上几声洋歌,大都是在这几年里学来的,后来机会就少了。其中部分对音乐特别爱好并且爱玩乐器的同学,在学校的倡导、组织与财力支持下,发展为管弦乐队,并且逐年有所扩大;学校当局当然也乐于为此,因为像体育一样,乐队也曾"光大过清华的门楣"。但个别的同学也曾因此而踏上音乐的专业道路,例如不幸早逝的黄自先生和最近在教学之余,还时或出场一显歌喉的应尚能先生。也有个别的同学仅以音乐为表现自己的一种业余手段,一到美国,就不惜花上可观的一注美金,专门吊他的洋嗓子。

演剧与观剧的机会也不算少。有完全属于娱乐性的,时间总是在除夕,各班级都凑些节目,以独幕的小喜剧或滑稽剧为多;剧本有现成的,也有临时编凑的。有属于英语实习性的,则一般用现成的古典剧本,间或用过教师自编的剧本,都有教师提导,在有一段时间里少数同学还成立过一个"戏剧俱乐部"。记得其中有一个我的同班同学——听说几年前当过台湾伪政权的外交次长,后来病死了——在我面前把西洋话剧的所谓三段法吹嘘得如同金科玉律一般。最热闹的一次是一九二一年,为了救济河北旱灾,募集些款项,在北京第一舞台演出的所谓义务戏,剧名"鸳鸯牒",是由同学自己集体编写的。学校在"义举"两字的压力下,还掏了不少的一笔钱,其中一部分就消耗在各编写人于漫长的冬夜里吃火锅的上面。记得演出的那晚上,梅兰芳先生是包厢中的一员观众,后来事隔多年,我还听到当时参加编写的一个同学说,他从没有看过梅老板演的戏,而梅老板却看过他编的戏。当年同学们搞的几乎全都是话剧,京剧是不屑于搞的。进城看京戏的师生尽管大有人在,但作有系统的学习而登台演唱,总像有失读书人的身份,是搞不得的。只有家住北京的职工们在这方面还有些修养,间或登场清唱一番。

　　舞蹈是唯一没有地位的文娱活动。交际舞只行于"美国地"和部分留洋归来的中国教师中间;逢年过节,或某些周末,间或举行一次。当晚一定有同学在场外偷着瞧,第二天一定成为同学们笑谈的资料,大家把它称为"合作大会",说某两人合作得好,某两人合作得差。这种反应是容易理解的。表面上只是好奇,是少见多怪,实际上是当时还属十分普遍的封建意识的反映。当时清华根本不收女学生,几个美籍女教师、中国教师的部分眷属,成为校园内最稀罕而引人注目的人物。女教师每月到一定的时候,一定要请几天假,期前必有人加以推测,替她算日子,渴盼着这日子的来临，除了可以少上一两堂课之外，这其间还包含着一个有趣的问题悬而不决的引逗心情，是显然的。某教师的宅眷新生孩子，某家专生女孩，教师夫人成了"瓦窑"，也是课余饭后的一个谈柄。封建社会由于日常生活中把两性隔离开来而发生的所谓同性恋爱的现象，在清华也有所流行，在某些角落里也曾造成过很恶浊的气氛。既谈到当时对交际舞的态度，也就走笔提一提这一方面的一些不健康的生活点滴。

电影在师生娱乐活动中也没有很大的地位。主要的原因当然是当时电影还一般的不发达，城里虽已有电影院，由于交通关系，进城观看的例子很少听见。学校与学生团体在这方面从未作过任何安排。但当我在校的最后两三年内，即一九二〇年起，突然有了些"发展"。几个河南同学，是一家的兄弟叔侄，不知通过什么方式和条件，一面从城里搞到了片子，一面取得了学校的同意，借用当时的礼堂，即后来称为"同方部"的那座建筑，作为演出场所，居然一周一次地开业放映起来。可怪的是，学校并没有招商承办，而平白地多了这一行私营企业。这家弟兄叔侄无疑地掌握着这企业的全部权利，接洽片子，张贴广告，卖票收票，真是经营奔走，不遗余力。放映的又是什么片子呢？美国片子是不消说得的了。美国的哪一类片子呢？如今虽事隔四十年，大家还留着极深刻的印象的一例是一系列称为《黑衣盗》(The Hooded Terror)的片子，一续、再续……十几续，前后不知演了多少场，每场总是满座。这片子的内容，顾名思义，便知非奸即盗，充满着极不健康的刺激与诱惑。但学校始终不管，教师们，即在一个教数学的美国教师的儿子按照这张影片所传授的手法开始盗窃行为之后，也还不管。最后，我们一个爱管些闲事的小团体，其中包括闻一多先生，终于忍不住地出头管了一下。我们利用《清华周刊》和其他方法，一面主张非带有教育意义的片子不得上演，一面发动同学对诲淫诲盗的今天所称的黄色片子,共同抵制,来逼使这一家学生商人不得不改换另一路质量的片子。小小的运动算是成功了,但在改换片子后的最初几场里,观众毕竟少了许多,学生商人的利润显著有了下降。记得我第一次恢复观看而买票入场的时候,收票的那个同学狠狠地挤了我一下。但有趣的是,事隔六七年,我已回国而在上海工作,这个收票的老板同学从美国回来,在赶回河南老家之前,却选择了我的家作为寄放行李的场所,件数很少,书籍衣服而外,似乎没有其他东西。我当然表示同意,相信在他的观感里,我毕竟还是够朋友的。

也曾搞些所谓社会服务的活动:一部分同学,老成些的,有些相信当时流行的"教育救国论",有些是认真的基督教的信徒,这两种人就是这方面的课外活动家了。他们主要是在校内或校园附近做些普及识字的工作。当时的学生,除了为观瞻关系,用学校所配买的床单,早起把自己的床铺盖上而外,是完全不劳动的。因此,各式各样的"听差",或后来改称的"工友"就多了,加上厨丁、厨役、木匠、铜匠、水电工、园丁、火夫、清道夫、理发匠、"美国地"各家的"西崽",以及住在校外的洗衣工、成衣匠……数目更加庞大。清华全部师生职员,起初不过四五百人,而直接为他们服务的劳动人口,连同他们的家属在内,是这个数目的好几倍,他们几乎全都没有文化,很少几个认得字。于是,校内,就搞起了夜校;校外,如城府、三旗、西柳村、大石桥等村落,办起了些露天的识字班,每当夕阳西下,就有同学轮班出动。为了夜校,学校也出些钱,供给些现成的设备上的便利,至于校外,则物力人力几乎全都是同学自愿提供的了。回忆在校几年,部分同学有机缘和穷苦的劳动群众直接打些交道,似乎只有这一个方面,而劳动群众,在当时的觉悟程度之下,也还欢迎这种零星的努力。记得在高等科的理发室里,好几年挂着今天全国政协委员陈鹤琴先生的一张照相,而陈先生便是这方面最出力的同学之一。因此,尽管离校已经多年,还有人惦记着他。

此外,部分师生也曾参加过一些"救灾"的工作,多数捐些钱,少数到了灾区前线。一九二一年我随同两个美国教师,其中一个就是上面所说搞"圆明园研究"的人,两次到过河北省的唐县,前后跨四十天。第一次用同学捐款办了个粥厂,计口发小米粥,一天两回;第二次帮农民挖洋井,没有搞出成绩来。现在回头看,这一类"贴膏药"的企图是可耻的。一方面,我们每天要和受旱灾的农民们,在小米粥的分量上,论斤较两,大费唇舌,而第一天到县里,县老太爷欢迎我们,却来了一桌海参席。另一方面,我每天忙着,而作为我的领导的美国教员,除了难得向我发些"指示"而外,我简直不知道他们忙些甚么。当时只知道他们有老师的身份,只联系上层,管些大事,小事服劳,当然是我的份。如今回想,他们一定是借了救济之名,搞着些别的勾当。当地有的是美国教会和为它奔走的中国教徒,美国教师就专和他们来往,至于"救灾"之外,又搞些什么别的勾当,那只能恨我自己当时还根本不认识什么叫帝国主义,尤其是美帝国主义,因而在这方面丝毫没有政治嗅觉,就说不上了。

同学来自各省,几乎都有他们的同乡会,但省与省之间的畛域之见不深,似乎一直没有发生过问题。广东同乡会的活动最多一些,通告板上常有他们开会的消息,平时广东同学也喜欢聚在一起,说广东话,别省的同学是对他们有闲话的。有的说,地方主义的气味太浓厚了;有的说,这还是因为方言的关系;有人反问,同样有语言上的困难,何以福建同学的表现便不大一样?更有人问,同学中十之七八是讲吴语的江苏同学,何以他们根本没有搞过同乡会?当年清华没有江苏同乡会倒是个事实。但这也不能用来说明江苏同学就没有地方主义。解放初的土地改革运动证明江南的封建势力很严重,而距此三四十年前,江苏人便没有浓厚的地方主义,是很难设想的。当时清华师生中,既以江苏籍的为最多,人多势大,到处要占些上风,也许根本用不着同乡会的一类的组织,来加以保证。在别省同学的心目中,江苏同学可能更不受欢迎。只是因为我自己是江苏人,未能理会罢了。

部分同学也搞些基督教的宗教活动,以青年会为中心。清华师生中的基督徒不算太少;住"美国地"的教师,其中一部分还是北美青年会代为招聘来的,当然全部是,不消说了;许多通英语的中国教师出身于基督教的家庭和教会学校,至少对基督教有过多年的接触;学生中也有些是虔诚的信徒。有些还是牧师的儿子,吃饭睡觉之前,例须祷告一次。全国青年会的组织看到了这是块好园地,很早就在这里成立了支会,归北京青年会学生部直接联系,学生部的"干事"中有美国人,也有中国人(现在主持"三自革新运动"的吴耀宗先生就是其中的一人),时常来校指导工作。当时的经常活动是通过所谓"主日礼拜""查经班"以及每年暑假在西山举行的"夏令会"等活动,来传播基督教教义,巩固原有的信徒,吸收新信徒。前两种活动的主领人员,亦即宣扬教义最有力的人员,当然以来自"美国地"的教师为最多,也有圣约翰等大学毕业的中国教员,如林语堂之流。参加"查经班"的同学还不少,其中有的怕人批评,说是借此多个练习英语的机会;但也确有为了练习英语,参加进去的;至于领班的人往往以英语为"饵",来钓取学生,是不消多说的了。夏令会则由北京青年会主办,报名参加的不限于清华学生。

每年,或隔一两年,看情况,青年会又必举办一次所谓"决志大会"或"奋兴大会",请北美青年会派来中国的有名的"布道家"主讲,连讲两三天;大会终结前,必敦劝听众填写所谓"决志书",表示皈依的志愿。这些开讲人物的讲法各有巧妙不同,但至少有两点是共同的:第一是"辩才无碍",声容并茂,富有上面所说的"演说家"的煽动力;第二是从整个的"中国问题"讲起,把确乎是漆黑一团与危险万状的中国局势说得更加漆黑、更加危险,然后逐步转进到绝无仅有的一线曙光与一颗救星,那就是基督教了。他们从山穷水尽一直说到柳暗花明,却真有一套本领。一次大会之后,总有不少的同学在"决志书"上签了名,接着受"洗礼"、吃"圣餐",成为基督徒,少数还在附近海淀的教堂里当上了"执事"。但据我观察,这种靠一时的"兴奋"而"决志"皈依的同学绝大部分没有坚持他们的信仰,一旦诞登太平洋彼岸,接触到美国社会生活中与教义大相剌谬的种种实际,多数无形地放弃了;个别的为了求一个心安理得,还写过文章,婉转说明所以不得不放弃的理由,更有进一步劝说毕业后准备到中国来传教的美国同学大可不必负起这样一个"使命"。当然,这班同学当初的所以进教,思想上也是很复杂的。他们的宏愿是出洋,信了教,有了个信徒的名义,对这宏愿的完成,无疑地是个便利。有这种出发点的人对信仰当然也不可能太认真,更不说坚持了。

通过青年会的关系,一九二一年,清华园还一度被提供作为"世界基督教青年大会"的会场。平时一般同学对青年会的活动不大置可否。这次,在一九一九年爱国运动之后,却有了鲜明的分化。基督教徒与一般青年会会员对这事当然是支持的;一般同学则在一边看热闹,其中有些要把宿舍让出来的,大概也不会太满意;另有少数同学是反对的,他们得风气之先,已经认识到这一类的活动是帝国主义文化侵略的一个方面,他们似乎还张贴过一些标语,把这种认识率直地表达出来;而在支持的一面则曾在口头上为之辩护,我自己当时便是辩护人之一。实际上,青年会本身的存在也一直有同学反对,不过从没有具体化;只是在有一段时期里,少数同学成立过"孔教会",像是对青年会唱对台戏。

"孔教会"所由组织的原因当然不止一个,但"能言距杨墨者,圣人之徒也",当时"孔教会"的成员中,尚有不少能背诵孟子的这两句话的人,是可以无疑的。

日常生活中的饮食、游息,上面已经触处提到过一些,这里再补充一些。伙食是够好的,无论膳费是全免、半免,或每月付足六元钱的全膳费,基本上都是吃公家的,吃退回的部分庚子赔款。平时的八菜一汤或四盘五碗,一到十一月一日,即全校开始生炉子的那一天,五碗就合成一只大火锅;大米饭、上白面馒头、小米稀饭、拌上香油的各种酱咸菜,除早餐无大米饭外,一概听吃。浪费是很可观的,饭量大的同学彼此比赛、赌东道,最高的纪录是两把重的馒头二十五个;至于粮食的糟蹋狼藉,是不消说了。很有些人嫌饭菜不好,经常添菜,如香肠、木须肉、白菜炒肉丝之类,饭菜中发现了苍蝇、头发,起初是照章可以更换的,于是老实些的一发现就换,其次发现了不作声,等待将近吃完时再换,等于多吃一盘;最不成话的是,索性自备苍蝇、头发,于必要时掏出衣兜,放进盘碟;厨房在这方面所受到的损失当然取偿于其他学生的添菜中了。

衣,学校管一个头尾。头,指入校之初学校配买两张床单、一个洗衣袋,无论卧具多么肮脏破旧,加上平时不整理或不及整理的衣服什物,只要有大幅白床单加以掩盖,形成所谓"一包葱",就不碍观瞻了。尾,指出洋前夕学校发折合美金二百五十元的一笔治装费,每人一份,在上海出发前自己张罗。

一所千把亩的王爷园子里住上起初只二百几十个学生。最多的时候也不过五六百人,居住与游息的条件是足够宽敞的。铁床、钢皮绷、厚草垫,四个人一大间,另有自修室,各有固定的书桌,后来学生多了,自修桌才并到卧室里;图书馆里的座位一直有富余,池边、林下、土山坡上的石磴,到处是读书游息的好去处。

满园是花木，九秋的菊花，除园艺工人广泛地培植外，又有一位姓杨的搞斋务工作的职员出色当行地加以指导，尤为量多质美，据说极盛的一年曾培育到两百个品种。记得每年暑假回家，一到开学期近，就一心指望着返校，说明校园的吸引力实在很大。每年也有不少边远省区的同学留京度假，则学校把他们安排在西山的卧佛寺、大觉寺等处，也是十分幽胜的地方。京西郊区活动范围之大与游览地方之多，是尽人而知的。出西直门，从万牲园，迤逦西行，直到西山八大处，一路的各大名胜，当时都已开放，尽管交通不便，只步行、骑驴两途，每逢周末，去的人已就不少。较远的如十三陵、八达岭、潭柘寺、妙峰山，乃至房山县的清陵，也往往有人集体去游览。特别值得一提的是，校园的西邻圆明园，当时虽已成为狐兔的窟穴，而破碎的琉璃砖瓦，片断的白玉雕栏，纷纭狼藉，遍地都是，"寿山"还相当高，"福海"还相当深，乃至"大红门"还像个门，"西洋楼"还像座楼，成为课余假日闲步的一个最好的去处。至于闲步者的感情反应如何，是作为"汉家陵阙"凭吊一番了事呢，还是对帝国主义强盗感到愤慨而想有朝一日报仇雪耻呢，那就因人而有所不同了。但说也奇怪，对清华附近这样一个引人入胜而又富有刺激的游览地区，却也还有无动于衷的少数同学。例如，有人告诉我，一九二一级同学，解放前去世的一位有名的物理学家萨本栋，在校多少年，就从没有进过颐和园。有人说他是书呆，也有人说他真是"不窥园"的苦学之人，也许后一说法是更近事实。

学校行政对学生食、宿、游息和课外团体活动的主要管理部门是所谓"斋务处"。中等科的斋务管理特别严。斋务管理人员吃饭和同学一堂吃，夜间熄灯后要到宿舍巡视一周；学生每两周必须缴阅零用账和写家信一次，信即由处中代为付邮，学生所收信件也先经斋务处，然后由处分别纳入特制的多格信箱，一人一格,格有小玻璃门,有锁,信件由后纳入,同学由前开锁取信。犯规记过,三小过合一大过,满三大过开除学籍,这笔账也归斋务处。学年终了,成绩报告书后必附有一些奖惩的记录,奖用评语,有时也用实物,如墨盒之类,无论惩或奖,实际的教育意义都不大,奖尤其是官样文章。我在中等科前后五年,被记过一次小过,也曾得到过奖语,奖语是"言动安详,殊堪嘉尚"八个大字,一条腿的人也自不得不"安详"些了;但这除了算是把以前所记的小过抵消过去,让家长看了舒服些之外,别无作用。总起来说,当时的"斋务处"已经颇有后来"训导"的臭味;而当时的一个"斋务主任",外号叫作"陈胖子"的,十多年后,听说终于投到蒋介石的门下,成为所谓"励志社"的一员头目,通过办一系列的所谓链锁食堂搞些勾当。据许多同学反映,直到解放以前不久,他一碰到凡在中等科耽过的同学,不但都叫得上姓名,并且还指得出学号,也正好说明他没有投错人。

清华的学生运动,像许多别的北京学校一样,开始于一九一九年。运动有内因,有外因。外因是当时北洋政府的腐败与卖国行为,是大家都知道的,这里无须多说。只说北京学生,在北京大学同学的倡导下,围打赵家楼的消息传到城外以后,清华学生就立即响应,一面参加进去,从此对北京一地以及全国性的学生运动,就我最后留校的两三年间的情况来说,是无役不与,至少曾进行过同情性的罢课罢考;一面,对内,终于争取到了全校学生会的成立。而在此以前,上面说过,学校所准许的一般性的学生组织只限于各级的级会而已。一九二〇年全国学生会的筹组与成立,清华也自有它的一份。

闻一多(1899—1946),本名闻家骅,字友三,生于湖北省黄冈市浠水县,中国现代伟大的爱国主义者,坚定的民主战士,新月派代表诗人和学者。1912年考入北京清华学校,1916年开始在《清华周刊》上发表系列读书笔记。1919年五四运动爆发,闻一多积极参加学生运动,并作为清华学生代表赴上海参加全国学生联合会成立大会。1922年7月,他赴美国留学,先后在芝加哥美术学院、科罗拉多大学和纽约艺术学院学习。1925年1月,参与发起"中华戏剧改进社",5月任北京艺术专科学校教务长。1926年9月受聘于吴淞国立政治大学,任教授兼训导长。1927年任武汉国民革命军政治部艺术股长,8月任东南大学教授,9月被聘为南京第四中山大学文学院外国文学系主任。1928年8月担任武汉大学文学院院长。1930年9月任青岛大学文学院院长兼国文系主任。1932年回北平任清华大学国文系教授,七七事变后,先后于长沙临时学,西南联合大学任教。1946年7月被国民党特务暗杀。

闻一多是近代中西文化大交汇、大碰撞中成长起来的一位学贯中西、博古通今的大家,其诗沉郁奇丽,具有强烈而深沉的民族意识和民主气质,同时他又致力于中国古代文学研究,对古文字学、音韵学、民俗学也下了惊人的功夫,涉猎之广,研究之深,成果之丰,郭沫若叹为"不仅前无古人,恐怕还要后无来者"。毛泽东主席在《别了,司徒雷登》一文中这样谈道:"我们中国人民是有骨气的。闻一多拍案而起,横眉怒对国民党的手枪,宁可倒下去,不愿屈服,表现了我们民族的英雄气概。"

八年的回忆与感想

闻一多

说到联大的历史和演变,我们应追溯到长沙临时大学的一段生活。最初,师生们陆续由北平跑出,到长沙聚齐,住在圣经学校里,大家的情绪只是兴奋而已。记得教授们每天晚上吃完饭,大家聚在一间房子里,一边吃着茶,抽着烟,一边看着报纸,研究着地图,谈论着战事和各种问题。有时一个同事新从北方来到,大家更是兴奋地听他的逃难的故事和沿途的消息。大体上说,那时教授们和一般人一样只有着战争刚爆发时的紧张和愤慨,没有人想到战争是否可以胜利。既然我们被迫得不能不打,只好打了再说。人们只对于保卫某据点的时间的久暂,意见有些出入,然而即使是最悲观的也没有考虑到战事如何结局的问题。那时我们甚至今天还不大知道明天要做什么事。因为学校虽然天天在筹备开学,我们自己多数人心里却怀着另外一个幻想。我们脑子里装满了欧美现代国家的观念,以为这样的战争,一发生,全国都应该动员起来,自然我们自己也不是例外。于是我们有的等着政府的指示:或上前方参加工作,或在后方从事战时的生产,至少也可以在士兵或民众教育上尽点力,事实证明这个幻想终于只是幻想,于是我们的心理便渐渐回到自己岗位上的工作,我们依然得准备教书,教我们过去所教的书。

因为长沙圣经学校校舍的限制,我们文学院是指定在南岳上课的。在这里我们住的房子也是属于圣经学校的。这些房子是在山腰上,前面在我们脚下是南岳镇,后面往山里走,便是那探索不完的名胜了。

在南岳的生活,现在想起来,真有"恍如隔世"之感。那时物价还没有开始跳涨,只是在微微地波动着罢了。记得大前门纸烟涨到两毛钱一包的时候,大家曾考虑到戒烟的办法。南岳是个偏僻地方,报纸要两三天以后才能看到,世界注意不到我们,我们也就渐渐不大注意世界了,于是在有规则性的上课与逛山的日程中,大家的生活又慢慢安定下来。半辈子的生活方式,究竟不容易改掉,暂时的扰动,只能使它表面上起点变化,机会一来,它还是要恢复常态的。

讲到同学们,我的印象是常有变动,仿佛随时走掉的并不比新来的少,走掉的自然多半是到前线参加实际战争去的。但留下的对于功课多数还是很专心的。

抗战对中国社会的影响,那时还不甚显著,人们对蒋委员长的崇拜与信任,几乎是没有限度的。在没有读到史诺的《西行漫记》一类的书的时候,大家并不知道抗战是怎样起来的,只觉得那真是由于一个英勇刚毅的领导,对于这一个人,你除了钦佩,还有什么话可说呢!有一次,我和一位先生谈到国共问题,大家都以为西安事变虽然业已过去,抗战却并不能把国共双方根本的矛盾彻底解决,只是把它暂时压下去了,这个矛盾将来是可能又现出来的。然则应该如何永久彻底解决这矛盾呢?这位先生认为英明神圣的领袖,代表着中国人民的最高智慧,时机来了,他一定会向左靠拢一点,整个国家民族也就会跟着他这样做,那时左右的问题自然就不存在了。现在想想,中国的"真命天子"的观念真是根深蒂固!可惜我当时没有反问这位先生一句:"如果领袖不向平安的方向靠,而是向黑暗的深渊里冲,整个国家民族是否也就跟着他那样做呢?"

但这在当时究竟是辽远的事情,当时大家争执得颇为热烈的倒是应否实施战时教育的问题。同学中一部分觉得应该有一种有别于平时的战时教育,包括打靶、下乡宣传之类。教授大都与政府的看法相同:认为我们应该努力研究,以待将来建国之用,何况学生受了训,不见得比大兵打得更好,因为那时的中国军队确乎打得不坏。结果是两派人各行其是,愿意参加战争的上了前线,不愿意的依然留在学校里读书。这一来,学校里的教育便变得单纯的为教育而教育,也就是完全与抗战脱节的教育。在这里我们应该注意:并不是全体学生都主张战时教育而全体教授都主张平时教育,前面说过,教授们也曾经等待过征调,只因征调没有消息,他们才回头来安心教书的。有些人还到南京或武汉去向政府投效过,结果自然都败兴而返。至于在学校里,他们最多的人并不积极反对参加点配合抗战的课程,但一则教育部没有明确的指示,二则学校教育一向与现实生活脱节,要他们炮声一响马上就把教育和现实配合起来,又叫他们如何下手呢?

武汉情势日渐危急,长沙的轰炸日益加剧,学校决定西迁了。一部分男同学组织了步行团,打算从湖南经贵州走到云南。那一次参加步行团的教授除我之外,还有黄子坚、袁复礼、李继侗、曾昭抡等先生。我们沿途并没有遇到土匪,如外面所传说的。只有一次,走到一个离土匪很近的地方,一夜大家紧张戒备,然而也是一场虚惊而已。

那时候,举国上下都在抗日的紧张情绪中,穷乡僻壤的老百姓也都知道要打日本,所以沿途并没有作什么宣传的必要。同人民接近倒是常有的事,但多数人所注意的还是苗区的风俗习惯、服装、语言和名胜古迹等等。

在旅途中同学们的情绪很好,仿佛大家都觉得上面有一个英明的领袖,下面有五百万勇敢用命的兵士抗战,反正是没有问题的。我们只希望到昆明后,有一个能给大家安心读书的环境,大家似乎都不大谈,甚至也不大想政治问题。有时跟辅导团团长为了食宿闹点别扭,也都是很小的事,一般说来,都是很高兴的。

到昆明后,文法学院到蒙自待了半年,蒙自又是一个世外桃源。到蒙自后,抗战的成绩渐渐露出马脚,有些被抗战打了强心针的人,现在,兴奋的情绪不能不因为冷酷的事实而渐渐低了。

在蒙自,吃饭对于我是一件大苦事。第一,我吃菜吃得咸,而云南的菜淡得可怕,叫厨工每餐饭准备一点盐,他每每又忘记,我也懒得多麻烦,于是天天只有忍痛吃淡菜。第二,同桌是一群著名的败北主义者,每到吃饭时必大发其败北主义的理论,指着报纸得意洋洋说:"我说了要败,你看罢!现在怎么样?"他们人多势众,和他们辩论是无用的。这样,每次吃饭对于我简直是活受罪。

云南的生活当然不如北平舒服。有些人的家还在北平、上海或是香港,他们离家太久,每到暑假当然想回去看看,有的人便在这时一去不返了。

等到新校舍筑成,我们搬回昆明。这中间联大有一段很重要的历史,就是在皖南事变时期,同学们在思想上分成了两个堡垒。那年我正休假,在晋宁县住了一年,所以校内的情形不大清楚,只听说有一部分同学离开了学校,但是后来又陆续回来了。

教授的生活在那时因为物价还没有显著的变化,并没有大变动。交通也比较方便,有的教授还常常回北平去看看家里的人。

一般说来,先生和同学那时都注重学术的研究和学习,并不像现在整天谈政治,谈时事。大学的课程,甚至教材都要规定,这是陈立夫做了教育部长后才有的现象。这些花样引起了教授中普遍的反感。有一次教育部要重新"审定"教授们的"资格",教授会中讨论到这问题,许多先生,发言非常愤慨,但,这并不意味着反对国民党的情绪。

联大风气开始改变,应该从三十三年算起,那一年政府改三月二十九日为青年节,引起了教授和同学们一致的愤慨。抗战期中的青年是大大的进步了,这在"一二·一"运动中,表现得尤其清楚。那几年同学中跑仰光赚钱的固然有,但那究竟是少数,并且这责任归根究底,还应该由政府来负。

这两年来,同学们对学术研究比较冷淡,确是事实,但人们因此而悲观,却是过虑。政治问题诚然是暂时的事,而学术研究是一个长期的工作。有些人主张不应该为了暂时的工作而荒废了永久的事业,初听这说法很有道理,但是暂时的难关通不过,怎能达到那永久的阶段呢?而且政治上了轨道,局势一安定下来,大家自然会回到学术里来的。

　　这年头愈是年轻的,愈能识大体,博学多能的中年人反而只会挑剔小节,正常青年们昂起头来做人的时候,中年人却在黑暗的淫威面前屈膝了。究竟是谁应该向谁学习?想到这里,我觉得在今天所有的不合理的现象之中,教育,尤其大学教育,是最不合理的。抗战以来八九年教书生活的经验,使我整个否定了我们的教育,我不知道我还能继续支持这样的生活多久,如果我真是有廉耻的话!

张奚若(1889—1973),字熙若,自号耘,陕西大荔县朝邑镇人。早年加入中国同盟会,参加辛亥革命。后赴美国哥伦比亚大学学习,1917年获得学士学位,1919年获政治学硕士学位。回国后历任北京国际出版品交换局局长,大学院(教育部)高等教育处处长,中央大学、清华大学和西南联大教授暨联大、清华政治学系主任。中华人民共和国成立后,张奚若历任清华大学校务委员会常委,华北人民政府高等教育委员会副主席、教育部部长,第一、二届全国人大代表,中央人民政府委员,中国人民政治协商会议第一、二、三届全国委员会常务委员,对外文化联络委员会主任,中国人民外交学会会长等职务。在第一届中国人民政治协商会议上,他是"中华人民共和国"国名的提议者。

张奚若是一位很有个性的学者,这个个性在于他能保持独立人格,敢于坚持自己的主张,批判社会的不正常。《张若奚文集》所收集的发表于1927—1946年的文章,很大一部分属于"时评"和"政论",集中表达了他关心国运、鞭挞腐朽的强烈心情和不畏强权、奋不顾身的非凡勇气。

辛亥革命回忆录

张奚若

朝邑是我的故乡,这时我父亲就住在县城里,然而我却不想回去。因为恐怕我父亲看见我回家,在这天下大乱的时候,不肯再放我出去。而我则是负了同盟会的使命,非到西安去不可,所以预备悄悄地在店里住一夜,第二天早晨就走。可是店主东又说夜间要闹事的,问他是不是革命军要起事,他说不知道,但确有人说因为知县那天下午杀了一个刀客,刀客弟兄们今夜要报仇。同伴们因为我是朝邑人,公推我出去打听一下,到底是什么事。我走出了店门,当然没有想向父亲或父亲的朋友处去打听。可是出门没有走几步,忽然迎面遇到了父亲。父亲晚间出门,向来叫仆人提一把灯笼走在前面,街上的灯笼很多,我也不能都注意到,父亲却先见我了。叫着我的小名,问我什么时候回来的。我听到父亲的声音知道过门不入是不成的了。

我参加革命的事,过去父亲也许有些晓得,但不知真相。这一次我完全对他说了,并且说明第二天就要往西安去。我对老人家解释,如今各地虽然乱,然而都是革命党,我自己就是革命党,总不会自己人杀自己人。父亲听了默然,没有对我第二天去西安表示反对。我又问到今晚闹事的传说,父亲说也不知道是什么事。我是同伴们叫我出来打听,我今夜就要到店里去告诉他们,住在店里,明早一齐走。这次父亲却表示不赞成了,他说:"你明天早晨走,我不反对,但今天却望你住在这里。"我只得到店中告诉同伴们不知道闹事传说的真相,便又回来。

半夜里,果然闹事了,有人打我们的大门,也打街对面铺子的门。我们的房子在城外靠城门很近,后屋顶上,为了怕变乱,不久前特地开了一个天窗,下面放了一架梯子,这时大家爬了上去。忽然城楼那面有子弹向外射了。陕西较好一点的房子,屋脊是相当高的,我们蹲在屋脊后面躲着,听见城楼上的士兵问下面的人:"城下是人是鬼?"如答"是鬼",就不开枪,如答"是人",就开枪射击,"鬼"大概就是当夜革命军的口令了。我们并没有看见城内的火光(后来知道是知县衙门被烧了)。过了一阵,下起雨来了,我们大家只得都下来,幸而以后再没有什么事。

翌晨,天亮了许久没有人敢开门。大亮之后好些时候街上才有人走,城门楼上已经挂了一面大白旗。邻居们也逐渐出来张望,大家才知道知县衙门昨夜被烧了,县官也被捉住了。我这时也无暇去打听本县革命的消息,赶快去找了同伴们即日同去西安。四天之后,到了西安。这时已经是九月二十四五,离开上海已经一个多月了。到西安后,过些日子,才知道那晚在朝邑起义的是我私塾时代的一个老同学名徐召南者,才知道知县李焕墀(湖南人)虽被捉而并未被杀,后且为一"刀客"出身之某小军官做秘书,得全性命。

到了西安,才知道陕西的革命九月初一就发动了,那时我还在北京等火车。又知道因起义时井勿幕不在西安,是由张翔初(凤翙)领导的。当时满清的新军在陕西有一混成协(约如现在的旅),协统(旅长)是旗人,张是协统下面的一等参谋官。革命后陕西的首领没有称作都督,而叫作大统领(后来求与各省划一,改称都督),在大统领张凤翙之下另设四个都督,像现在的厅长一样。

到了西安之后最感伤心的是除了张凤翙之外,所有要位都在不识字的哥老会人手上。四个都督好像全是哥老会的人——至少有三个是。张凤翙没有实权,财政和兵权都在哥老会手中。郭希仁在张凤翙下面做个秘书长之类的事,终日忙得不亦乐乎,我们戏称他为"郭丞相"。此外又设了四个参议,我到西安后也补我做参议。参议们每天批公事,什么实际的事也不管,例如有人来告状了,就顺着状子上的语气批一下,也不问事实真相如何,整天纸上谈兵。李子仪(元鼎)、茹卓亭(欲立)终日在做批公事的参议。

过了两三个月,我实在待不下去,想走。井勿幕膺了陕北招讨使的名义驻节三原,这时也回到西安,他也觉到不满,同同盟会的人谈,大家都认为革命失败了。我预备到汉口,井勿幕希望我见到黄克强(黄当时是大元帅)、黎元洪(黎是湖北都督)时,请他们派一支革命军来陕西驱除哥老会势力(这时已是民国元年春,清廷大势已去,袁世凯已出来要求媾和)。井勿幕写了两封信给黄克强和黎元洪，张凤翙也以陕西都督的名义备了一封正式公事给湖北都督黎元洪，都由我带去。张凤翙给我一张离开西安的护照，可以凭此出城。不料到城门口时，大统领的护照和参议的身份都没有用，兵士不许出门，说一定要有"大哥"的护照，这位哥老会的"大哥"叫张云山，是当时四都督之一。我又去找张凤翙，对他发了一顿脾气，他叫秘书去请"张大哥"另发了一张护照，我才离开西安。

当时河南在清廷手中，从郑州到汉口的一条路是不能走的。我预备由西安翻过秦岭到龙驹寨，听说龙驹寨到汉口水路仍通，而且当时龙驹寨电报局局长杨叔吉是我的老同学，预备到龙驹寨去找他。这一次到汉口去，井勿幕叫我请黄克强接济军火，我当时因为自己不内行，另找了一个同伴同行，陕西陆军中学毕业的，四川人，叫汤万宇，一起出发，作为我的军火顾问。

到龙驹寨，找到电报局局长杨叔吉，杨说去汉口不成问题，因为电报局有一位师爷贾东垣去年冬天到老河口去买过电线（当革命的时候，农民间因传说电线杆子破坏了风水，以致收成不好，于是把大部分电线杆子全砍断了，电线也拿走了，所以必须补添），过几天还要再去，可以搭他的船同行。由龙驹寨到老河口这一段中，经过河南，或有危险，但陕豫交界的荆紫关的清军长官姓任的与贾师爷认得，可以请他关照。至于老河口到汉口，则在湖北境中，换坐大船，毫无问题了。为了小心起见，我又去找贾师爷，问在河南境内一段究竟有无危险。贾说"任大人"（我忘了他的名字和职位，当时确是如此称呼的）绝对可靠，不但从前见过，吃过他的饭，过年的时侯他还派人送礼来。因此我也不再疑惑，乃同贾东垣、汤万宇带了四个卫兵启程东下。

过了两天到了荆紫关。上午十点左右就到的，贾师爷（贾是个秀才，喜欢抽鸦片烟）上岸去拜访任大人，请他派兵护送我们出河南境。但一去四五个钟头不见回来,汤万宇说,不要是出了什么事罢?我经他一说,也担忧起来,但推测也许贾在城里抽鸦片或是打牌,所以没有回来。到下午四五点钟任六人派人来,请我和汤万宇进城去吃晚饭。我们此时比较放心,但因为和任不认识托故辞谢了。天快黑的时候贾师爷才回来,说在任大人那里打了几圈牌,任已答应派兵护送我们出河南境。果然不久就有二十个兵到来,他们另坐一条船护送,第二天清早就出发了。

又过了两天到淅川厅(现在淅川县),船还没有靠岸,远远看见岸上黑压压一大群人。我还以为有庙会,但这些人都望着我们的船,向我们的船指指点点。这时我们还未细想,忽然对面划过来一条船,把我们的船撞停了,跳上来三个人。后来我们知道这三个人是代表政军学三方面的,政方是知事衙门的师爷,军方是团练方面的武官,学方则是士绅之流。问我们从哪里来?几个人?做什么的?贾师爷实告是去老河口买电线的。我说是因为有个弟弟在汉口病重,到汉口去看弟弟的。汤万宇说回四川去的。武官问他由陕西回四川怎么走到这条路上来了?他说因汉中、广元一条路有土匪,所以绕道汉口。武官于是说:"我们接到了任大人的电报,说你们是革命党,叫我们来捉拿你们。"我们当然不承认是革命党,那个办学的士绅就把我拉到一边,轻轻地对我说叫我告知实情,以便代为设法解脱。我怕他骗我矢口不认。三个人见没有结果,就走了,派了两个兵在船舱两头口上把着看守我们。

他们走了,我就想这回可糟糕了。但若没有证据的话,我们可以坚不承认,或可幸免。而我身边所有的证据是两封给黄克强、黎元洪的信和一份陕西都督给湖北都督的公事,必须立即毁去。我想着毁去的办法:若是丢进河去,恐怕下游他们特意派了人在等着,如被他们捡了去的话,是我们送证据给他们。若是吃下去，这样厚的长信和桑皮纸制的大马封，如何吃得下去；若是用火烧的话，有烟，也有纸灰，况且两个兵眼睁睁地看着。想了一会，最后决定还是烧。幸亏那时天气还冷，舱里生着炭盆，我就佯说太冷，叫添炭，又故意挑了没有烧熟的炭来，烧得满舱是烟。我们一面还骂拿炭的人太笨，为甚么拿这样的炭。"烟幕"布置好了，为减少两个兵的疑心起见，我乃走到两边舱口，请那两个兵进来烤火。两个人看见这样的"先生"请他们烤火，有些不习惯，同时大概也怕他们进舱之后我们若逃了一个人他们犯嫌疑，不肯进来。我一再请他们，他们推辞着更走远了一点。这当然是正中下怀，于是三个人围了炭盆，把信撕成一片一片放进炭盆去。又因没有火苗，纸着不起来，我们就嚷火不行，拿一把扇子煽火。纸灰飞起来了，我们就说谁这样糊涂，拿炭的时候连纸也夹在里面了。两个老实的兵士就被我们这样骗了过去，总算把信烧完了。

信烧完了还不到十分钟，检查的人就来了，把我们所有的行李都查了一遍，一无所获，只有贾师爷所带的二千两和我们的几百两银子。他们又说厅知事请我们到衙门去住一夜，可是我们离船时他们又叫我们将全部东西都带着，连四个龙驹电报局的卫兵也跟着，我们知道这次事将很麻烦了。可是因为证据已全毁了，所以也不太怕。

我们三个人进了厅知事的衙门，从大堂到二堂，从二堂到花厅，两旁密密地排了武装的兵士，希特勒卫队式，背对背地站着（所以实际上是有四排了），情形看起来很严重。走到花厅门口，厅官走到屋外来迎接，他把我们打点之后，举手让我们进去。贾师爷年纪大，被让到上面平床上，汤坐在东面，我坐在西面，厅官也坐在西面我下首的椅子上。他是个小个子，八字白胡须，浙江湖州人，说起话来滑头得很。照例的官派的寒暄过了，问了我们的来历，我们的回答和船上所说的一样。他又说到荆紫关姓任的军官的电报,我们说根本无此事,希望他小事化无,放我们走。他不肯,说:"这事兄弟不敢担肩(负责任),要送三位到南阳由军门大人发落。"他说的军门大人是指南阳府的镇台姓谢,因为是道士出身,百姓叫他作"谢老道",素以杀革命党出名。我们想一送到南阳便凶多吉少,但是和厅官争执也难有效果,就辞了出来。

出了会客厅,我们的身份马上从客人降为囚犯,进了监牢。第二天从监牢里提出来点名后在颈上拴上铁链,向南阳出发。路上虽是山路,但允许自己花钱坐轿子。所谓轿子是比四川滑竿还不如的椅子和两根杠子组成的,我们每个人都雇一乘。颈上的铁链始终有一个"解差"牵着,每到一个村镇似乎是招摇过市,大家都来看。后来总算同解差讲好,把铁链子交给我,藏到皮袍子里面去,拖下去的一段放在皮袍子底下的西装衣袋中,虽然很重,到底不会处处被人围观了。解送我们的卫队一共有二十个人,队长特别同我拉拢,称我为同志。我怕他有花样,不愿答理,后来他说,谢老道是个杀人不眨眼的魔王,知府知县都是旗人,叫我们特别小心,最好到南阳以前先写好几封信和禀帖,到后分送政学各方面,叙说自己实是冤枉,这或可得到开脱。我想倒也有理,后来是照办了的。后来想,他也可能真是同志。

到内乡县,淅川来的人算有一个交代,把我们送到县衙门大堂上点名换铁链(他们给换铁链取了一个很好听的名词,叫作"换线")。在内乡我们是住在待审所(比监狱好得多),知县还派人送了一桌酒席来,我们生死不可测,心绪很坏,谁也吃不下,就送给待审所的人们吃了。大家对这县官是什么用意,也猜想不出(现在想起来,也许是"一脚踩两只船"投机一下而已。那时年轻,还以为可能他是在酒席中放了砒霜毒死我们呢),县官又派人来说晚饭后有空的话想见一见我们。后来因为我们同来的龙驹电报局四个卫兵,突然逃走了一个,县官大概怕我们也逃走,那么他如会见我们岂不有了嫌疑,所以又取消了这个约会。

次日,由内乡到镇平,也是住在待审所中,也是在大堂上点名"换线",递解的差人换了。第三天到了南阳府,并没有直接送到镇台衙门,而是送到南阳县衙门。由这时起我们三个人被分开了,进了南阳县三个不同的监狱。

我住在一间非常肮脏的小屋中,挤满了十几个人,没有床或坑,铺盖就地上都无法打开。夜里睡醒时,常发现别的犯人拿我的腿和脚做枕头。空气当然是非常恶浊。到后第二天早晨我拿出几两银子托狱卒换一点钱,那时一两银子可以换两吊钱,但狱卒换来的行市是一两合一吊二百钱。他问要吃什么,我说不想吃什么。他安慰我说"事有事在,饭总要吃啦",并且建议我吃糊辣汤(是一种河南街头食品,或者是因为吃起来胡拉有声,故名)和饼。我同意要一碗汤一张饼,但他叫出去时却说"要二十张饼,二十碗糊辣汤"。我告诉他我只要一碗汤一张饼,他回答说:"先生,这些人也要吃啦。"我才明白新囚犯应当请旧囚犯的道理。旧囚犯穷了,等新囚犯来大家吃他的,新的囚犯吃光了,他也就变成旧的囚犯,再吃后来的新囚犯。

我在镇平的时候就把给各方面的信和禀帖都写好了,托狱卒找人送一下,我想特别加多,付他二百钱作送力,他竟要两吊,只好照付。

这里又有一件奇事出现。那天早晨,忽然外面叫问有张先生没有,某师爷(我忘了他姓名,后来知道他是知县的亲信师爷)来看。接着就有一个三四十岁的人走进来,我站了起来,他却客气得很,一下子就坐在地上,攀谈起来。他说"听说诸位来了,上司令兄弟来看看,敝上司深恐诸位是冤枉的"等等,我于是又说了一遍弟弟在汉口生病的话。他满口讲"等军门大人回来,敝上司一定代各位说说各位冤枉的情形",并且说"现在兄弟先回去回敝上司一下，一两天敝上司有空时还想见见各位"。又问我有什么事，他可帮忙。我说要换银子，他连称不必，"回头兄弟叫人送来"。果然走后不一会就送来四吊钱。后来我才得知他看过我之后还去看过贾、汤二人。这个人到底是有什么用意我到现在还不清楚，总之他很帮我们的忙。狱卒从此对我们当然也客气得多了。

不料这位师爷一去十几天没有下文。一天夜间我已经睡了，忽然被叫醒，说请张先生出去。我以为夜里提人大概是要行刑了，可是出门后看见贾、汤二人也从外面（他们的监狱在外面）向里走进来，又似乎不像是解往刑场的样子。紧接着我们三个人的铺盖也搬进来了，而且直带我们向里面走。走过大堂后，在一间屋子里见了上次那位师爷，他说因为知县事忙，所以到今天才能接见我们，很对不起。我问是怎样见法，他含含糊糊，不愿给一个具体回答，我直截了当地问他见时是不是应当跪下，他吞吐许久，最后说"还是跪下好"，我又问他是不是应当称"大人"，他吞吐之后也说"还是称大人好"。知县是在二堂"接见"我们的，贾东垣第一个进去，第二个是我，走进去时才知道根本就是坐堂审问。

审问的情形是官样文章，他完全照我禀帖上叙述事实的次序问了一遍，毫无挑剔。最后知县说他也觉得我们像是冤枉，等军门大人回来，他可以替我们解释，并且叫我们住到外面一个比较好一点的地方去，不住在这又小又脏的监牢了。临退前还嘱咐在那里安心住——意思自然是不要跑。

我们当晚搬到一个优待的监狱里，一个小院，只有三间房子，据说是"告上状"（各县到府来上告）者或有功名的人住的监狱。从此以后，我们三个人又住在一起了。搬过来之后那位师爷最初来看过我们几次，还送一些他自己家中烧的红炖牛肉等食品，但是后来又不来了。我们一住两个月，愈过愈焦灼不安。

这两个月的日子真不好受。隔墙就是重犯监狱,铁链的声音常常可以听见,镇台处的下文听不到,我们以为不免一死了,半夜里灯光如豆,听到门外马蹄声或是刀枪的磨擦声就不由人要吃惊。日子就随着恐怖的黑夜蠕动地过去,这两个月中,白天还可以拿看书来排闷,就是夜里睡不着时特别焦躁。贾东垣有他的烟灯作伴,还好,我和汤万宇最觉烦闷。

我在上海念书时有一个同学是南阳府人,叫周起孟。当时并不太熟,别后亦未通信。我这次到南阳后与学界中人的信中有封便是给他的。信去后多日没有消息,我以为或者是信未送到,或者是他不愿来。不料有一天有一个身穿粗布小棉袄,羁着腰带,完全农民模样的中年人来看我。他说他是周起孟的哥哥,特来告诉我起孟到湖北参加革命去了,所以不能来。此事给我以很深的印象,因为周起孟在我看来似乎是个心气和平,与世无争的人,而现在居然也参加革命,可见当时革命思想传播之速之广。后来他回南阳后,也来狱中看过我一次。

看守我们的有四个兵,三个年老的很谨慎,一个年小的才十四五岁,常偷偷告诉我们一点消息。南阳与湖北襄阳接境,襄阳的革命军由季雨霖率领,准备攻打河南,因此谢老道常在南阳、襄阳边境部署军队并建筑防御工事,偶然回南阳府也很忙。有一次那个小兵说谢老道吃了败仗了,我们一喜一惧,因为固然希望革命军来,可是又怕谢老道放弃南阳时临走把我们这些革命党全杀了。其后又一次那小孩说季雨霖要来了,城内住户的灯笼都已拿到官家去准备作守城用。可是那天夜间革命军并没有来攻城。

南阳陷落的前两天,情形越来越严重。我们全靠那小孩报告消息。有一天,他说季雨霖离南阳只有五十里了,次日上午还说有三十里,到下午又说只有十几里了。谢老道在南阳以倔强嗜杀著称。因为倔强,我们总以为他到退无可退时一定要背城一战;

因为嗜杀，我们恐怕他弃城逃走前或者要杀我们以泄愤。因此，我们对于季雨霖越来越近的消息是有相当矛盾的反应的。不过因为只有季雨霖来我们才能出去，而谢老道的临时泄愤却是或然的，所以还是希望季来的心切。何况在公的方面讲，当然也是盼望革命军从早光复此地呢。

最后一天的演变几乎是喜剧式的。清早起来不久，一个老兵说，昨天知县下乡去查乡，没有回来。小孩在一边插嘴说："那里是查乡，我看他们是跑了。"又过了一会，忽然另外一个老兵叫我们到院子里去看，说镇台衙门起火了，谢老道已经跑了。再过几十分钟，听见街上有人放枪。小孩从街上回来，背了半个小猪，说这是他抢来的。又过了些时候，看大门的老头子跑进来对我们说："张爷，汤爷，你们的人来了，现在你们可以出去了。"

我们到门外去看，有些老百姓，包括男女老幼，在抢一个当铺，大家抱了很多衣服出来。季雨霖这时只有四个骑兵进城，告诉人民不许抢，果然大家都不敢抢了，把已经抱出来的东西都放在十字路口堆起来，预备退还当铺。过一会，家家门上都插白旗，表示欢迎革命军。我们因为外面太乱，而且流弹也很多，所以决定暂时在狱里再住一两天。由那时起，狱中一切便由我们支配了。

第二天，我们正预备搬到旅店去住，季雨霖的参谋部有人来找我们了。原来淅川南阳途中在内乡逃掉的那个卫兵，回龙驹寨报告我们被捕的消息后，张风翙也就知道了，早打电报通知湖北方面，叫季雨霖到后立刻释放我们。出来之后，季雨霖的参谋部还请我们帮忙，我们因急于赴汉沪，自然谢绝了。离开南阳前，游了一次卧龙岗，看见岳武穆所书《出师表》石刻，是此行唯一值得纪念的事。经过襄阳到武汉，看到湖北的革命也是一团糟。由汉口到上海已是四五月间。

在上海住了半年多,曾到南京去看过临时政府的情形,也感觉很失望。在陕西觉到是一些无知的人代替了另一些无知的人,由武昌到上海,沿路所见,也很难令人满意。当时我感觉革命党人固然是富于热情、勇气和牺牲精神,但革命成功后对于治理国家、建设国家,在计划及实行方面,就一筹莫展。因此除了赶走满人,把君主政体换成所谓共和政体之外,革命是徒有其表的。皇帝换了总统,巡抚改称都督,而中国并没有更现代化一点。"破坏容易建设难"一句格言,不幸完全证实。在这种失望情形下,我便决定到外国去读书。预备学些实在的学问,回来帮助建设革命后的新国家。

在未出洋前,也就是在上海的后一段时期中,有两件事或者值得谈谈。一件是与孙中山有关的,一件是与选举国会议员有关的。孙中山当时已经让袁世凯做临时总统,他自己决心办实业,并且以修筑二十万里铁路为号召,组织了一个铁道协会,会员多半是同盟会会员和后来的国民党党员,我也是会员之一。当时袁世凯为排挤孙中山,乃叫他的交通部次长叶恭绰在北京又组织了一个铁路协会,包括一批北洋官僚(即后来所谓交通系),以与南方的铁道协会对抗。后来再进一步,铁路协会竟要求取消铁道协会,不久又调换花枪,要与铁道协会合并(实际上就是要吞并铁道协会)当时我们听了都很生气,觉得袁世凯不但在政治上容不了孙中山,连实业,甚至一个空洞的铁道协会,都不许他办。大家生气得很,谈起来都坚决反对合并。

过了几天,铁道协会要开会了。我们纷纷议论,以为这一次开会一定要决定反对合并。果然,开会之后,孙中山请我们发表意见,发言者大概都反对合并,大骂袁世凯,不料孙中山自己在最后发言,他却主张合并。他举了许多理由,分析得很清楚,大家听了觉到也很合理,到表决时竟然大多数都赞成合并了!这固然表示大家当时对他的信任和拥护,但同时他的口才的确也真令人佩服。那时的革命党人每个都是自负不凡,他居然能(不管在现在眼光中看起来是否正确)列举各种理由,完全依逻辑方式推论,毫不煽动地折服了人心。这确是他在当时过人之处。

后来章行严(士钊)有一次曾同我谈起孙中山的说话本领,他也很佩服孙氏的辩才,他说:"我每次去看孙中山,未进他的门以前,觉得他是不对的;可是见了面听他讲话时,又觉得他头头是道,确有道理;等到走出来之后,又觉得他还是错的。"章氏此话虽未必完全正确,但此也可见孙中山的口才。

另一个与孙中山有关的事是,他有一次应当时的中国社会党党魁江亢虎之邀,在丹桂茶园讲社会主义。一天讲两小时,连讲了三天,我也去听讲。他的讲题是社会主义与马克思主义。那时我还是第一次听到他的公开讲演,也觉得到他的完全逻辑式的陈述中有特别的力量。当时在大家心目中(今天仍有些人如此想)孙中山是个"洋人",学问都是用英文得来,没有读过多少中国书的,而那一次却出人意料之外,他讲到马克思学说中共产主义实行后社会没有阶级,人人各尽所能各取所需的时候,竟然说"那时候就像我们的苏东坡先生所讲的两句话,人生的物质需要就如山间明月江上清风,取之不尽,用之不竭了"。当时许多人听了都非常诧异,不禁彼此相问他哪里来的这套!这事留给我的印象相当深刻,到现在相隔三十多年犹历历如绘。

我在上海准备出洋的时期中曾回陕西去过一次,这一次回乡很有意思,是选举国会议员去的。这是民国成立后第一次选举,有些情形或者值得记述。

当时选举国会议员是采取复选制。每个县分为几个区,每区选出几个代表,这些初选当选的代表称为初选当选人。再将全省分为几个区,由每区所辖各县的初选当选人投票,选出来的才是国会议员。我在上海,忽然接到家中来信,说我已在初选中当选为代表。我当时很奇怪,觉到我在十一岁即离开乡间(我是朝邑南乡人),十八岁即到外县去念书,知道我的人很少,谁会来投我的票?同时更奇怪的是乡下人不识字如何会投票。我为了当时是否回陕西去在复选时投票,也考虑很久不能决定。若是回去罢,这一次实在太远,路费也不少,回去了,还要出来准备出洋,未免太不经济。不回去罢,我们在当时读的民主书上都说投票是一种权利,也是一种义务,若是公民都不尽这种义务,政治就要被少数人把持操纵。考虑的结果,认为既然参加过革命,对选举也应当尽公民的责任,因此就自掏腰包,路迢迢地回陕西去投票。

到家之后,才明白我何以能当选及乡下人如何会投票的道理。原来自从要"办选举",朝邑就设了个选举事务所,事务所请了各乡绅士,商量选举的办法。本来法律规定按照人口比例,朝邑应当有二十一个初选当选人,又规定大约有若干选民。选举事务所所请下的各位帮忙的绅士的实际任务有二:第一,他们要决定各乡应当当选的人名单;第二,他们要雇些书记为这些"应当"当选的人按法定票数(拿二十一除全县选民的总数的得数)抄写若干票(如说每人二百张或三百张)。抄写好了,还要把这些票封在个柜子里,又把这柜子送到县里,定期开柜数票。数票后当然是人人当选,因为不能当选的人的票,书记根本一张也没有写。也可以说,因为要当选才写的,不当选何必写呢?当年"办选举"就等于"办差"。别县的办法或技术如何,我不晓得,我们朝邑的确是这样办的。我的故乡属于朝邑南区,选举事务所的绅士们有许多知道我和革命党有关系,就把我的名字列在里面,我也就因书记先生抄写之劳而当选了。

朝邑县在复选时属于陕西东区,在潼关投票。前一两天,同区十几县的人都陆续来了。我到了潼关,认识我的人见我从上海回来,都以为是来竞选。我告诉他们,我已决定出洋,这次是来投票的。他们之中除了和我很熟的人外,都不相信,认为决无从上海不远千里赶回来投这一票的道理。可是无独有偶,第二天又来了一个我的同志,这人就是抗战第一年作古的全国驰名的水利专家李宜之(仪祉),他是从南京赶回来投票的。李宜之(仪祉)是蒲城人,他的伯父是数学专家,在陕西高等学堂教过数学,父亲李桐轩是文学家(后来陕西从事改良戏剧的"易俗社"的初期的剧本多出于桐轩先生之手),两人都赞成革命,和井勿幕是小同乡。有一个时期,李宜之(仪祉)的伯母和母亲都去世了,他和他的哥哥尚未结婚,所以朋友说他们是"一家四口,革命党两双"。他是京师大学堂预科毕业后去德国留学的,回来后在南京河海工程学校做教务长。他虽未积极奔走革命,但对革命始终极同情,所以这一次也赶回来尽公民义务。他是有名的书呆子,我和他又根本没有从事竞选活动,所以大家终于相信我们并不是想做国会议员而来的了,终于相信天下竟然有为尽公民义务不远数千里而来投票的傻子。

这一次选举是中华民国成立以来,所有的选举中最清白的一次,大家根本不懂行贿赂,连请客的事也没有,完全是靠情面拉票子,真有点"古风"。到二次选举,大家晓得票子可以卖钱,就一塌糊涂了。

我们东区选举出来的众议院议员共有五个,其中后来为人所知的现时大概只有两个:一个是马彦翀(骧),抗战初起时张自忠做天津市长,他是秘书长;一个是寇胜浮(遐),在段祺瑞执政府时代曾因国民军关系做过农商总长,是一个出名的书家,两人现在尚都健在。

从陕西回到上海我就加紧准备出洋,革命朋友们当时对我"游洋"(那时不叫"留学")之举颇有表示反对的,认为是不负责,把革命事业让给进步党和北洋军阀官僚就不管了,而我则深觉到没有现代知识或技术一切都办不到,于是就不顾朋友的批评,决心出国赴美。我在出国前,本来是预备学土木工程的,这自然与上面所说的铁道协会会员一事有关。不幸到(民国二年七月)后,因对数学兴趣不浓,未入学即改计划。当时陕西派的留美学生共四人,除我外,其他三个是严庄、刘楚材、林济清。林济清是山东人,革命后因在陕西外交司做事,又因当时革命党人颇富大同思想,没有省界观念,所以就派到了他,以后可就不容易了。

费孝通(1910—2005),江苏吴江人,著名社会学家、人类学家、民族学家、社会活动家,中国社会学和人类学的奠基人之一。第七、八届全国人民代表大会常务委员会副委员长,中国人民政治协商会议第六届全国委员会副主席。

费孝通1928年考入东吴大学医预科,1930年转入北平燕京大学社会学系,1933年毕业后考入清华大学研究院,1936年入伦敦大学经济政治学院,在马林诺夫斯基门下学习社会人类学,1938年毕业获得博士学位。1938年回国,先后任云南大学、西南联合大学、清华大学教授,1944年加入民盟。1981年荣获英国皇家人类学会颁发的赫胥黎奖章。1982年,被选为伦敦大学经济政治学院院士,又被澳门东亚大学授予社会科学博士学位。1985年,任北京大学社会学研究所所长,1988年获联合国大英百科全书奖。

费孝通从事社会学、人类学研究,写下了数百万字的著作。他在导师马林诺夫斯基指导下完成的博士论文《江村经济》,被誉为"人类学实地调查和理论工作发展中的一个里程碑",成为国际人类学界的经典之作。

我对中国农民生活的认识过程

费孝通

我所讲的题目是"我对中国农民生活的认识过程",这就是要讲我自己怎么样进入有关中国问题的研究中的,也就是要讲我自己的学术自传。我的话就从1930年进入未名湖畔讲起。我从东吴大学转学到燕京大学是在1930年秋季,那时候我只有20岁,我是1910年出生的。我那个时候与现在在座的各位差不多年纪。但是一转眼已经有几十年了,到今年我已经快90岁了。在这70年的过程里面,我经过了风风雨雨,到了今天与大家来讲讲我是怎样度过这70年的,怎样进入农村调查的学术领域,我有什么体会。我不讲我自己的历史,而是讲我自己思想发展的过程,也可以说是我对于中国农村的认识过程,讲到现在我在这方面研究些什么问题。也就是说从以前的小伙子,到今天的老头子,在这70年的时间中,我的思想是怎么变动的。但这个题目还是很广,一个半小时的时间内恐怕讲不完,我只能限定在一个方面来讲。

第一个问题是讲我为什么要挑这么一个农村和农民问题来研究,也就是我挑定研究对象的问题。一个人的思想活动,往往都是由时代决定的。我是辛亥革命前一年出生的,因而我还算是清朝的遗民,曾属于清朝的人,我的哥哥就拖过辫子。我是从一个封建王朝,经历了五十年才进入现在的人民中国。

我在1930年20岁,才到未名湖畔来学习的。这年秋季我从苏州东吴大学的"医预科"转入燕京大学,我进大学时是想学点知识,帮助人解决痛苦。到了1930年,有一点历史知识的人都知道,那一年在中国的历史上是一个大转弯的年代,刚经过国民党的北伐军跟北方的军阀打仗的时期,即所谓军阀混战时期。在那个革命的时代里,我进入了大学,碰到了一个革命时期的开始,很多同我一样年纪的人,不少给杀掉了。我当时的很多同学现在都碰不到了。前些日子我还想找过去的老同学,都是90岁上下的人,找他们谈一谈,谈谈我们当时青年人的思想,因为只有我们还记得,你们现在是不会碰到这样一个局面了,所以也不容易理解当时我们这些青年人的经历。

当时对于青年人来说,"亡国"是一个很具体的可能,那个时候要"救亡","亡国奴"做不得!你们不会知道,也不容易理会。

那个时候的青年人的心里很清楚,就是不能当"亡国奴",那怎么能不当"亡国奴"呢?每个人有每个人的想法,我那时是在东吴大学,这是个教会学校。我在东吴大学上了两年学,进了医预科,主要学的是生物学,目的是要治病救人,后来经过了当时的大革命,事情变得很清楚了,中国的问题不是一两个人生病的问题,而是中国人会不会亡国的问题。这个问题从1930年代开始已经很清楚了。我恰是在这个时候来到未名湖畔的燕园,带着这个心情想要了解中国,进而来救中国,目的是不要亡国。这种心情当然不是你们现在的心情,而是我们当时的心情。

要不亡国,我们自己能够做点什么事情?我是个知识分子,也是一个知识分子家庭里面出来的人,特别是经过五四运动,相信科学救国。我们希望的是从了解中国的问题上面,能够找到一条出路来。这是当时时代赋予我们青年人的一种向往。这一切的思想活动都是和一定的历史时代联系在一起的,现在的时代与那个时代相差就很远了。我们当时最大的问题,就是不要亡国。因为在我们叫作帝国主义的时代,列强从四面八方守着我们,用各种不平等条约加在了我们的头上,那是一种国耻时代!当时青年人感情很激动,民族意识也很强。

在这样的背景下,我到了燕京大学,决定不念自然科学了,下了决心要研究中国的社会。因为五四运动不是讲科学救国吗?我们要从科学道路上面来了解中国社会和文化是怎么样的,为什么到今天我们会碰到了这么一个危机。那个时候,燕京大学就在现在的北大这里,我就进入了社会学系。这个时候社会学的情况怎么样呢?当时我们一般都是用英文上课的,1930年我进入燕京大学社会学系的时候,系里面只有一位先生叫吴文藻的,他不但用中文讲课,讲北京话,而且还提出来了社会学要中国化,要研究中国,用我们的科学知识来了解中国的社会。就是我初进燕京大学的时候,中国的社会学正在酝酿走这样的一条路子,一种风气。就是要用我们社会科学的知识、方法来理解中国的社会文化,来改造它,找到一条出路。来使得我们不要走上亡国的道路。这是我在像你们这样的一个年纪所碰到的问题。当时我们下决心在学术方面做出我们的贡献。

我在燕京大学念了三年,三年里面就自己以为找到一条路子了,就是社会学要走上中国化的道路。要我们青年人带头下乡去研究中国社会,为什么要下乡呢?因为我们中国人中最多的是农民,这一点大家也清楚,不用我在这里多讲了。我们要认识中国,就要认识我们中国的农民生活。这个时候认识农民生活的问题就提出来了。但是还没有具体研究,只是口头上这么讲,要这样子做。我有好几个同学下农村了,不过现在活着的已经没有几个了。其中有一个是同我一起的杨庆堃,曾在美国教书,匹兹堡大学的社会学教授。恢复社会学时我请他到中国来帮助我们重建社会学。他现在还活着,可是脑筋已经不行了,听说最近已经得了痴呆症了,不能讲课了(他是1999年1月10日逝世的,我此次演讲时还不知道)。还有一位也是我的同学叫廖太初,他就住在中关村,他主要是研究农村的私塾,到山东去做调查的。这两个我都记得很清楚,现在还在,都是90岁的人了,我当时算年轻的一个。我们这些年轻人开始就跟着吴文藻老师,吴文藻老师指出了这条路子,可是他自己没有下去调查。我们这批年轻人不管怎么样就下去调查了,看中国农民是怎么生活的。这个方法就是从五四运动开始的,即 empiricism(经验主义),就是要从实际出发获取知识。去年北大一百周年校庆时,我出了一本书,名字叫《从实求知录》,"从实求知"这四个字就是指从实际出发求得知识。我们要从实际出发,看农民是怎么生活的,理解农民为什么这么生活。这个道理是五四运动喊出来的科学和民主,这两个所谓"德先生"和"赛先生"的精华。五四这套想法是从美国来的，是从杜威（他当时是我们崇拜的一个人物）开始，他说的是我们的知识问题，我们的人是从哪里去找知识呢？要从实际里面去找，不要空谈，不要光用脑筋去想，想出许多花样来，那个不行。要去看，看了以后要用科学方法再去看，自己看，别人看，最后再来看看对不对。这样的方法开辟了中国社会研究和历史研究的科学精神。这一点我们还要归功于五四运动的时候这一批比我前一代的学者。

那么，到我这一代呢，要去实践了，要真的去做，真的下乡，去看农民是怎么生活，并试图把所看到的东西系统化理论化，那个时候我们的出发点就在于此。可是我不是农民，家里面没有种过田。

我的父亲是知识分子，搞教育的，是一位老师，我的妈妈当时很摩登，毕业于上海的一座女校。现在这个学校不知道怎么样了。这座学校是一座新式学校，她的头发，不像现在的烫发，70年前时髦的妇女所梳的头是日本式，上边一个结，两边分开来。同现在不一样了，变化啊！她教育出来的孩子们不让他们走上旧的道路，而是要走上新道路。当时不叫现代化，而叫新法或新学。我们当时追求的是能不能够用科学方法找到一条比较符合实际的社会发展道路。这是我一生的追求，到现在还没有变。变很难，总的观念问题，出发点，我们这一代人想把自己投身到学术里面去，寻求爱国救国的道路，这样的观念一生没有变。就是想用科学的知识来救国，那是当时帝国主义压迫出来的，我们做的很具体，我们在这样的思想背景之下，走上了社会学中国化这条路。

这条路是我的老师吴文藻先生首先提出来的。关于这条道路我还写了一系列的文章，其中讲到我们在燕京大学请了两个外国教授。一个是美国的,芝加哥大学的,叫派克(Robert Park);第二个是英国的,叫拉德克里夫·布朗。后来我的老师马林诺夫斯基过世后,他就成了英国人类学的带头人了。他们两个都主张社会学同人类学相结合。人类学的方法就是用参与观察的方法,来研究人们的实际生活的方法。他们的上一代的人类学者还是讲理论的,讲猜想的,用演绎法来解决问题的。我的上一代老师,特别是我自己跟着他做研究生的老师马林诺夫斯基,有相当长的时间就是生活在当时被称为野蛮人也就是殖民地上面的土人中间,研究他们的生活,后来写了很多的书出来,奠定了用实际调查方法体验生活,并将此看成是作为一种真正认识社会生活的方法。他们是我的上一辈,现在都不在了。我讲到过的那几个老师都过去了。轮到我还没过去,不过又是一代人了。

对你们讲来,可以说是早了一代。因之你们出生的时代,你们早年碰到的生活,就不是我早年所碰到的生活,已经变了样了。中国的社会在这中间有个很大变化。这是第一段,我交代一下我为什么研究农村的农民生活。

为什么农民生活成为我的研究对象,我们所用的方法就是实地去看,实际去体味农民的生活。可是我不是农民,我早年并没有接触农民,也没有种过田。一直到"文化大革命",强迫我去种田了,种了两年田,种棉花。这很重要,因为真正同农民一起生活,所说的同吃、同住、同劳动,我做到了。真正做到了同吃、同住、同劳动,主要还是我们在干校时下放到村里跟农民一起种田、种棉花的经验。我现在还懂得怎么种棉花,当然已经变化不少了。像我们以前那样哺秧,现在没有了。利用种子放在土里面让它长出来,这个做法现在农民不搞了。引进了一种现代化的,先把种子特别保养,吃偏饭,长得好点才下田,这叫作营养钵。从种棉花一直到采棉花我都干过,自己做过了几遍。懂也不一定懂,可是却实际地进入我的生活里面了。我和农民一起住一起吃,过了两三个月。结识个老朋友,我最近还去看望过,他还在那里做农民。我们现在不做农民了,又出来做知识分子了。

经过这一段,从1930年代到解放,这一段是我学术生命的第一段。这段时间里面,我写了几本书,都是写我实际调查过的,这种实际调查并不是说我实际参加了农民的生活,我是住在农村里面,是我的姐姐带着我。她在农村里面办了一个缫丝厂,培养蚕,一直把丝缫成线,这是我们江南太湖流域的主要副业。30年代这个时候的副业已经不景气,卖不起钱了,原因在这里就不讲了。那个时候农民很穷,副业衰败了。我的姐姐从日本学回来这一套新法养蚕,算是有了科学方法了。她跟我一样是同一个时代的人,比我大七年。还在那儿养蚕缫丝。我过90岁生日的时候,她送过我一块丝巾,就是她自己亲手做出来的,用丝绵打出来的。她今年97岁了,一直也没有改变过她早期的要为农民改良生产的理想,现在的说法叫"科技下乡",叫农民改良他们传统的养蚕方法,而且进一步叫他们用机器生产,不要用土法做丝了。机器生产日本比我们早,日本的力量把我们比下去了。她办了一个"生产销售合作社",从生产到加工再到销售。这是从农业到工业,或者说农业的副业到工业,工业再进一步到销售卖到外国去。这是从生产(农业)到出口一条龙,是她发明的。我的姐姐很能干。我觉得她还是中国改革的一个先驱。她很小(17岁)就到日本去学习,学回来之后,真正拿来用到农村里面去。她是第一批的学生,现在都有70多岁的。我在江苏碰到这几个老太太还在农村里面帮助农民搞丝。她的这个传统还会继续下去。

我在燕京大学毕业之后,因为吴文藻先生说,我们的出路,就学术方面讲,社会学一定要走上人类学的道路。用人类学的方法来研究自己的社会,这是他提出来的。后来我根据他这一见解实际做了,他送我到清华大学去念人类学。有个老师叫史禄国(Shirokogoroff),前年我写了一篇文章题目是"人不知而不愠"。他虽名气不响,可是他的结果影响很大。这是我作为他的学生讲的。后来我到苏联去,前十几年了。苏联的科学院请我去,碰到他们研究人类学的人,同我说他们现在已经给他恢复了名誉,那个时候他是被斯大林赶出来的。斯大林讲民族问题,还是根据他的一些基本的思想,可是人家都不知道史禄国。我叫他"人不知而不愠"。"愠"是指心里面不嘀咕,人家不知道我做的好事,不要嘀咕,不要抱怨人家看不起我,最后人家还是会知道的。史禄国就这样在清华呆了几年。没人认识他的本领,他的本领实际上是世界级的一个权威。

在人类学方面,他与我的另一位名闻天下的老师马林诺夫斯基不同,他写的书大得要命,但是就是没有人去看它。他是俄国人,用英文写,写出来,说老实话不容易看,我很多看不懂,这是理解上的问题,因为他要用自己的概念,不愿意用英美的传统的概念来表达他的意思。所以他用字很难,创造很多新的名字出来,他的最后一本最重要的书的名字叫作 *Psychol-mental complex*,两个指心理的词合起来了用。现在我叫它作心态,文化的心态。这是我想出来的,不是指我们的行为、我们的动作,而是指思想意识,而且把感情都包括在里面。他叫 Psychol-mental complex,这是一个文化里面最高的一层,不光是指人同人的关系,我在这里讲课,你们坐在那里听,这是人同人的关系。有着不同的定位、不同的位置、不同的身份,可是还有一套就是我刚才讲的我的这一套思想,这就是他所说的 Psychol-mental complex,不是我的讲话,不是我的行动,而是我讲话内容的意义和感情。我很希望你们能听懂我的话,这是我的感情,虽然你们还是听不懂我的话,可是我的心态方面还是有这个意识,要使我的思想转到你们脑子里面去,这是人类一个最高的活动。就是说我们还有个层次,我叫作心态,就是指思想、意识、感情、爱好,这一套东西是在人的思想里面、感情里面存在着而成为影响到我们整个的文化生活的基础,这一点我还没有写出来,如果再给我十年,我希望能用中国话把它写得更清楚一点。这一点我也不敢说了,因为我还有多少年,我也不知道了。这是第一段我想讲的,就是我开头讲的我是怎么投入社会学的,就是想要用社会学的方法、科学的方法去研究中国的社会、中国的文化。这一点我讲了很多,文化自觉,也就是史禄国教给我的。这一段我讲完了。

我接下来讲第二段。第二段我进入一个学术的圈子里面去了。清华毕业以后我是靠"庚子赔款"把我送出去留学的,所以我一直跟国耻、跟帝国主义压迫联系在一起。当时我还是一个青年,二十五岁清华大学研究院毕业,毕业后我就到瑶山去做调查。这是吴文藻、史禄国都同意的,那是因为要认识中国的实际比较不容易,最好要到一个比较不同的社会里去,取得一个参考体系(reference)。你天天生活这样,吃饭拿筷子,不会感觉到有什么特别。从小父母就教我们大家用筷子吃饭,可是用筷子吃饭是中国文化的特点,他们叫筷子文化。筷子日本人也用,是东方文化。西方人不懂,要学一学。要懂得中国就要先学用筷子吃饭。这不是一个小事情,没有筷子不行,但是没有一个中国人会想到筷子是怎么来的?怎么就开始用筷子了?到现在我也不懂,我们的文化就是从小养成的,不去问为什么这样。我们大家坐在这里听,听我讲,这都有一套老办法,就是传统的办法在那里进入我们的生活。要理解它,孟子讲"民可使由之,不可使知之",这一点大家都听说过,是不是?"知之"就是理解它为什么这样。毛主席则说"问个为什么",就是要"由之"而"知之"。

平时做事情是不问为什么的。为什么可以叫妈妈为"妈妈",为什么可以向妈妈吃奶。这是不必问的。她当然要给我吃奶啊!这不是个问题,不进入理性的生活里面去。我们把我们生活的一套办法,吃饭、吃奶,一直到最深层的"文化大革命"都是视作当然,"文化大革命"到现在没有人讲得清楚。是怎么来的,是怎么个意思。现在大家也不去想了,大家"由之"而不"知之"了。来了就算了,去了就过去了。要真正有个理解,有个知识,就是我所说的"从实求知"的"知"。

一般人是不讲这个的。生活的方法都是学来的,叫作学而时习之。跟人家学了之后,自己跟着再做。我们的生活是从学人家的样子就自己把它 repeat,repeat(重复),就叫作学而时习之,成了习惯化,习惯化了就是不去想了,不去理解了。现在我们说的科学,就是要把普通寻常的东西讲出个道理来,讲个道理就是进入理性生活,一般人是不进去的。我们从五四运动以后,受西方文化的影响开始要求一个 rational,要追求一个理性,现代的中国人,包括你们在内,很多还没有懂得什么叫理性,什么叫习惯性,就这么做了,这就对了,就是不讲道理,不讲道理的生活,也可以说没有道理的生活,这叫"由之",跟着做。

现在我们要进入农民的生活中,把农民生活的道理讲出来,有什么办法呢?那就是去看、去了解、去体会他们。自己参与他们的生活,同吃、同住、同劳动就是参与(participation),要进去。进得去人家的生活,这不容易。你自己的生活有时好像是被包裹起来的,因而不理解自己是怎么生活的。现在我们就是要进一步提高一步,问为什么要像你们这样子的生活。这样才有教育改革,改革要通过理性的 reflection(反思),这是考虑、思想,要进得去。我从 1930 年代燕京大学到 1949 年一直在这个路上摸索。写了几本书。我写了一本我姐姐办的乡村合作社的书,这种合作社不是解放以后的合作社,是解放以前那个时候农民自己办起来的生产销售的组织,就是后来的乡镇企业。我在瑶山里面受伤了,回去到乡下养病,我就住在这个工厂里面,这里面我就接触到江村(前几天我还去过一次,这是第23次到这个村子里面去,看看老朋友,看看现在的变化),江村就是开弦弓村,是吴江县庙港乡的一个村子。

我在那儿住了一段时间,也不长,一个多月,我当时就觉得很有意思,我自己也觉得我姐姐的科学下乡是一个很重大的开始。是改变农村生活的开始。农民需要这个知识,没有这个科学知识,养不好蚕是要死的。蚕要是一病,全都会死的,都要倒到水里面去,整个投资没有收获,所以很多养蚕户就吊死了。一次蚕瘟不但死蚕还要死很多人,养蚕亏了本,不好交代了就上吊了。那个时候的解决办法就是上吊!

我觉得我姐姐做的事情很有意义。我就记下了很多的东西,1936年夏天,清华大学把我送到英国去念书了,跟马林诺夫斯基这位老师学习人类学,叫作社会人类学(social anthropology),就是研究人同人的关系,不同西方文化的这种人同人的关系。我跟着他两年,就把我在江村看到的材料整理出来,写了一本叫《江村经济》,有很多同志都看到过,这本书到现在已经有60年了,38年我写完,39年在英国出版。我的博士论文是用英文写的,当时出版商(他们是进入了市场经济了)一看这个名字不行,我原来用的书名叫《开弦弓——中国农民的生活》,他说不要这个书名,变成 *Peasant Life in China*,翻译过来叫《中国农民生活》。

有人就批评我,中国这么大,你怎么能用一个村子的材料讲整个中国呢?批评得对。可是我说,我开始没有要用一个村子的材料来讲全中国农民的生活。中国的农民有几亿呀,我怎么能够用一个村子的材料来讲全中国呢?可是,这里看到的江村这样一个村子的农民生活，也是中国农民生活的一部分。这个争论持续了很久，英国也进行了争论，争论的核心就是微观的田野调查怎能够得出宏观的结论这样的问题。这里我提到了逐步接近对中国社会的认识的观点，今天不谈这一点了。

接下来就是抗战了。在"文化大革命"期间，就有很多年轻红卫兵问我，你为什么在抗战的时候回国？你为什么不在外国待下去呢？一定是特务，你要不是特务，没有坏心思，就不会回中国来了。这是"文化大革命"中的思考路线，你回国一定是一个思想不良的人。那个时候在英国，有人请我教书，那为什么又回来了呢？现在的一个留学生出去谋得一个职业之后，他就"老子不怕"了，就想不到要回中国来工作了。他不知道中国需要他。可是我们那个时候的青年从心理上还是要救国的。要回去做一些事情。救中国不要走上亡国的道路，这是我们的责任。所以我们没有想到不回国的道理。

毕业考试完了我就回国了。到中国的时候，已不能够回我家乡了。家乡被日本人占领了。我在轮船上就听说连广东都沦陷了，就剩下一个昆明，叫作后方，只有西南半边了。我们就在过去叫安南现在叫越南上岸，从西贡直奔昆明。这个时候几个大学都到昆明了，北大、清华、南开等学校组成了西南联大。同时我们清华算学系的老教师熊庆来，他是一个数学家，当了云南大学的校长。熊庆来把吴文藻请去了。不久我也到了云南，同吴文藻接上了头。到昆明后的两个星期我就下乡了。目的是要了解后方的内地农村。我直接去调查的村子叫禄村（禄丰），现在他们还记得我。这个村完全没有副业，没有工业，是靠土地为生活的。我那个时候在那个村子里做调查，住在房东家里。我住的房东的孙子现在已经成了一个小的企业家，他在禄村办了一个小厂，我到他的厂里去看过一下。

在那次研究之后,我们就在云南大学成立了一个研究中心,专门有一批年轻人,主要是清华和联大的毕业生跟着我办了一个名叫"魁阁"(是在魁星阁里面,现在这个地方还在)的研究中心。当时我们还都是青年人,下面是第二代(这第二代现在也七十多岁,故去了的也不少了),如在社会科学院的张子毅,我们几个人调查了三个村子,我们后来编成了一本书,叫《云南三村》。我们做完之后,美国请我去讲学一年,学没有讲,倒是写了一本书。那时派克老师的女儿帮我写了一本叫作 Earthbound China 的书,这是我第二本用英文出版的书。后来我把中文原稿重新印出来叫作《云南三村》,你们要看可以看看,《江村经济》接下来的就是《云南三村》。

这是我第二期的调查报告,这里面我就具体地提出了乡镇企业的概念,那是在抗战的最后一段时间,30年代到40年代,还没有解放之前。日本投降之后我又写了两本书叫《乡土中国》和《乡土重建》。我把十几年来我对中国社会特点的认识讲给学生们听,讲完以后写下来。后来北大出版社在百年校庆的时候又给我重印了一遍,去年出版的。这里写的是我调查里面的体会。我认为传统中国社会根本是一个乡土社会。

以上是从我回国到解放前不到二十年中做的工作。是我的第一段学术生命,是1957年结束的。1957年我被划为右派分子。把我排除在普通人的社会之外。连一般人的社会权利都没有了。右派是不能接触的人,不能碰的。碰了你自己也会成右派,就像传染病一样,所以要把右派分子从正常社会中孤立起来,使得他不要感染人家。就像得感冒的人,不要让他来开会,一来大家也得感冒,感冒就流行了。右派就是这样子的,实质上来讲,就是社会的隔离问题,这个社会不准许他进入,把他排斥到外面去。当右派是很苦的,你们看过季羡林先生写的《牛棚杂记》,他描写了一点,但没有全写下来,他没有当过右派。我是从头当到尾,从1957年到1980年,这些年对我也有好处,我学习了人生。特别是劳动,接触了真正的农民的生活,同时也知道了什么是社会,什么叫 social ,什么叫 social circle。

华罗庚(1910—1985),祖籍江苏丹阳,出生于江苏常州金坛区,著名数学家。1925年初中毕业后就读上海中华职业学校,因拿不出学费而中途退学,1929年受雇为金坛中学庶务员,并开始在上海《科学》等杂志上发表论文。1930年清华大学数学系主任熊庆来了解到华罗庚的自学经历和才华后让其进入清华大学工作,1931年在数学系任助理,在此期间自学了英、法、德、日等国文字。1936年前往英国剑桥大学,度过了关键性两年,1937年回国后任清华大学教授,后来随校迁至昆明西南联大直至抗战胜利。1948—1950年任美国伊利诺伊大学教授。1950年2月,华罗庚一家从美国经香港抵达北京,在途中写下了《致中国全体留美学生的公开信》,文中引用法国科学家巴斯德的名言"科学没有国界,科学家是有自己的祖国的"号召广大留学生回国效力,随后任清华大学数学系主任。1955年当选中国科学院学部委员,1976年任中国科学院副院长,1979年当选民盟中央副主席,1983年当选第三世界科学院院士,1984年在华盛顿出席了美国科学院授予他外籍院士的仪式,成为首位获此殊荣的中国人。1985年当选全国政协副主席。

华罗庚作为当代自学成才的科学巨匠和誉满中外的数学家,一生致力于数学研究和发展,被誉为"中国现代数学之父""中国数学之神""人民数学家",被列为"芝加哥科学技术博物馆中当今世界38位数学伟人之一"。

学与识

华罗庚

有些在科学技术研究工作岗位上的青年,要我谈谈治学和科学研究方面的经验。其实,我的理解也有片面性。现在仅就自己的片面认识,谈一点关于治学态度和方法的意见。

"由薄到厚"和"由厚到薄"

科学是老老实实的学问,搞科学研究工作就要采取老老实实、实事求是的态度,不能有半点虚假浮夸。不知就不知,不懂就不懂,不懂的不要装懂,而且还要追下去,不懂,不懂在什么地方;懂,懂在什么地方。老老实实的态度,首先就是要扎扎实实地打好基础。科学是踏实的学问,连贯性和系统性都很强,前面的东西没有学好,后面的东西就上不去;基础没有打好,搞尖端就比较困难。我们在工作中经常遇到一些问题解决不了,其中不少是由于基础未打好所致。一个人在科学研究和其他工作上进步得快慢,往往和他的基础有关。

关于基础的重要,过去已经有许多文章谈过了,我这里不必多讲。我只谈谈在科学研究工作中发现自己的基础不好后怎么办?当然,我们说最好是先打好基础。但是,如果原来基础不好,是不是就一定上不去,搞不了尖端?是不是因此就丧失了搞科学研究的信心了呢?当然信心不能丧失,但不要存一个蒙混过关的侥幸心理。主要的是在遇到问题时不马马虎虎地让它过去。碰上了自己不会的东西有两种态度:一种态度是"算了,反正我不懂",马马虎虎地就过去了,或是失去了信心;另一种态度是把不懂的东西认真地补起来。补也有两种方法:一种是从头念起;另一种方法,也是大家经常采用的,就是把当时需要用的部分尽快地熟悉起来,缺什么就补什么(慢慢补得大体完全),哪方面不行,就多练哪方面,并且做到经常练。在这一点上,我们科学界还比不上戏剧界、京剧界。京剧界的一位老前辈有一次说过:"一天不练功,只有我知道;三天不练功,同行也知道;一月不练功,观众全知道。"这是说演戏,对科学研究也是如此,科学的积累性不在戏剧之下,也要经常练,不练就要吃亏。但是如果基础差得实在太多的,还是老老实实从头补,不要好高骛远,还是回头是岸的好,不然会出现高不成低不就的局面。

有人说,基础基础,何时是了?天天打基础,何时是够?据我看来,要真正打好基础,有两个必经的过程,即"由薄到厚"和"由厚到薄"的过程。"由薄到厚"是学习、接受的过程,"由厚到薄"是消化、提炼的过程。譬如我们读一本书,厚厚的一本,加上自己的注解,就愈读愈厚,我们所知道的东西也就"由薄到厚"了。但是,这个过程主要是个接受和记忆的过程,"学"并不到此为止,"懂"并不到此为透。要真正学会学懂还必须经过"由厚到薄"的过程,即把那些学到的东西,经过咀嚼、消化,融会贯通,提炼出关键性的问题来。我们常有这样的体会:当你读一本书或是看一叠资料的时候,如果对它们的内容和精神做到了深入钻研,透彻了解,掌握了要点和关键,你就会感到这本书和这叠资料变薄了。这看起来你得到的东西似乎比以前少了,但实质上经过消化,变成精炼的东西了。不仅仅在量中兜圈子,而有质的提高了。只有经过消化提炼的过程,基础才算是巩固了,那么,在这个基础上再练,那就不是普通的练功了;再念书,也就不是一本一本往脑里塞,而变成在原有的基础上添上几点新内容和新方法。经过"由薄到厚"和"由厚到薄"的过程,对所学的东西做到懂,彻底懂,经过消化的懂,我们的基础就算是真正的打好了。有了这个基础,以后学习就可以大大加快。这个过程也体现了学习和科学研究上循序渐进的规律。

有人说,这样踏踏实实、循序渐进,与雄心壮志、力争上游的精神是否有矛盾呢?是不是要我们只搞基础不攻尖端呢?我们说,踏踏实实、循序渐进地打好基础,正是要实现雄心壮志,正是为了攻尖端,攀高峰。不踏踏实实打好基础能爬上尖端吗?有时从表面上看好像是爬上去了,但实际上等于是空的。雄心壮志只能建立在踏实的基础上,否则就不叫雄心壮志。雄心壮志需要有步骤,一步步地,踏踏实实地去实现,一步一个脚印,不让它有一步落空。

独立思考和继承创造

科学不是一成不变、一个规格到底的,而是不断创造、不断变化的。搞科学研究工作需要有独立思考和独立工作的能力。许多同志参加工作后,一定会碰到很多新问题。这些问题是书上没有的,老师也没有讲过的。碰到这种情况怎么办?是不是因为过去没学过就不管了?或是问问老科学家,问不出来就算了?或是查了科学文献,查不出来就算了?问不出来,查不出来,正需要我们独立思考,找出答案。我认为独立思考能力最好是早一些培养,如果有条件,在中学时就可以开始培养。因为我们这样大的一个国家,从事的是崭新的社会主义建设,一定会碰上许多问题是书本上没有的,老科学家们过去也没有碰到过的。如黄河上的三门峡工程,未来的长江三峡工程,我们的老科学家在过去就没有搞过这样大的水坝。我们的许多矿山和外国的也不一样,不能照抄外国的。所以还是要靠自己去研究,创造出我们的道路。

培养独立思考、独立工作能力,并不是不需要接受前人的成就,而恰恰是要建立在广泛地接受前人成就的基础上。我很欣赏我国南北朝时有名的科学家祖冲之对自己的学习总结的几个字。他说,他的学习方法是:搜炼古今。搜是搜索,博采前人的成就,广泛地学习研究;炼是提炼,只搜来学习还不行,还要炼,把各式各样的主张拿来对比研究,经过消化、提炼。他读过很多书,并且做过比较、研究、消化、提炼,最后创立了自己的学说。他的圆周率是在博览和研究了古代有关圆周率的学说的基础上,继承了刘徽的成就而进一步发展的。他所作的《大明历》则是继承了何承天的《元嘉历》。许多科学技术上的发明创造,都是继承了前人的成就和自己独立思考的结果。

　　独立思考和独立工作,并不是完全不要老师的指导和帮助,但是也不要依赖老师。能依靠老师很快地跑到一定的高度当然很好。但是,从一个人的一生来说,有老师的指导不是经常的,没有老师的指导而依靠自己的努力倒是经常的;有书可查,而且能够查到所需要的东西不是经常的,需要自己加工或者灵活运用书本上的知识,甚至创造出书本上所没有的方法和成果倒是比较经常的。就是在老师的指导和帮助下,也还是要靠自己的努力和钻研,才能有所成就。凡是经过自己思考,经过一番努力,学到的东西才是巩固的,遇到困难问题时,也才有勇气、有能力去解决。科学研究上会不会产生怕的问题,也往往看你是否依靠自己努力,经受过各种考验。能够这样,在碰到任何困难问题时就不会怕。当然不怕也有两种情况:一种是我不懂,不努力,也不怕,这是糊里糊涂的不怕,有些像初生犊儿不怕虎,这种不怕是不坚定的,因为在工作中一定会碰到"虎"的,到那时就会怕起来了;另一种是在工作中经过刻苦钻研,流过汗,经受过各种困难,这种不怕则是坚定的,也是我们赞扬的。青年一定要学会独立思考、独立工作,依靠自己的努力去打江山,一味依靠老师和老科学家把着手去做,当然很方便,但也有吃亏的一面。因为不经过自己的艰苦锻炼,学到的东西不会巩固,需要独立解决问题时困难就会更大。这样说也并不是否定了老科学家的作用,他们给青年的帮助是很大的。我只是说,青年不要完全依靠老科学家,应该注意培养自己独立思考和独立工作的能力。

　　青年同志们如果有机会和老科学家一起工作,要虚心地向他们学习。学什么呢?老科学家有丰富的学识,有很多成功的经验,值得我们认真学习;更重要的是还要学习他们失败的经验,看他们碰到困难遭到挫折时如何对待、如何解决,这种经验最为宝贵。不要认为科学研究是一帆风顺的,一搞就成功。在科学研究的历史上,失败的工作比成功的工作要多得多。一切发明创造都是经过许多失败的经历而后成功的。科学家的成果在报纸杂志上发表了,出了书,写的自然大多是成功的经验,但这只是整个劳动的一部分,而在成功的背后,有过大量的失败的经过。如果我们把那些失败的经验学到手,学好,我们就不会怕了。否则就会怕,或者会觉得成功是很简单的事。譬如一个中学生向数学老师问一道难题,第二天,数学老师就在黑板上写出了答案,看起来老师是完成了自己的任务,但是还差一点,就是老师没有把寻求这道难题答案的思索过程告诉学生,就像是只把做好了的饭拿出来,而没有做饭的过程。老师为了解难题可能昨天夜里苦思苦想,查书本,找参考,甚至彻夜未眠。学生只看到了黑板上的答案,而不知道老师为寻求这个答案所经历的艰苦过程,就会以为数学老师特别聪明。只看到老科学家的成果,不了解获得这些成果的过程,也会觉得老科学家是天才,我们则不行。所以我们既要学习老科学家成功的经验,也要学习成功之前的各种失败经验。这样,才学到了科学研究的一个完整过程,否则只算学了一半,也许一半都没有。科学研究中,成功不是经常的。失败倒是经常的。有了完整的经验,我们就不会在困难面前打退堂鼓。

知识、学识、见识

人们认识事物有一个由感性认识到理性认识的过程,学习和从事科学研究,也有一个由"知"到"识"的过程。我们平常所说的"知识""学识""见识"这几个概念,其实都包含了两面的意思,反映了认识事物的两个阶段。"知识"是先知而后识,"学识"是先学而后识,"见识"是先见而后识。知了,学了,见了,这还不够,还要有个提高过程,即识的过程。因为我们要认识事物的本质,达到灵活运用,变为自己的东西,就必须知而识之,学而识之,见而识之,不断提高。孔子说:"学而不思则罔,思而不学则殆。"这两句话的意思是说,只学,不用心思考,结果是毫无所得;不学习,不在接受前人成果的基础上去思考,也是很危险的。学和思,两者缺一不可。我们不仅应该重视学,更要把所学的东西上升到识的高度,如果有人明明"无知",强以为"有识",或者只有一点知就自恃为有识了,这是自欺欺人的人。知、学、见是识的基础,而识则是知、学、见的更高阶段。由知、学、见到识,是毛主席所指出的"去粗取精、去伪存真、由此及彼、由表及里"的过程,非如此,不能进入认识的领域。一般说来,衡量知、学、见是用广度,好的评语是广,是博;衡量识是用深度,好的评语是深,是精。因而,我们对知识的要求是既要有广度,又要有深度,广博深精才是对知识丰富的完好评语。一个人所知、所学、所见的既广博,理解得又深刻,才算得上一个有知识、有学识、有见识的人。

古时候曾经有人用"一目十行,过目不忘"之语来称赞某人有学识,究其实质,它只说出这人学得快、记性好的特点罢了;如果不加其他赞词,这样的人,充其量不过是一个活的书库、活的辞典而已。见解若不甚高,比起"闻一知三""闻一知十"的人来,相去远矣。因为一个会推理,而一个不会。会推理的人有可能从"知"到"识",会发明创造;而不会推理者只能在"知"的海洋里沉浮。淹没其中,冒不出头来,更谈不上高瞻远瞩了。现在也往往有人说:某学生优秀,大学一二年级就学完了大学三年级课程;或者某教师教得好,一年讲了人家一年半的内容,而且学生都听懂了。这样来说学生优秀、教师好是不够的,因为只要求了"知"的一面,而忽略了"识"的一面。其实,细心地读完了几本书,仅仅是起点,而真正消化了书本上的知识,才是我们教学的要求。搞科学研究更其如此。有"知"无"识"之人做不出高水平的工作来。并不是熟悉了世界上的文献,就成为某一部门的"知识里手"了,还早呢!这仅仅是从事研究工作的一个起点。也并不是在一个文献报告会上能不断地报告世界最新成就,便可以认为接近世界水平了。不!这也仅仅是起点,具有能分析这些文献能力的报告会,才是科学研究工作的真正开始,前者距真正做出高水平的工作来,还相差一个质的飞跃阶段。我们在工作中多学多知多见,注意求知是好的,但不能以此为满足。有些同志已经工作好几年了,再不能只以"知"的水平来要求自己,而要严格检查自己是否把所学所知所见的东西提高到识的水平了。对于新参加工作的同志,也不能只要求他们看书,看资料,还要帮助他们了解、分析、提炼书和资料中的关键性问题,帮助他们了解由"知"到"识"的重要性。

从"知""学""见"到"识",并不是一次了事的过程,而是不断提高的过程。今天认为有些认识了的东西,明天可能发现自己并未了解,也许竟把更内在更实质的东西漏了。同时在知、学、见不断扩充的过程中,只要我们有"求识欲",我们的认识就会不断提高,而"识"的提高又会加深对知、学、见的接受能力,两者相辅相成,如钱塘怒潮,一浪推着一浪地前进,后浪还比前浪高。

以上所讲的只是我自己心有所感,在工作中经常为自己的知不广识不高所困恼,因而提出来供青年同志们作参考,说不上什么经验,更不能说有什么成熟的看法。

吴大猷（1907—2000），笔名洪道、学立，广东高要人，出生于广州府番禺县（今广州），著名物理学家、教育家，被誉为中国物理学之父。

吴大猷1925年考入南开大学物理系，成为物理名师饶毓泰的得意门生。1929年毕业留校任教，1931年经饶毓泰和叶企孙的推荐，赴美国密歇根大学留学，1933年获博士学位。1934年夏回国后在北京大学任教，把新的量子力学介绍到中国。抗战期间在西南联大任教。1946年先后赴美国密歇根大学、哥伦比亚大学讲学。1948年，当选为南京中央研究院第一届院士。1949年秋，受加拿大国家研究院之聘，主持理论物理组工作。1956年应胡适之邀到台湾讲学。1957年，成为加拿大皇家学会会员，1963年赴美国纽约布鲁克林理工学院，在太空及气体动力学研究所工作。1978年从纽约大学退休，长居台湾。

吴大猷毕生献身科学研究和教育事业，西南联大期间，培养了杨振宁、李政道、黄昆、朱光亚、郭永怀等一大批著名物理学家，为中国科学发展作出了重要贡献，在世界物理学界享有盛誉。

我在抗战中的西南联大

吴大猷

1937年我住在北平的法宪胡同。7月8日清晨，听到稀稀疏疏的机关枪声，便以为是普通的打靶演习，当时并不在意。几天前和饶毓泰老师、郑华炽教授等约好那天同去西山。内子阮冠世身体不好，经常卧病，春季之后，稍有恢复。那天郊游，还是多年来难得的一次。年前，我们一起乘车去西郊。下午在归途中，几次遇见一队队的军队。到达西直门时只见城门半掩，仍亦不觉得有什么大异。直到后来才知发生了卢沟桥事变。

几天后的一个早晨，友人高文源、包志立夫妇忽然形色匆匆地来到我家。他们说，目前形势很坏，准备乘火车去天津。现在刚刚由火车站打探情况来，他们劝我们最好也去天津暂时避一避。我们原本没这个意思，但那时正值暑假，天津有我二姑丈、姑母家可以暂住，所以立即差人去中山公园，请在那里散步的母亲回家，并去火车站买了票。因为事起突然，又以为不过暂避几天，所以每人只捡了两三个小手提包，便仓促去了天津。不料此一去竟达九年之久，直到1946年5月才重返北平。原先住的房子已由房主卖给日伪的人了。我的东西一部分存在亲戚家，一部分早散失了。

在天津住到9月，得到通知，说政府令北大、清华、南开三所大学生集中于湖南长沙。那时教育部长是王雪艇（世杰）先生。当时避居在天津租界内的三校师生，便想方设法乘船南下。因为前途未定，亲戚们都劝我母亲留天津，冠世的身体不好，不能长途跋涉，他们也劝她留下。我那时月薪是400元，任教不久，又新安置了一个家庭，除去医药、日用等开销外，余裕并不太多；在银行开了一个零存整取的户头，预备五年或七年后休假出国时用，故手中现款不多，连路费都成了问题。我就从姑母家的一个老保姆那儿借了几百元离家南下。

我万没有想到，在战争结束前不久，母亲去一位朋友家拜年，一架日本飞机失事，恰巧坠入朋友家中，我母亲和她朋友都因受伤过重而死。我五岁时便失怙由母亲抚育成人，至今仍然时常以未能娱母亲晚年而引为终身遗恨之大事。

我们离津所乘的轮船，是在近海行驶的两千吨左右的小船。同舱房的有饶毓泰老师夫妇、清华大学化学系教授黄子卿、清华大学文学系教授朱自清。房间在船尾，船颠簸得很厉害，船舱内空气极为浑浊,即使经常在海上航行的人也要呕吐。独朱自清先生仍能每餐进几匙鱼肝油,真使人既敬佩又羡慕。

我们一行,本来买的是天津到香港的船票,原来计划到香港后再由广州乘粤汉路去长沙。但大家都苦于晕船,因此当船停泊青岛时,都决定牺牲船票,舍舟登陆了。

在青岛停留休息了一日,趁此机会参观了德国人遗下的炮台等。另外,又遇上了一件意想不到的巧事。那是在我们所乘轮船刚到青岛不久,另外又有一艘船亦自天津进港,在下船的旅客中我就发现冠世亦在其中。原来她在我离津后,不听家人劝告,立即买了一个大餐间铺位南下找我。她身体瘦弱,但秉性却异常倔强。此次独自出行幸得同行之刘崇鋐先生(清华历史系教授)、萧蘧先生(清华经济系教授)沿途照料,得以平安在青岛相遇。

就这样,我们这一批"远征军",由青岛经济南、徐州、郑州、汉口、武昌,几经周折辗转,终于抵达长沙。在长沙火车站有士兵检查行李。我的手提箱中,除夏天替换的几件衣物外,只有当时政府摊派的几张公债券。这些债券纸张较好,检查的士兵想是从未见过公债券,或因识字不多,便翻来覆去地查看个没完,不知怎样处理才好。我想对他们详细解释,又恐"秀才遇到兵,有理说不清",便灵机一动,指着公债券上孙中山先生图像说:"这不会有问题吧?"果然他们认得国父。这样我们顺利地通过了检查。

此时北大、清华、南开三校同仁也陆续集中到长沙,于是成立临时大学在长沙圣经学校。

那时候,中英庚款董事会在边疆(四川、云南两省)大学开设几个讲座。意图是,一方面为四川大学、云南大学充实增强教师阵容;一方面是安置几位从平津疏散到后方来的大学教授。饶老师及其他同事认为冠世身体不好,都劝我接受讲座工作去成都四川大学。这样她可不必成天担心空袭警报,我亦可安心工作。我接受了他们的忠告,于11月初,仍由长沙乘船回至汉口。同我一齐去四川大学的,还有北大助教江安才。

1938年夏,我决定离开川大到昆明的西南联合大学。原因之一是冠世健康状况仍未见好,她听说昆明四季如春。又一原因是饶老师来后,聘请我去他那里。他在长沙时感到空袭频繁,就送其夫人去上海岳母家,计划一俟学校迁至昆明再将夫人接回。万不料他夫人到上海后得了伤寒症,未能挽救过来,饶老师亦未能与她见上最后一面,心情尤为沉痛。老师平时对我如子弟,因此,我急欲去昆明和他做伴,以稍减他的孤寂,聊慰他的心情。最后一个原因是,中英庚款董事会。起初讲边疆大学待遇如何如何,因此,那时接受该项讲座去四川大学的还有萧公权(清华政治系教授)、张洪沅(南开化工系教授)两位,加上我,共三人。后来,因为我们各自在原校的薪水都比川大教授高,该会便对讲座教授的待遇做了新规定,而违背了当初的许诺。后由川大校长张颐先生一再去信给该会,说明受聘三人,都是知名之士,并都有原职位,并非受"救济"性质,薪水没有比在原校降低的道理。经过多次交涉,中英庚款委员会才同意仍按各人在原校待遇支薪,我认为该董事会对这一问题的处理,很使人不愉快,所以决定不再继续在川大待下去,而于1938年夏由成都飞到昆明。

1938年冬,北大为筹备四十周年(1939年)校庆,约各地同仁作论文。我决定开始撰著一篇关于《多原子之结构及其振动光谱》的专论。在抗战前的两年里,饶老师、郑华炽教授和我正在从事光谱方面的研究工作,并建了一个光栅室,还作了一些"拉曼效应"研究,后来中断了。此时再写,也可以说是以前在北大研究工作的继续。写书的大部分时间是用在打字上,有时候也去小东门里中央研究院化学研究所查看资料。

这篇论文在1939年春脱稿,书在上海排,那年夏天,饶老师去上海看他女儿,顺便替我校对。他说他是第一个从头到尾读完那本书的人。我在序言里对饶老师多年来的关怀、提携表达了最诚恳的谢意。书是献给我妻子——冠世的。

1940年,书在上海印好,寄来了若干本。我将它赠送给国外从事这项工作的友人及大学图书馆。后来,我收到了很多回信,对此书都作了好的评价。我没有想到,在那最艰苦的岁月里,书居然能够出版,不可不说是难能可贵的事。E. U. Condon 教授兼一书局的物理学丛书编辑,想是见到了那本书中讨论到了他本人数年前研究的某一项工作,认为很精辟,便寄来信建议将我的书列入他主编的那套丛书里去,并由那家书局代为出售。我征得北大的同意,就准备请友人由沪寄去了几册,但后来发生了"珍珠港事件",无法从上海寄付,只能作罢。但美国另一家书局不知从何处得到该书,将其翻印出版了。不久我再作了一个补篇,加在第二版中。

1940年秋天,日本空袭开始频繁了,西南联大校址在昆明西大门外,因为躲警报,所以将上课时间安排在上午七时到十时,下午四时到七时。从岗头村走到学校要一小时,我住在岗头村,早上五点多钟就要起程,六点三刻左右到达,上完课要赶回岗头村。累是不必讲了,穿皮鞋走石子路,一天两个来回共约二十多里,用不了几天,皮鞋就要打掌。更费的是袜子,不知穿破了多少双。那时,我虽有一条黄咔叽布裤子,膝盖上都补上了像大膏药一样的补丁。虽然学校里有人穿得好一点,但不论谁穿什么,倒也没有人感到稀奇。

1940年冬,昆明遭空袭的次数日渐频繁,学校决定将一年级学生和一部分教师,疏散到四川叙永。因为冠世时时发病(她有严重的肺结核病),经受不了旅途的辛苦,加之我不担任一年级的课程,所以仍旧留在昆明。

1942年，日军占领缅甸，昆明形势日趋紧张，日常生活已入不敷出。冠世本来虚弱已极，经常发烧心跳，有时还吐血，有时脉搏微而快，很不均稳。服强心剂，除使她作呕外，已无功效。她出虚汗很多，卧在床上，衣服不断被汗水浸湿。那时，连医师也束手无策，只好给她注射葡萄糖和盐水，以补虚脱。她已不能坐起来饮食，仅靠一支玻璃管吸吮些用奶粉冲成的饮料及橘子汁度日。

这样的情况，继续了几个月，季候也由秋入冬。一直义务给冠世看病的王医师认为这不是办法，还是送医院好。我不是不想把她送医院治疗，只是那时她病成这个样子，怎能移动，万一……住院费用，短时间尚可想法，但时间一长就成问题。那时，昆明中央银行经理黄秀峰先生，是冠世父亲早年学生，他姨甥女婿是惠滇医院设在车家壁（距昆明西郊外较远地方）分院的院长。黄先生和王医师交给我们一笔钱，并担保冠世住院的一切费用。于是，我便将冠世送入医院。

入院后，冠世一时仍是靠玻璃管进些橘子汁，身体虽然未见明显好转，但因有医生在旁，心中也略微安定了一些。每天注射止血针、维他命乙，这样，她才慢慢地缓过一口气来，也逐渐脱离了危险。

在冠世入院以前，我曾得到教育部颁发的一笔学术奖金。当时，我们送了一部分给一位朋友；现在，那朋友听说我需要钱用，就将钱送还给我们，真是"雪中送炭"。冠世在医院住了大约三个月，我将以前买的一些金饰都变卖掉，付清了医药费。由于能按时付账，因此还得到了些优待，少收了部分费用，同时还掉了王、黄两位的借款。这样，我们于1944年初又搬回到岗头村。

1945年春的一天，忽然有个不到二十岁的胖胖的孩子拿一封介绍信来找我。这信是1931年我初到美国密歇根大学遇见过的梁大鹏兄写的。梁不学习物理，平时亦不太熟，十多年也未通过音讯,不知怎样会想到了我。他介绍来见我的这个孩子叫李政道。李原在广西宜山浙江大学读过一年级。由于日军逼近宜山,他便奔往重庆。他的姑姑认识梁,可不知梁怎么知道我在昆明,于是介绍李来见我。那时,恰值学年中间,不经考试,不能转学。我便和教二年级物理、数学课的几位老师商量,让李随班听讲考试,他若及格,则等到暑假正式转入二年级时,可免读以前课程。其实,这不过是我个人认为的一个合理的办法,而没有经过学校正式的承认和许可。

李应付课程,绰绰有余,每天课后都来请我给他更多的读物和习题。有时,我风湿病发作,他替我捶背,还常帮我做些家务琐事。我无论给他什么样难的书和题目,他都能很快地读完做完,并又来要更多的。我从他做题的步骤及方法上,很快发现,他思维敏捷的程度大大异乎常人。老实讲,在那些日子里,我为了我自身的工作、冠世的疾病,还有每日买菜、烧饭、生火等家务劳动,牵扯精力很多,再加上物价飞涨,实在没有心绪准备更多的参考资料和出习题给他。好在他天资高,亦不需要我详细讲解,自能理会资料和习题的内容。

1945年秋,曾昭抡先生忽然来找我说,军政部部长陈辞修先生、次长俞大维先生,想约我和华罗庚谈谈,大概是为军政部计划一些开展科学工作的事情。我虽和曾同事十多年,和华亦六七年,但皆无深交,与陈、俞两人更是素昧平生。再有,我学习的物理亦与实用无关,但一想,去谈谈也无妨,于是就和华一齐去重庆,先后见了陈、俞两人。

陈、俞想知道,怎样计划一下,提出些意见,以有助于国防科学机构的工作。我回去想了几天,拟就了一个建议,大致是:(一)成立研究机构,培植各项基本工作的人才。(二)初步可行的是派物理、化学、数学人员出国,研习观察近年来各部门科学进展的情形,然后拟一个具体建议。

总之是要筹建一个研究机构,并且立即选送各部门优秀青年数人出国,学习上述各科基本科学。

我拟写的建议,经陈、俞两位考虑后,以为可行,即嘱华和我负责数学、物理二部门。我与华建议,化学部门就请曾昭抡先生负责。

回昆明后,我告诉冠世此行的经过,谈到推选学习物理方面的两名人员时,冠世及我皆毫无犹豫地决定李政道。当时,在西南联大的研究生及助教中,具有天赋、学习勤奋的没有像李政道的,虽然他还未毕业,仅在大学二年级。另外一名,因杨振宁已考取清华留美,黄昆考取中英庚款留英,只好选定了清华助教朱光亚。后来,李政道到了美国,打听到在美国的大学里只有芝加哥大学允许未毕业的学生攻读博士学位,于是他就在该校注册入学,随著名物理学家费米教授写论文。论文在1949年写完。数学部门,华罗庚教授决定选了孙本旺。化学部门,曾昭抡教授选上了王瑞駪、唐敖庆二人。

我在各方面人选决定以后,一方面立即开始给各人加速讲授近代物理,一方面将美国"士迈士"①报告(是一份详述美国原子弹发展经过、在当时尚未正式公布的绝密文件,仅有一册,系美国交给我国军政部,由俞大维次长再交给我们的)分作五份,由李、朱、孙、王、唐译成中文,最后由我校阅修改,然后送军政部。后来听说译稿未及出版,即被该部遗失了。

近年来李、杨成就卓然。时人常提到二人是我的学生,是我精心培植出来的,尤将李与我的机遇更传为美谈。其实,我们不过适逢其会,只是在彼时彼地恰巧遇上而已。譬如两颗钻石,不

---

① 现多译为"史密斯"。——编者注

管你把它们放在哪里,它们还是钻石。

　　日本无条件投降后,我们回到北平,即去了北大。北大似乎没有什么大的损坏和更改。光栅室——这是我所最关心的,亦与从前一样,只是无人管理,潮湿得不能用了。除此,只去过一次颐和园。然后,又去了天津姑丈、姑母和姨母家,并去吊祭了母亲和二姑母的墓。抽时间又去了八里台我的母校——南开大学。昔日,日本人已将南开大学的几个大建筑如秀山堂、图书馆、第一二宿舍、机电系和化工系的实验室,还有李纯铜像等都铲平了,未留下一点痕迹。所有的水道、水池也都被填平了。旧有的景物,只剩下一所思源堂(科学楼)。

　　抗战至此已近九年,它占去了我生命中最可宝贵的壮年时代的大部,现在,就连我时时回忆的青年时代的母校也毁灭了。

　　从抗战初起到再次出国的九年中,物质生活困难是实情,毋庸讳言,但使我感到最难支持的还是由于冠世长期卧病所产生的巨大的精神压力。我的神经特别健全,即使遇到许多不如意的事情,我也有我的逃避方法,就是埋头写书,借以解脱。因为一心工作,就不遑于其他。在这个时期,写了一部专门讨论近年来物理发展的书,专著了十七篇研究论文,将 Wigner 关于群论的德文书译成英文,这都是我"逃避"压力的妙法。如果没有这些"逃避"妙法,啊!我的神经恐怕早就支持不住了。

　　有些朋友称赞我是一个"标准丈夫",他们不知道我是一面在照料生病的妻子,一面却过着特别的"逃避"生活。

　　1937 年至次年 6 月的一段时期,即由天津—长沙—昆明的这一段长途行军过程中,虽在四川大学教了一个多学期书,却没有什么研究成果。1938 年夏从成都抵昆明,为了庆祝北大成立四十周年,开始写《多原分子之结构及其振动光谱》(英文)一书。该书 1939 年脱稿,1940 年出版,想不到这本在极端困难条件下草率写成的书,却带来了些收获。首先,这本书,幸获得了中央研究院丁文江奖金。这项奖金第一个获得者是李方桂先生。以后就再没有发过。其次,此书出版后,便收到各方称誉的书信,如 E.U.Condon 等,并被列入他在 Prentice-Hal 书局主编的丛书中,书售完后又由 Ed. Brothers 公司一再翻版,因为这本书是当时该题的唯一专著。

在昆明的七八年中,研究工作毫不正常,是分散零星的,约可归纳为:

(一)分子之振动与转动之交互作用,及分子简正振动等问题。

(二)大气物理过程(夜天空光谱及北极光的激起,高空氮原子之存在,电离 E 层等问题)。

(三)原子的双激起能应及自动电离机率。

(四)电子激起分子振动问题。

(五)锂原子能态的 Hylleraas 函数变分计算。

(六)钠之负离子吸收光谱。

(七)日冕光谱线的激起。

其中(五)(六)(七)三项是研究生黄昆在我指导下所写的论文。

1941 年夏,我曾拟一理论,以日冕中的原子(宇宙中之多者)对日球放出之氢原子 La 线的拉曼散射,解释日冕光谱线之谜,计算后所得波长,与观察所得极为相符。这个理论尚未发表,即见瑞典 B.Edlen 的另一理论,虽然他无实验证实其可能,但为众人所接受,于是我遂放弃原建议。上面的第(七)项研究,就是为讨论这个理论而作的。

1943 年,获得了教育部的科学研究著作一等奖。

1944 年,拟对氩分子丙基态间的跃迁作一项研究,听说美国已有短微波的"小橡实"电子管(acom)出现,遂请英国科学家李约瑟代为设法弄点样品,但因这类产品有关国防秘密而未成功,只好作罢。

1945年,哥伦比亚大学C H.Townes邀我去任教暑期学校,见面后,我向他谈起我的设想,以及吸收光谱法观察拉曼散射的问题。他告诉我,他也正在进行此类更好的试验,即所谓"雷射"。

1948年,南京中央研究院选举第一届院士,我幸被选上,当时我已在美国,过了许久才知道这个消息。

抗战的一段时期,应是我的研究工作有所成长的阶段,但这段最可贵的光阴,很快地一晃而过,个人成就寥寥,限于能力,更限于环境。这些对于我都没有什么可以后悔的,幸运的是适逢其时遇见一批卓越的学生,如杨振宁、黄昆、黄授书、张守廉等,再加上发现了李政道的奇才。

曾昭抡(1899—1967),字叔伟,湖南湘乡人,著名化学家、教育家和社会活动家。曾昭抡出生于书香门第,其祖父为曾国藩胞弟曾国潢。1915年考入清华留美预备学校,1920年赴美国留学,在麻省理工学院攻读化学工程,三年后又转读化学。1926年获科学博士学位。回国后,先在广州兵工试验厂当技师,1927年在南京中央大学化学系任教授,兼化工系主任。1931年任北京大学化学系教授兼系主任。七七事变后随校迁长沙、昆明,在长沙临时大学、西南联大任教。1946年赴美国麻省理工学院任教,曾任联合国原子能管理委员会中国代表、美国原子能研究室研究员,1948年当选中央研究院院士。中华人民共和国成立后任北京大学教务长兼化学系主任,1951年任教育部副部长和高等教育部副部长,当选全国人大第一届代表、第一至第四届全国政协委员、中国民主同盟中央常务委员等。1958年任武汉大学化学系教授,1967年12月在武汉逝世。

曾昭抡毕生致力于科学、教育和学术团体事业,是我国近代教育的改革者和化学研究的开拓者,培育了几代科技人才和教育人才,为中国的科学事业作出了无私奉献。费孝通曾这样评价曾昭抡:"曾昭抡把一生的精力放在化学里面,没有这样的人在那里拼命,一个学科是不可能出来的。现在的学者,当个教授好像很容易,他已经不是为了一个学科在那里拼命了,他并不一定清楚这个学科追求的是什么,不一定会觉得这个学科比自己穿的鞋还重要。"

大理剪影

曾昭抡

"西山苍苍,东海茫茫",这是我拿来描写世界上的奇城——大理。紧靠这城的西边,耸起有名的点苍山(距城八里)。在城的东面,展开蓝色的洱海(距城七里)。点苍山仿佛像一座大的笔架,一共分十九峰。每两峰当中有一道山沟,山沟的水全是流入洱海。最中间的一峰,名叫"中和峰"。由大理去,两天可爬到顶(第一天宿中和寺)。山中有好些部分,去过的人很少。所以关于里面的情形,传说很不一样。比方有人说某一处"大树参天",另外的人却说完全是荒山(我们从山下往上望,似乎山上有的部分真是荒山)。苍山的奇,一来因为山顶终年积雪(最高山峰海拔一万四千英尺),二来因为是在湖旁高耸出来。这两事拼在一起,实在是别处少有。洱海的水,永远是作深的蔚蓝色,和较浅的天色衬托起来,真是美观。一从下关出来往北走,最足动人的,就是这海的水色在雪峰下展开。洱海是位在海拔二千米以上的窄长形大湖。它的大小,据说现在是南北长约一百一十华里,东西宽约二十华里。隔着湖向东望,靠着东岸是一片矮矮的荒山。从东岸走起,越过这片山,一共走两天路就可以到鸡足山的山脚。洱海上面,白天风很大,没有人敢坐船过去。一昼夜当中,只有半夜前后几点钟风比较小。所以,渡海的人都是在夜间十一点钟左右坐船过去。洱海上赏月,前人认为是一种韵事。有人说"大理的风,苍山的雪,洱海的月"是这处风景的三绝。我们这次来的时候不巧正是月初,没有赏月的福气。

　　大理的城,差不多是四方形。直穿过去,大约两公里不到一点。热闹的正街是南北大街。这街却是偏在西城的。在这街的中心,有一座苍老的跨街亭阁,名叫"五华楼",是城里最热闹的处所。大理街上,各种店铺都有。最出色的,是位在五华楼附近的大理石店。此外还有卖字画的店铺。书店方面,有商务印书馆和中华书局的分店。这些都可以表示大理是一处文化城。

　　不过就商业上说,却远不如下关的重要。街上设着一所中华基督教礼拜堂。大理的街都是很直。正街是铺的石板路,可惜因为年久失修，很欠平整。大理原来是一府。民国废府后，改为一等县。后来因为大部分肥沃地区划归别县，所以更降为三等县。县教育局局长的薪俸，现在一月不过国币二十元，真是清苦。幸亏教育局有点产业，教育经费还能维持。

大理是阴历初二和十六赶街子。就中每年有一次，阴历三月十六至十八日是主要的街子期，名为"观音市"，到那天，迤西各县的人，远至保山一带，都来赶街子，西藏"古宗"人也有来参加的，据说是非常热闹。

我们是下午一点四十八分到的大理。一天没有吃饭，到这时已经饿得不堪，赶忙找一家旅馆住下，并且解决午饭问题。我们住的"西雅酒楼"新开不过一年多，是城里最上等的旅馆和餐馆。这里房间不错，饭菜也很好。不过把春卷当菜吃，实在是一种奇异的习惯。房价很公道，一天只要国币一元。

吃罢饭已经是三点半，赶忙到"中央研究院"工作站去找长妹昭燏。昭燏和她的同事吴金声君都是专门学考古学的，他们对于大理的掌故非常熟悉。得着他们的伴侣，我们在大理停留几个钟点所收获的，比别人几天里所能得到的还多得多。昭燏和吴君夫妇陪着我们出城去走了一趟，指点给我们看许多古迹。我们先出了北门，到城西北角上的"三塔寺"去看了一看。这庙不小，里面有三座宝塔，彼此所占的地位成三角形，中间一座比较大些。这座塔从上到下，显出来一条裂纹。传说民国十四年大地震的时候，这塔被震开，成了一条很宽的裂缝。过了好几年以后，忽然一下又合拢来，现今只留着裂纹。

三塔寺附近有一座小村，名字就叫作"三塔寺村"。这村里面，全是制造大理石产品的店铺。大理石的原料是由雪人峰（点苍山上的一峰）采来，运到这里，做成粗制品和大件的东西（像墓碑等）。在这村里，货品的价格比城里低得多。一块很大的屏，开口只要国币七元。

由三塔寺我们转到城的西门外。因为时间已经太晚,没有方法可以上苍山。但是四处一望,满处都是乱石旧瓦,配上河流故道的遗迹,立刻令人联想这是富有历史的古城。大理的美,不只是在苍山、洱海的天然风景,人为的部分也有很大的贡献。它的安静像北平,古老却超过北平许多倍。点苍山所产别处不常有的岩石(大理石和花岗石),给了大理很好的点缀。城内外的房子,多半是垒着大小不等的花岗石块做墙。这里半原始的样式,令人看来好像每幢房子全是古迹。离城南去,公路上跨着几座牌坊,都是花岗石的架子,上面横着嵌了大块的大理石。

大理因为从来许多时候,是成为独立国的区域,所以古迹非常丰富。就中南诏国建国最久,所以它的遗迹特别多。南诏王的旧城,到现在还可以看见残留在山坡上的城墙遗迹,南诏瓦到处可以拾起来。据考据家说,南诏时候的大理城比现在大得多,那时洱海也比现在大。所以当时的城,确是前面直到海边,后面包着一段山脚。现在城里的五华楼是因袭旧名。南诏时的五华楼是国王宴诸侯的地方,周围有二十五里之大。这一点据"中央研究院"最近发掘的结果,似乎是证实了。传说点苍山顶,还有一处南诏时用人工开成的湖,名叫"洗马池"。由这几点看来,南诏的气魄真是伟大。

大理附近,有几块有名的古碑。其中最出名的,一块是元世祖碑,这碑就在城外不远,上面记载元世祖征服大理的事迹;另一块是南诏碑,在下关附近的"万人冢"(唐天宝时李密征南诏全军覆没的遗迹),是南诏叛唐的时候自己立的。古迹这样多,可恨是本地一般无知的百姓们以为,古碑拿来煎水可以医病,年深日久,敲碑者多,损坏很重。尤其可恨的,他们专爱敲有字的部分,说是效力最大。所以这些古碑现在的拓本,许多部分已经看不出是什么字。实在石碑煮水,除掉口渴以外,恐怕不能够医治任何其他的病。而无价的古迹却因此横被摧毁。为免得这些古迹完全消灭起见,政府方面,似乎非对这种迷信严加取缔不可。

大理晚上真是静。天黑以后,店铺差不多全关上门,连吃饭都没法吃。街上也几乎是全黑。我们因为没有什么地方可去,只好坐在房间煮茶谈天。吴先生去过丽江,拿他由丽江带来的雪山茶泡给我们吃。这茶产在雪山上,叶子很大,颜色是白的。可是泡出来的茶和普通茶一样的作淡黄色。

在大理只住了小半天,实在太嫌不够。不过车子不能等我们,只好在第二天一早,就动身回昆明。第一天我们由大理赶到楚雄,第二天下午三点十五分就到达昆明。过碧鸡关的时候,一望水色蔚蓝的滇池在脚下展开,很感觉游过许多地方以后,昆明仍然是云南一所重要的风景区。

陈岱孙(1900—1997),原名陈总,福建省闽侯县人。著名经济学家、教育家。1900年出生于有"兄弟三进士,同榜双夺魁"之称的八闽望族——螺江陈氏。1918年考入清华学校,1920年获庚子赔款公费留美资格赴美,1922年毕业于威斯康星大学,获学士学位,同时又获得美国大学生的最高奖——金钥匙奖。同年入哈佛大学研究院,先后获文学硕士和哲学博士学位,随后赴英法意等国作短期考察研究。1927年回国任清华学校大学部经济系教授,次年兼任清华大学法学院院长。抗战期间任西南联大经济系教授兼主任、商学系主任。1952年任中央财经学院第一副院长。1953年后任北京大学教授、经济系主任,全国政协第二、三、四、五届委员,第六、七届常务委员会委员等职。

陈岱孙长期从事经济学的教学活动,为中国的教育事业作出了杰出贡献,当时北大有两个最著名的教授,一个是哲学系的冯友兰,不管什么事情都能从东西方哲学出发讲得头头是道。另一个就是陈岱孙,不管遇到什么难题,也总能不声不响地圆满解决。陈岱孙从事教育七十年,为国家培养了一代又一代人才,他学识之渊博、教学艺术之高超,素享盛誉,是一位杰出的道德、文章堪称楷模的经济学界宗师。

往事偶记

陈岱孙

我于1900年10月生于福建闽侯的一个所谓"书香门第"的家庭,实际上就是一个中落的旧官僚家庭。我的祖父,曾考得进士,供职翰林院。散馆之后回了家,就聘于福州鳌峰书院任山长之职终其身。在这个封建式的家庭中,他是一个严厉的统治者。

我在家里是长孙,父祖辈都以"克绍家风"为期待。清末"废科举,立学校"断绝了"正途出身"的道路。但我的幼少年教育仍然延续着传统的模式,从六岁至十五岁都在私塾读线装书。什么经、史、诗文都以不同的分量、不求甚解的要求,填进了脑子里。

在私塾的最后四年我经历了一个胡乱偷看书的阶段,老师管束很宽,而我对于塾里的"正经书"的学习感到乏味。恰在这时候,我发现了一个装满书箱的藏书阁楼。从此,我就在应付"正经书"学习要求之余,钻进这个阁楼选择一些似乎可以看懂的书,什么历史传记、笔记、小说、诗歌、词曲等等,乱七八糟的无所不看。因为是偷看,所以总是躲躲闪闪,匆匆忙忙地看了一本又一本。这样的乱看当然没有什么益处,但也增加了一些生活的知识。

推翻清皇朝的革命发生于1911年,在此前好几年清皇朝早已颁布了"废科举,立学校"的命令。外边的世道变了,我的祖父于1912年冬去世了。但当我祖父在世的时候,外界的新风吹不进我的封建家庭,孩子们的教育还是一仍旧贯。"洋学堂"式的各级学校已相当普遍,私塾已到了末日,我们成为末代私塾的末代学生。祖父去世后,我们的父辈不能不认真考虑下一代的学习问题了。1913年,读书的生活发生了重大变化。在我十三岁的那一年,我除了还在私塾读书外,又请附近小学一位老师教英文、算学。经过两年这样补习,我终于在1915年秋季考入附近颇为有名的鹤龄英华中学的三年级。当时中学实行的是六年一贯制,所以中学三年级也就是初三年级。

我于1915年秋入中学时已十五岁,自己觉得耽误太久了,年纪太大了。按部就班地再念四年中学才毕业,太晚了。恰好这个中学当时为我们这些"半路出家"的"老"学生开了一个方便之门。鹤龄中学是一个教会办的学校,每一年级的课程都分为两部——中文部和外文部,中文部教的是国文、经书、中国史地等等;外文部则包括英文、外国史地、数、理、化、生各科。各班有的上午上中文课,下午上外文课;有的上午上外文课,下午上中文课。对每年级的正规生,要求两部课程都要学习。但中文有一定基础的学生可以在入学考试时,申请参加中文特别考试,报名入"专读班"。申请参加特别考试的学生,除和应考正规学生一样要参加规定的各门入学考试外,还要参加三场中文考试,写三篇文章——经义、史论和时事对策。考试及格被录取后,"专读生"可以免修各年级的全部中文部课程,专读外文部课程,这样就可以大大缩短上学的年限。唯一作难的是,如果这三场中文考试不及格,即使其他规定的各门考试都及格了,考生不但不能录取为"专读生",也不能退一步请求入正规班,我和一些自认为年龄太大的学生一样,只好"背城借一"硬着头皮去应这特别考试。幸而被录取了。在这个中学,我以两年半的时间读完了最后四年的外文部课程,于1918年年初毕业。年限是缩短了,但这样连蹦带跳的学习却带来了不小的损失。对其他课程,问题不算太大,但数学却遭了殃。例如代数和几何同时念已经够麻烦的了,上半部代数和下半部代数,上半部几何和下半部几何同时念更是搞得糊里糊涂,虽然不知道当时如何也都混得及格,但基础打得不扎实,从此对于数学产生了畏怯的心理,也就断绝了后来曾一度有意学习理工科的道路。

1918年中学毕业后,在家准备了几个月,夏初到上海应清华学堂的插班考试,获取入高等科的三年级。清华当时的学制是八年,分中等、高等两科,每科四年。高等科的一二年级约等于高中的二三年级,而高等科的三四年级则等于大学的一二年级。

清华在上海的考场设在四川路的青年会附中内。为了便于应考,我住在当时所谓英法租界交界马路的三洋泾桥段一个小客店内,客店东边不远就是黄浦滩,紧张的三四天考试过去后,一天下午我去黄浦滩走走。沿江是一片绿化带,细草如茵,间以疏落有致的树木。我正待步入公园时,忽然看到放在草地前沿的一块白地黑字的牌子,上面写着"华人与狗不许入内"几个大字,对于这横逆和凌辱,我当时是毫无思想准备的,因为关于这类牌子的存在我是不知道的,我陡然地止步了,瞪着这牌子,只觉得似乎全身的血都涌向头部。在这牌子前站多久才透过气来,我不知道。最后,我掉头走回客店,嗒然若丧,第二天乘船回家。我们民族遭到这样凌辱创伤,对一个青年来说,是个刺心刻骨的打击。我们后来经常批判那个年代出现的所谓各种"救国论",但是只有身历了这样心灵上创伤的人才会理解"救国论",有其产生的背景。

在清华两年,只是应付功课,但也忙得可以。鹤龄中学毕业和清华高等科三年级相衔接的差距不大,但清华高等科三年级学生,经过了六年来年年的淘汰,和插班生的不断地遴选补充,都有一定的水平。由于眼光都看着将来选送出洋学习的机会,学习都十分努力,竞争是剧烈的。

在清华第一学年的结束前,赶上了五四运动。当然,游行、请愿、宣传等活动都参加了,但也只有摇旗呐喊的份儿。我当时总觉得我们似乎有一个基本问题需要解决。想起了古书中所说的"足食足兵"的重要性和积贫积弱显然是导致横逆的原因,那么富强似乎是当务之急,这也许是一种糊涂的"经济救国论"的意识罢,但当时却没有赋以什么"论"的外衣。

1920年夏我从清华毕业了,经过甄别,获得了公费留学美国的机会。秋天,远渡太平洋到美国中西部威斯康星州立大学,插入三年级,真的以经济学为专业了。

在威斯康星州立大学平平稳稳地读了两年,得了学位,然后,几乎完全为了慕名而申请入了美国最古老的大学——哈佛大学当研究生。在哈佛大学读了四学年。

哈佛大学四年是我学习最紧张的年头。美国大学本科的功课一般并不繁重,所以,在威斯康星州立大学时,不需要花太多的时间便可应付裕如。星期日、假日经常和同学们到附近参观、旅行,藉悉异国的习俗、风尚。两年下来,成绩虽不算翘楚,但亦不弱于侪辈。因此,对于学习不免产生了掉以轻心的情绪。但到了哈佛研究生院后不及一两个月,骄矜之气被彻底打垮了,从此开始了一段发愤读书的生活。

哈佛经济系这一学年新入学的研究生大约有二十几人,其中又约有一半是在大学毕业参加一段教书研究工作之后才来再求深造的。他们的底子较厚,思想较成熟,其他从本科毕业直接升学的人也十有八九是各大学毕业班中的尖子。在同班中,不少人后来被证明在学术上有一定成就。例如,后来鼓吹"垄断竞争"学说、当上哈佛大学经济系教授的张伯伦,回到瑞典斯特哥尔摩大学任教、后来获得诺贝尔经济学奖金的奥林,在当时都已露了头角。经济系研究生有一个自修室,自修室旁边有一个"西敏纳尔"(讨论班)小教室。我们这第一年的研究生,除了上课外,大部分人每天都来自修室,经常相互问难。当分歧激化,为了避免干扰别人,执辞不一的人就退入讨论班小课室然后大声争辩,这种场合我也有时参加,但不久就有点内怯,感觉到自己的学识大不如人。四年发愤苦读的生涯就是在这压力下逼出来的。在这四年中,没有星期休日,除了有两个夏天离校参加中国留美学生夏令会的二十天外,寒暑假也基本上取消了。

在研究院两年后,我获得了一个更好的读书条件。由于导师教授的推荐,我被批准在图书总馆书库里使用一个摆有一小书桌的研究小隔间的权利。这样,我不但可随时凭证入库,而且可以整天待在里面读书,隔间的旁边就是书库的一排一排书架,我再一次感到典籍的浩瀚而自己是如何浅尝无知。我在哈佛大学最后两年基本是在这隔间中度过的。书这样多,方面这样广,我又患了贪多务得的毛病。除了经济学专业书籍外,我还常常浏览了一些其他社会科学、哲学、历史等名著。有时到了下午四五点钟,实在累了,我就到图书馆另一层的一个特设的文学阅览室去。那是一个四围罗列欧美文学名著的开架阅览室,入室不许带书包或自己的任何书籍。在宁静的环境、柔和的灯光下,我藉此消磨了晚饭的两小时,也就消除了一天的劳累。

这是我平生一次最长期的密集的读书时间。虽然确也涉猎了不少书籍,但这样经常是看着一本盯着另一本的读法,到底有什么用处也是可以怀疑的,然而当时是以之为乐趣的。我离开哈佛大学时,别的没甚留恋,就是为这个密集读书生涯的结束,有点惘然。

在哈佛大学四年,得了硕士(1924)、博士(1926)学位后,学业结束了。我获得留学生监督处批准预支余下的四个月的公费和回国旅费,于1926年4月渡大西洋到了欧洲。1926年,欧洲主要国家如英德等国经济情况比较稳定,生活费用较高。只有法国适值一个通货膨胀时期,法郎汇价不断下跌。对于我这样怀的是外国货币的人来说,生活远为便宜。所以在欧洲时间,除了在英国和大陆若干国家作短暂的旅行外,我主要定居在法国,在巴黎大学听课。巴黎大学像一般欧洲大陆许多国家的大学一样坐落在城区,教室紧靠马路,没什么门禁。任何人可以不经批准自由进入教室坐下听讲。只要循规蹈矩,绝没人加以干涉。北京大学在沙滩的当年也有类似的传统。当时不少有志于学问而无力入学的穷学生是北京大学的"偷听生"。这个传统是值得赞赏的。为什么要高其门墙拒这些人于千里之外呢?

1926年底,资斧不继了。买了一张从马赛到上海的船票后,便不名一文。借了十英镑以为火车及沿途之用,才勉强成行。走了三十几天才到上海,转回阔别七年的福建老家。

前途如何,有点茫然。学的是经济,但绝无意于银行、商业。这正是第一次大革命年代。到上海时,北伐军已占领了武汉。回到家不久,我忽然收到一位向未谋面的先后期同学从武汉来的电报和信,让我到武汉去参加工作。说了些革命形势进展至速,财经人才至缺,学以致用等等的话。心为之动,但七年在外,行装甫卸,想多盘桓几时再去。所以,我复信给那个朋友告以实情,答应于短期休息后,即去武汉聆教。接着北伐军又打下了上海、南京。但忽然革命形势大变,宁汉分家,第一次革命失败了。在武汉那位朋友被迫离开了武汉暂返上海,来了一信略说事变的经过,抱歉地说,前事不能再提了。恰在这时候,我接得清华大学的电报和聘书,让我去经济系任教。我接受了。八月首途,由于京沪火车不通,北上之船沿途耽搁,九月初才到北京。学校已上课两天。到校报到之翌日就上课堂,从此开始了几十年的教学生涯。

在清华的头五年,我整天忙于教学。经济系四年的专业课不算少,而教师不算多。每个教师每年都得担任三门课,每星期八至九小时。在哈佛大学时,我的专业方向是财政金融,在清华主讲的也有这一门。在教学过程中,我特别感到对于中国有关这些方面的历史和现况的知识太不够了。因此在这几年中,我在这些方面花了不少时间来充实自己,也以之补充教课的内容。

1932年,清华大学给我一个休假研究一学年的机会,并提供了旅费和等于一个学生助学金的生活津贴。我又去欧洲住了一年。这次出国目的是为了写《比较预算制度》一书做准备工作。关于这方面的资料,国内几乎完全没有。在巴黎我住了半年,在伦敦住了四个月。这又是一次甚为密集的读书阶段。但这次读书范围明确,只以和专题有关者为限,在巴黎除了周末听次歌剧或交响乐演奏外,几乎每天都在法兰西国家图书馆搜找、抄录有关的资料。在伦敦,大部分时间也消磨在不列颠博物院里。成果还不错,搜集的资料陆续寄回清华以备回国后整理。但一个不期的事件打断了在伦敦的工作。

三十年代头几年,全世界资本主义国家处于1929年经济危机后的一个长期萧条阶段。1933年初几个主要国家发起,于是年夏在伦敦开一个世界性的"国际经济货币会议",希望在这会上达成某种协定以缓和在国际贸易、汇兑措施上相互卡脖子的局势。所有国家都被约参加了。中国当然也是被约参加国之一。

当时中国受到经济大萧条的打击远没有如其他许多国家那样严重。但我们却为萧条中出现的一情况所困扰。那就是所谓"白银问题"——银价下跌影响及其对外汇率和国际贸易与支出的影响等问题。大萧条时期南京上海的政治金融利益集团曾因此而惶惶不安。利益集团的代表宋子文曾藉这个国际会议将开之际,去美国和美国中西部银矿主利益集团勾搭,希望能在这会上为白银利益集团捞点好处。白银跌价对中国经济当然不无不利的影响,例如外债负担的加重等等。但在另一方面,我们国内生产没有受到萧条的更严重的打击,未始不在一定程度上拜银价下跌之赐。我们所憎恶的汇价高涨也许还是一种"伪装下的祝福"。这一点却为国内经济界和经济学界所忽视了。

我曾于1932年底去日内瓦几天。当时中国正在国际联盟控告日本发动九一八事变和建立伪满洲国的侵略。南京政府起用了闲置多年的老外交家颜惠庆代表中国来日内瓦和日本周旋。我去日内瓦的目的是为了看看这一斗争的现场情况。在和颜惠庆一次遇见的闲谈中,我略述了我个人对于白银问题的意见。也许是由于这一次的接谈,当颜受命去伦敦组织中国参加"国际经济货币会议"的代表团时,他找我以专家的身份参加代表团。我告诉颜我有顾虑,因为宋子文当时正从美国来到英国,传闻他将任中国代表团团长,我的观点和他所代表的利益集团的企图是背道的。颜说,宋只参加开会式,开会之翌日就去欧洲大陆返国,而他自己将是代表团的首席代表。我于是答应了,在开会期间,我天天参加大大小小的会,但中国当时是一个积贫积弱的国家,对于会上利害折冲的问题,毫无置喙的余地。参加这种会,精神是苦闷的。

会开了一个多月,争吵得厉害但毫无结果。晴天一个霹雳,新就任的美国总统罗斯福,没有打任何招呼,宣布他的"新政"措施,给会议以致命的打击。先前想通过会议达成某些国际协议的希望完全破灭了。会议草草宣布结束,各国代表都鸟兽散。我恰在这事情发生前十几天得到"太平洋学会"的电报,让我于八月中去加拿大的邦佛城参加它的双年会。我并不是"太平洋学会"会员,算是客人吧。伦敦会议的结束解决了这两个会议时间的可能冲突。我尽几天之力写了一个参加伦敦会议的总结报告,交给颜惠庆,随即搭船去美国转去邦佛。

"太平洋学会"是一个民间组织。邦佛年会本来会序也侧重于讨论从民间的角度如何缓和大萧条对太平洋地区各国冲击的问题。罗斯福的新政措施的宣布对于邦佛会议也产生了"釜底抽薪"的作用。主题提不上日程了。会开得很不出色,十天左右匆匆地收了场。会后,我在加拿大洛矶山几个名胜湖区转了一转,借作休息,九月初就搭船返国回到清华重理粉笔生涯。

1933 年后,国内情况很不好。外侮日亟,而当道者方致力于内讧,华北时局尤为险恶。1935 年,清华决定停止在校内修建一座规模颇大之文、法学院大楼,把这四十万元的基建款转投资于长沙岳麓山,筹建一套新校舍,以作华北战事爆发的退步。1937年战事爆发后,北大、清华、南开联合搬长沙组织临时大学。地点的选定和已有校舍的经营不无关系。但当临大在长沙于十月开学时，新校舍尚未竣工，到了将大致可以利用的翌年春，临大又再搬昆明了。

卢沟桥事变时，我在北京。十来天后，我和几位校内同人去庐山开会。会上虽然也有慷慨陈词者，但主要的基调仍是委曲求全，会后下山北上到天津，战事已起，平津交通断绝。我困在旅店，直至平津地区全部沦陷，两地通车才回北京，暂住城内友寓，和校内电话联系。校务会议同人（梅贻琦校长尚在南京）因城郊交通没有保证，不让我返校，而来城里和我一起开个会，建议我即日南下商量迁校事宜。当时使我稍有迟疑的是对分放在校内寓所及图书馆楼下研究室的在欧洲搜集的关于预算问题的资料，和这二三年陆续写的手稿的保存的关怀。但一转念，打仗总得有损失，凡此一切只可当它已毁于炮火。当即决定不回校寓，翌日即返天津，乘船到青岛，转赴南京。到南京后知道已决定北大、清华、南开三校联合在长沙成立临时大学，又匆忙奔赴长沙。

临时大学在长沙上了一学期课，上海退却，南京陷落，武汉告急，临时大学决定迁昆明。我和临大南岳文学院几位同人结伴由公路经广西，入越南，由滇越铁路到昆明。临时大学改为西南联合大学。昆明临时租借的校舍不敷用，联大的文、法学院暂搬蒙自，上了一学期课又搬回昆明，从此联大在昆明经历了八年岁月。

1945年8月日本投降。消息乍传，许多人都以为可作立即北返之计，但很快地知道其为不现实。学校当局不久就做出1946年夏秋间复校的决定，由三校各自先行派出先遣人员接管、修葺平津校舍，我被派同土木系王明之教授于11月飞平，组织并主持"清华校舍保管委员会"工作。

保委会工作进行约十个月，工作人员约三十人左右。由于清华校舍为日军占用严重破坏，保管修葺工作十分紧张。保委会进驻学校时，占用校舍之日军伤兵医院只能让出贯穿清华园中部小河的南岸的校舍,北岸仍然住满了待遣返的日军伤兵。双方划河为界。我们人员白天工作之余每天晚上还得分班和日军士兵隔河相望地巡逻各自防区。日伤兵最后一批于翌年8月才遣送完毕。但修缮工作不能等待。经过一个多月的筹划,1946年新年就开始招标、备料、包工;一解冻就全面开工;到了8月,勉强做到可接待从昆明回来的师生和初步满足秋季始业的教研工作各方面的要求。

从复校到解放只有短短的两年。但这两年却使人确信国民党政权已经完全腐化,垮台就在目前。1948年暑假后,时局有急转直下之势。有些人辞职走了。有一天晚上同系的一位教授来找我,说他决定全家去美国,劝我早为之计。我说我理解他要走的心情,但我不走,也不准备后悔这个决定。清华于1948年12月解放。翌年全国大部分都获得解放,1949年10月1日,中华人民共和国宣告成立。"中国人民站起来了"的宣言,表达了一百多年来备受横逆凌辱的中华民族的一致宏愿。

我还在清华工作到1952年。1952年,北京院系调整,新成立"中央财政经济学院"。我转到这个学院。翌年这个学院取消了,我又转到北京大学,从此一心一意地继续做教学工作。

回顾一下,应该说我的一生是和书打交道的。而我对于读书也确乎有兴趣。但可惋悔的是在结束了学生生活之后,读的书越来越少,还出现了空白时期——八年抗战,十年浩劫,一下子就去了近二十年。

书总是要读的。人类的进化赖于知识的积累;而知识则主要借书而传递。"读书无用论"是一个大骗局;再不能让人们有日回顾"恨不十年读书"了。从今以后,在安定的局面下,想读书的人将能不负于新社会为他们创造的良好的读书条件和机会。这是值得庆幸的。

李方桂(1902—1987),祖籍山西昔阳县(今山西晋中),出生于广州,语言学家。1921年考入清华学堂医学预科。1924年留学美国。先后在密执安大学和芝加哥大学攻读语言学,是中国在国外专修语言学的第一个人。1928年获得芝加哥大学博士学位,1929年回国后任中央研究院历史语言研究所研究员。在之后的八年间,李方桂从事汉语音韵学、汉语方言学、苗瑶语、台语及古藏语的研究,还与赵元任、罗常培两先生一起翻译了瑞典哥德堡大学校长、远东考古博物馆馆长高本汉的《中国音韵学研究》。

1937年,李方桂应美国耶鲁大学之聘任访问教授2年,1939年回国。此后五六年间,他陆续调查研究非汉语(指中国境内汉语以外的语言)。其间任西南联大北大文科研究所兼任导师,1948年当选为中央研究院第一届院士。1949年再度赴美,历任西雅图华盛顿大学东亚语言系教授、夏威夷大学语言系教授。致力研究印第安语言,且具有国际学术影响,1950年当选美国语言学会副会长,1972年获密歇根大学名誉文学博士学位,1985年获泰国国立朱拉隆功大学荣誉奖牌。

李方桂治学严谨,学问博大精深,著作等身,弟子成群,为国际语言学界公认的美洲印第安、汉语、藏语、侗台语之权威学者,并精通古代德语、法语、古拉丁语、希腊文、梵文、哥特文、古波斯文、古英文、古保加利亚文等,被称为"非汉语语言学之父"。

李方桂口述史

李方桂

离开哈佛以后,我回到芝加哥,进行最后的博士学位论文答辩。萨丕尔问我:"你做过许多印第安语的研究工作,你打算做什么?你已经获得博士学位,准备干啥?"我说:"我想回中国。"

于是他从洛克菲勒基金会弄到一笔钱送我回中国,负责支付回国的全部旅费,而且每月还发给我200~300美元。那在当时比中国许多教授拿的薪水还要高。"我将为你弄一笔基金回中国。"他是这样说的,后来他又说:"如果你发现中国不适合你,你依然可以依靠这笔基金,支付你的旅费回到美国来。"这是一笔非常慷慨的资助。所以我说:"好吧。"于是就接受了这笔基金。

但是,在回中国之前,我曾旅欧两三个月。然后,正如前面所说,我又去北极圈内(加拿大境内)研究了一个夏天的美洲印第安语。此后,我才于同年秋天启程回中国。那是1929年末。

我乘的是加拿大太平洋航线的一艘轮船,我想是叫"不列颠皇后"号吧。船上也有许多要回国的中国人,我坐的是头等舱。中国人通常是坐三等舱。三等舱里有许许多多的事情发生。其中之一是赌博。有一次他们放着几枚硬币,大家都猜是单是双。当然啦,他们中有许多人挣了好几千美元,本想回中国用来支助家庭等等。但是,回国的路上,有些人又把所有的钱都输光了。在香港他们不下船,继续呆在上面,又要回去打上十来年的工才能挣回这么多钱。那是中国劳工的故事之一。他们好不容易攒下千把块钱,但是在回家的路上因赌博又输个精光。

我到了上海。中央研究院院长蔡元培得知我要回来,大概是赵元任告诉他的。我曾信告赵元任我何时回国。所以,我一到上海,蔡元培就派一名研究员到船上接我。蔡自己没有来,但派了一位代表来船上接我,代表说他们已在旅馆里为我订了房间,我可以跟他一起回到旅馆。噢,这就是我在美国读了四五年书之后第一次回到中国。当时我只有27岁,非常年轻。

我住进了旅馆,第二天蔡元培邀请我去他家做客共餐。有好几位大人物在场:中央研究院院长蔡元培、杨铨,还有一位中国著名的地质学家李四光。后来,傅斯年从北京赶来,我们谈得很投机。他们说,准备任命我为中央研究院历史语言研究所研究员。我对他们说,我不能接受这个职位,因为我已经有了洛克菲勒基金会提供的基金。

他们说:"好吧。我们为你保留这个职位,但我们不付给你薪水,因为你已从洛克菲勒基金会领取薪金。但是,无论如何,我们希望你名誉上接受中央研究院研究员这个职位。有了这个官方职位,更便于你在中国各地旅行。如果你只有洛克菲勒基金会支持你,噢,洛克菲勒基金会又算什么呢?""好吧,好吧,就这样。"我说:"我一定接受这个职位,但不领薪水。"

我从上海往北去了北京,在那儿我见到了赵元任。见到了那几位研究中国语言学、汉语方言学的学者,因为赵元任始终对汉语方言感兴趣。在北京待了两三个星期以后,我回到上海,又从上海南下广东。在广东我开始各处看看,看自己该在那儿干些什么。在广东我甚至听见有人说某种瑶话。

于是,我突发奇想,认为自己该去海南岛。当时去海南岛是非常艰难的,但既然我有钱,我就从香港乘船去。我先回到香港,再乘船到了海南岛的海口港。在那儿我开始听到有人说海南的汉语方言。令我印象极深的是 b 和 d´s 并不属于浊音。人们总以为它们是浊音 b 和 d´s,但我认为不是。我认为它们是所谓的内爆破音(implosive)b 和 d´s。后来,我发现它们与越南语的 b 和 d´s 极其相似,也与傣语的 b 和 d´s 非常相像。可是,当时我并不知道这些,我只知道自己从未听见过这些稀奇古怪的语音。于是,我沿着海岸从海口到临高,往南又到了乐惠①。那些年我无法进入山区,进山区是不可能的。

我就在海南岛上转悠着研究语言,待了一个月,我又回到了

---

① 音译,原文为 Lehui。——编者注

广东。我找到了一位海南岛的发音合作人,我想对他发的 b 和 d´s 音做一个简单的实验。于是我从广东大学借来一些仪器,并用洋铁烟筒自制了一些简陋的仪器。在烟筒的一端钻一小孔,用橡皮管把小孔与所谓的橡皮震动器(rubbertemblor)联结起来;然后用嘴对着烟筒上的橡皮管呼吸,气流就会通过烟筒,空气就会穿过震动器。如果是往里吹气,那根针就会上抬;如果是内爆破音,针就会下垂。用这种方法,我对海南岛的内爆破音做了实验。结果不出所料,空气穿过了烟筒,证明是一种内爆破音,这毫无疑问。

根据那次实验,我向中央研究院提交了一份研究报告,说我对海南岛汉语方言的 b 和 d´s 做了几次实验,证明它们不是普通的浊声母,而是内爆破辅音。那份报告的内容写进了中央研究院向政府提交的科研报告之中。

我在海南岛转悠一圈后,回到北京,整个一年就这样无所事事地给浪费掉了,于是我回到了中央研究院。他们说:"我们将任命你为研究员。"我说:"好吧,我接受这个职位。"我就给洛克菲勒基金会写了封信说我已经在中国找到工作,不再需要那笔基金了。打那以后,我就正式成为中央研究院研究员,并开始了我在语言学方面的研究工作。中央研究院并不要你专攻某一专题,你可以做自己的选择,想研究什么就研究什么。

赵元任当时在研究汉语,特别是汉语方言。我说:"我不想研究汉语方言。已经有了一个人,再加上其助手等等,就足够了。"于是,我只好在别的学科摸索。我研究的内容之一是藏语。所以,那时我就开始研究藏语,写了一篇藏语方面的文章。谈的是藏语声母。这是一种开创性的科学研究。

我也搞过汉语研究,上古汉语音韵学。因为赵元任对古汉语历史音韵学不感兴趣,他只对方言感兴趣。我也写过一些汉语历史音韵学方面的文章,然后又写了藏语方面的文章。

后来,我觉得或许我应该研究汉语以外的一些语言。当然有几个选择,可以选择某些突厥语(Turkish Languages),全是中国境内迁出的土耳其斯坦语言(Turkestan),或者可以去西藏研究藏语,或者可以去研究境内其他少数民族语言,其中之一就是广西的台语(Tai Languages)。

那时,存在某些客观条件限制。我们要去调查土耳其斯坦的华人是非常困难的,这是因为政治上的——俄国——以及其他问题。所以这就在考虑之外了。去西藏,也很困难。

哪儿都不能去。对我来说,当时只能去贵州、广西、云南这样的地方调查。最好的地方是广西,因为那儿交通方便一些。进贵州非常困难,进云南也非常困难。当然啦,广西以其台语而闻名,但是,没有人对广西及其周围的台语方言做过任何广泛的调查研究。我认为或许自己应花点时间研究台语方言。但我想多了解一些为多数学者所熟知的台语方面的知识,台语当然是暹罗语(Siamese Language)。许多人研究过它,也有许多文献材料。在广西,台语没有文献材料。所以,为了可以充分地研究这些语言,我说我首先应该去泰国学习傣语(Thai)。

我对赵元任谈了自己的想法。赵元任是一位非常非常善良和慷慨的人。他说:"你想去泰国?好吧。我给你经费。"

我认为当年的中央研究院非常开明、非常慷慨。你想研究什么就研究什么,而且也为你提供一定的经费,那是赵元任的慷慨政策。就这样,我从上海出发去泰国了。要知道,当时去泰国也是非常难的,因为中国没有和泰国建立外交关系。我们拿不到泰国的签证。所以,我们只好转道新加坡去泰国。到新加坡后再乘火车去泰国。所以,我就先去了新加坡。

在新加坡有一位中国总领事,也有一位泰国总领事。由于他们都是外交官,而且都是在新加坡的外交官,这两位总领事因为都是外交同行而非常熟悉。所以,我到那里后,设法通过中国总领事与那位泰国总领事取得了联系。后者说:"好吧,我给你签证,我能签发你的护照。现在你去泰国不会有麻烦了。"就这样,我拿到了旅泰的第一张签证。我从新加坡乘火车到了一个有名的地方,那儿有家旅馆住起来非常舒服,有一位泰国的部长就住在里面,他叫牙代木壤(Phya Damrong)。牙代木壤是从泰国出来的,他生在那里,是因为泰国发生了政治暴乱。他是泰国国王的叔父或什么的,于是就从泰国流亡出来,住在那里。那位暹罗领事告诉我牙代木壤就住在那儿。"你最好去那儿住,没准儿你能见到他。"于是,我在那儿停下来去拜访了牙代木壤,与他小叙了一阵。他非常非常之和善。他要我在泰国见一个人,也是一位王子。要知道,牙代木壤就是一位王子。

我与他分手后,乘火车去了曼谷。碰巧上海的一位朋友也为我写了一封介绍信,他在曼谷有位朋友,因为他们是大老乡,都是潮州、汕头一带的人。所以,我到了之后,找到了这位中国朋友,他为我找了一幢两层楼的房子,为我租了下来。那些年代,住房非常廉价,大概每月支付20美元左右。我到后就有了房子,又找了两位老师:先找的一位是学校的年轻男教师,后来找了一位年轻的女教师,是另一个学校的。

于是,我就开始学习暹罗语了。部分时间是会话,部分时间是阅读。我开始非常精细地阅读暹罗文。可是这里的规矩不是这样的:学生什么都不用读,先练习会话。但我现在依然是采用这种老式方法,除了学说话之外,还要读傣文,读一些傣文诗和某些非常奇异的阅读材料。当我要阅读有关泰国历史方面非常艰深的某些文献材料时,他们说:"对你来说,读泰国史太难了。"我回答说:"没关系,我一定要读它。"于是,我学着阅读文献,学习傣语;两样都不太高明;但三个月下来,我对傣语有了大概的把握。

学了傣语之后,我回到中国。第二年我去广西研究台语。我调查了大约 10 到 15 种广西台语方言,并对其中两种方言做了更加广泛的研究。除了音系之外,我还搜集了许多长篇材料和词汇等等。其中之一是龙州方言(又译龙州土语)。龙州是越南临界的城市,所以我写了一篇龙州方言的专论。它刚好属于广西西南部一组重要的台语支。

后来,我研究了武鸣方言。而武鸣方言正好是广西另一个重要的台语支的代表方言。我也对此写了一篇专论,它正好是所谓的北部台语。因此,那次广西之行,我写了西南部台语方言的专论,也写了北部台语方言的专论。巧就巧在这两种方言都是广西两支重要的台语方言。

然后,我回到了南京,因为当时中央研究院由于日本人入侵北京的威胁,已经迁到了南京,我开始研究在广西所获得的材料,比如龙州土语专论和后来的武鸣土语专论。它们都是在日本侵华时期进行的研究。有趣的是,我除了搜集这些长篇材料外,还搜集了相当数量的民歌。这是音标,然后是译文,但这些民歌也是用台语写的。

它们与汉语不同,大不相同。它是从汉语借来的,但你们知道,可以有不同的文字符号,是傣语文字系统,也是越南语文字系统。是根据同一种原则,但它们当然是不同的文字体系。它们是根据汉字创造的。

在那时,我也写了傣语语言学方面的文章,实际上是一些小文章。

**罗常培**(1899—1958),字莘田,号恬庵,笔名贾尹耕,斋名未济斋。萨克达氏,满族,属正黄旗,北京人。语言学家、语言教育家,中国现代语言学的奠基人之一。

1916年考入北京大学,1921年毕业后在北京及天津的中学任教。1924年至1928年,先后赴西北大学、厦门大学及中山大学任教。1929年,傅斯年成立中央研究院历史语言研究所,罗常培与赵元任、李方桂为该所语言组第一批聘用的研究员。1934年,罗常培任北京大学中国文学系教授。1937年,因战争爆发,随北大转至长沙临时大学、昆明西南联合大学任教。1944年,到美国讲学。1948年秋回国,继续于北大任教。1950年,罗常培获任命负责筹建中国科学院语言研究所(今中国社会科学院语言研究所),并任第一任所长。

罗常培毕生从事语言教学、少数民族语言研究、方言调查、音韵学研究,与赵元任、李方桂同称为中国早期语言学界的"三巨头",学术成就对当代中国语言学和音韵学研究影响极为深远,中国语言学界将罗先生称为继往开来的一代宗师。

从昆曲到皮黄

罗常培

电台上时常放送皮黄和昆曲的唱片,有时候还请些"爱美的"戏剧家来广播。比方说,本台 X.P.R.A 成立三周年纪念,我还被请来广播过一次。据我个人揣测,那天,听众们对于评剧《红鬃烈马》、滇剧《九华宫》,都会感到相当的兴趣。至于昆曲呢,大家只听见演奏者咿咿呜呜了半天,究竟唱了些什么,所谓《游园惊梦》《硬拷》《闻铃》究竟是怎么一回事?恐怕有百分之七十以上不见得能欣赏或了解。那么,我们现在就要问,昆曲是什么?它在中国戏剧史和中国文学史上占个什么地位?

中国的戏剧从金元以后才有长足的进步。当时分为南北两支:杂剧流行于北方,戏文流行于南方。元中叶以北戏势力极大,南戏消沉不振。中叶以后,南戏才渐露出复兴的曙光来。到了明朝嘉靖年间更加活跃,万历以后作家辈出,降至明末清初可以说是南戏的黄金时代,居然压倒北剧取而代之。这么一转移间,为什么盛衰易势呢?这和"昆腔"的勃兴实在有很大的关系。

在明朝南戏盛行的时候,因为发源的地点不同,各地的土腔也各有它的特色。发源于海盐的叫海盐腔,发源于余姚的叫余姚腔,发源于江西的叫弋阳腔。海盐腔流行于浙江的嘉兴、湖州、温州、台州。余姚腔流行于浙江的绍兴,江苏的常州、镇江、扬州、徐州,安徽的贵池、太平。弋阳腔流行于南北两京、湖南、闽、广。这三种腔调在当时是很有名的。到了嘉靖年间,昆山人魏良辅创立水磨调后,在音乐上得了一大进步,它不单压倒北曲,并且让其他三种腔调也相形见绌。因为良辅是昆山人,所以俗称作"昆腔"。据徐文长《南词叙录》说:"昆山腔……流丽悠远,出乎三腔之上,听之最足荡人。妓女尤妙此。如宋之嘌唱,即旧声而加以泛艳者也。"昆腔改革顶大的一点,还在音乐方面。因别的腔只有板拍和锣鼓,它却加上了洞箫、月琴、笛、管、笙、琵琶、鼓,管弦诸乐具备。故《南词叙录》又说:"今昆山以笛、管、笙、琵按节而唱南曲者……殊为可听,亦吴俗敏妙之事。"因为伴奏音乐的复杂,格外使它凄婉动听,于是昆腔的势力遂一天比一天地扩展起来了。在嘉靖年间,它还只流行于苏州一带,后来渐渐蔓延到太仓、松江、常州和浙江的杭、嘉、湖等处。到了明末清初,甚至连北平也流行了。所以王伯良《曲律》说:"迩年(万历)以来,燕赵之歌童舞女咸弃其捍拨,尽效南声,而北词几废。"龚芝麓《听袁于令演所撰西楼传奇》诗也有"可怜苏北红牙拍,犹唱江南金缕衣"等句。昆腔在北平扎下根柢以后,不单留在北平的南方人很欣赏它,连清朝的宫廷王府也时常演奏它。到乾隆朝,昆曲的盛行遂达极点。当时称昆腔为"雅部",别种腔为"花部"。三十九年刊行《缀白裘》十二卷,网罗昆曲散段。四十二年巡盐御史伊龄阿奉敕设局扬州修改戏曲,黄文旸、凌廷堪等都参与这件事,经四年才完工。五十七年苏州叶堂(广明)撰《纳书楹曲谱》二十二卷,这是昆腔谱里最正派的一种。这时候昆腔真是"如日中天"一样。

　　昆腔盛行,北曲遂日渐衰落。这其间虽有何良俊的好奇提倡北曲顿仁的琵琶,独弹古调,事实上北曲已经不绝如缕了。好古的文人,还有喜欢模仿北曲杂剧的。又如洪昇的《长生殿传奇》里《酒楼》《合围》《絮阁》《哭像》《神诉》《弹词》《觅魂》等全出都用北曲,这种风气从明人汤显祖等已经开端。不过这种经昆腔采用的北曲,绝没有保存纯粹北调的道理,大部分已经"昆曲化"了。所以现在《纳书楹曲谱》和《集成曲谱》里保存的一些元人杂剧的散段,像《赚布》《女弹》《卖花》《摆阵》《孙诈》《擒庞》《五台》《离魂》《刀会》《训子》《北诈》《归秦》《北拜》《回回》《渔樵》《逼休》《寄信》《撇子》《认子》《胖姑》《伏虎》《女还》《借扇》《送京》《访晋》之类,虽然吉光片羽,实已形存神亡了。

　　乾隆末叶,昆曲盛极而衰,于是,"花部"遂代"雅部"兴起。

　　据《扬州画舫录》说:"两淮盐务,例蓄花雅两部以备大戏。雅部即昆山腔;花部为京腔、秦腔、弋阳腔、梆子腔、罗罗腔、二黄调,统谓之乱弹。"此外尚有高腔、吹调等,也应该属于花部。"花""雅"得名的来源,《燕兰小谱》解释说:"元时院本凡旦色之涂抹科诨取妍者为花,不傅粉而工歌唱者为正,即广雅乐之意也。今以弋腔、梆子等曰花部,昆腔曰雅部,使彼此擅长,各不相掩。"这已经讲得很明白了。高腔和京腔都是从弋阳腔变来的。高腔的得名,大概因为演奏它的伶人多产于河北高阳,京腔最初指弋阳腔,流行于北平的说部(《新定十二律京腔谱》)。二黄发源于湖北黄冈和黄陂二县(嘉庆张祥河《偶忆编》),盛行于安徽安庆一带(《扬州画舫录》),或称湖广调。秦腔发源于陕西、甘肃,乾隆间流入北平。西皮和二黄合称作"皮黄",是北平徽班所专习的。有人说皮是黄陂,黄是黄冈,同出于湖北。但据道光初张亨甫的《金台残泪记》却说:"甘肃腔为西皮调。"(卷三)安徽的伶人何以在二黄以外兼演西皮腔呢?这因为乾隆末年徽伶高朗亭到北平后,以安庆花部合京秦二腔,名其班曰"三庆"(《扬州画舫录》),为的是迎合当时都中人士的好尚。梆子腔来自句容(《扬州画舫录》),大概就是现在附属于皮黄里的南梆子,和山西梆子不同。山西梆子是糅合山西勾腔、秦腔和梆子腔而成的,光绪间流行于北京。吹腔出于徽调的高拨子,现在也附属在皮黄里,像《贩马记》《探亲相骂》《小上坟》之类都是。罗罗腔是一种不大通行的民间戏。

总括花、雅两部升沉的历史来讲,从明朝万历到乾隆的中叶是昆曲的极盛时代,到乾隆末年昆曲的势力渐渐被西秦、南弋两腔给压下去,道光以降花部争鸣,各树旗帜,昆曲遂成了若有若无的状态。到了咸丰、同治之间,皮黄就成了独霸的局面了。推究它的原因,第一由于厌旧喜新的趋势,第二由于看客趣味的低落,第三由于北平人不喜欢昆曲。现在且谈一两件梨园盛衰的掌故,以见消长的痕迹。

乾隆末叶,北平的花部,京班先占势力,伶人多系土著,所演的以京腔为主。当时著名的伶人有八达子、天保儿、白二等。白二最得意的戏是《潘金莲葡萄架》(《燕兰小谱》)。从他擅长的戏剧,我们就可以推测他演戏的风格和观众的趣味了。正在这个当儿,突然在乾隆四十四年从四川来了一个妖艳旦脚魏三,于是本地伶人的势力就被他夺去了。

魏三名长生,字婉卿,四川金堂人,是秦腔的花旦。他到北平加入双庆部,打炮戏演了一出《滚楼》,遂轰动全城,每天观众达千余人。当时都中人士已然厌倦弋腔的嘈杂,忽然听到繁音促节的秦腔,看见淫亵动人的表演,都觉得耳目一新,于是魏三的名字震动京师,甚至那时的王公贵人几乎没人不认得他了(《燕兰小谱》《啸亭杂录》《梦华琐簿》)。他有一件小事值得提出来,就是现在旦脚踩高跷和梳水头都是由他首创(见同上),这在扮演史上是颇重要的。后来因为他的徒弟陈银官表演更加猥亵,在乾隆五十年左右师徒遂先后被赶回四川。嘉庆六年,魏三再入北平,年老色衰,资产荡尽,一次正在扮演表大嫂背娃子,下场即气绝(《梦华琐簿》),经大家资助,才得勉强柩归乡里。

魏三回四川后,安庆的伶人高朗亭又继他入北平,"以安庆花部合京秦两腔,名其班曰三庆。而曩之宜庆、萃庆、集庆遂湮没不彰"(《扬州画舫录》)。这是徽班到北平的起始。朗亭名月官,工《傻子成亲》剧,时人拿他的神韵和魏三的风流对称(《听春新咏别集》)。他的作风,不难想见。

三庆成立以后,其他徽班也接踵而起。嘉庆中叶已经有三庆、四喜、和春、春台、三和五部。他们不单合并京腔、秦腔,而且吞并昆曲其他花部。因为它能这样兼容并包,难怪徽班成了梨园的盟主了。

至于雅部的状况,乾隆末年只有保和一部死守住昆山孤城,后来有庆宁、迎福、金玉、彩华四部,也想挽回它的颓势。这四部的伶工都是苏州人,势力虽赶不上徽班,却也赖他们保存一些风雅。四大徽班里只有四喜部支撑昆曲的危局,但比起其他三班来,就显然露出不景气的现象。道光末年,太平军起,南北隔绝,苏州的伶人没法子到北方来,昆曲更加一派不振。从此后,不单在北平主持不了剧坛,甚至在它发祥地的苏州,也成了少数文人墨客的好尚了。正在这个时候,徽班三庆部忽然出了一个名伶,就是安徽人程长庚。他本来精通昆曲,兼工二黄,声调绝高,底气充足,登台一奏,响彻云霄,而且资性聪明,剧学渊博,对于戏剧改良的地方很多,直到现在,无论内行外行,没有人不知道大老板的名字。同时有张二奎、余三胜,也是老生中的特出人物。当时推张为状元,程为榜眼,余为探花。程长二黄少花腔,余长西皮以花腔著,张的唱工实大声宏,且以做工见长。光绪间继他们而起的,又有汪桂芬、谭鑫培、孙菊仙三人。汪学长庚,谭学三胜,孙近二奎,此外文武老生有杨月楼,武生有俞菊生,正旦有余紫云、陈石头、时小福,老旦有龚云甫,净有黄三,丑有刘赶三,人才济济,可以算是皮黄的黄金时代。近来评剧的情况想来是大家所熟悉的,我就不再多说了。可是推溯当代许多名伶的家世,几乎没有不跟光绪间的名伶有关系的。

　　以上所说,是近几百年来中国戏剧演变的略史。生在现在这个时候,我们先不必谈雅部的昆曲,就是有人想模仿几句汪桂芬、孙菊仙,试问时下喜欢听评剧的人,有几个不掩耳却走的?可是时俗的好尚是一个问题,风雅应否保存又是一个问题。据我的朋友罗膺中说,中国文学史上许多作品是不能离开音乐的。这个见解非常有道理。我们要深切了解一种有音乐性的文学作品,能够在伴奏的音乐没灭亡的时候去探索它,比较省事得多。词的唱法失传了,大家才觉得姜白石的旁谱可贵,都想就着它暗中摸索,另外有些拿《碎金词谱》的工尺当作宋代遗音的,又在那儿辗转传讹地断定哪些雄壮,哪些哀靡。假如当年词的宫谱保存下来,又何必这样费事呢?现在明代南曲的宫谱既然幸而保存,一部分赖它流传的北曲,虽然有点儿昆曲化,总比完全失传强得多。我们应当趁着前人的宫谱还没散佚,苏州的老伶还没死绝的当儿,赶紧急起学习,然后对于读曲、作曲、谱曲才有办法,才不至等它失传以后瞪着眼睛后悔。至于为怡性悦情起见,在兴至神来的时候偶尔哼几支遣闷消愁,正所谓"劳者自歌,非关倾听",管他别人欣赏不欣赏呢?我们如果认为昆曲在中国戏剧史和中国文学史上占有相当的地位,那么有志研究中国文学的人总不该漠视了这种作品。

王力（1900—1986），字了一，广西博白县人。中国语言学家、教育家、翻译家、散文家、诗人，中国现代语言学奠基人之一。

1926年考进清华大学国学研究院，师从赵元任，1927年赴法国巴黎大学留学并研究实验语音学，1931年获法国文学博士学位。回国后历任清华大学、燕京大学、广西大学、西南联大、岭南大学教授，中山大学文学院院长、语言系主任。1950年任广州市人民政府委员，1954年调北京大学任教授、汉语教研室主任，1956年被聘为中国科学院哲学社会科学部委员。

王力毕生从事语言科学的教学和研究工作，为发展中国语言科学、培养语言学专门人才作出了重要贡献。他在语言学方面的专著有40多种，论文近200篇，共1000万余字，内容几乎涉及语言学各个领域，有许多具有开创性。

为什么学习古代汉语要学点天文学

王　力

我们学习古代汉语，是为了培养阅读古书的能力，而我们的古书中，有不少地方讲到天文，所以我们要学点天文学。又有一些地方讲到历法，所以我们要有历法的知识。而历法是和天文密切相关的，要学历法，必须先学天文。

明末大学者顾炎武说："三代以上，人人皆知天文。'七月流火'，农夫之辞也；'三星在天'，妇人之语也；'月离于毕'，戍卒之作也；'龙尾伏辰'，儿童之谣也。后世文人学士，有问之而茫然不知者矣。"

"七月流火",出于《诗经·豳风·七月》,这是大家熟悉的诗句。但是这句话一向得不到正确的解释,直到戴震才讲清楚了。余冠英先生在《诗经选》注云:"火,或称大火,星名,即心宿。每年夏历五月,黄昏时候,这星当正南方,也就是正中和最高的位置。过了六月就偏西向下了,这就叫作流。"这是传统的解释,但这是不妥当的。戴震依照岁差来解释,周时六月心宿才中天,到七月才向西流。

"三星在天",出于《诗经·唐风·绸缪》。三星,指心宿。第二章"三星在隅",第三章"三星在户",也是指心宿。有人说,第一章指参宿三星,第二章指心宿三星,第三章指河鼓三星,不可信。毛传以三星为参宿三星,亦通。那要看诗人作诗的时令了。

"月离于毕",出于《诗经·小雅·渐渐之石》。毕,指毕宿。"月离于毕",是月亮走到毕宿的意思。据说月离于毕将有大雨。

"龙尾伏辰",出于《左传·僖公五年》。原文是:

童谣云:"丙之晨,龙尾伏辰,均服振振,取虢之旂,鹑之贲贲,天策焞焞,火中成军,虢公其奔!"其九月、十月之交乎。丙子旦,日在尾,月在策,鹑火中,必是时也。

这短短的一段话,有天文,有历法。童谣的大意是说,十月初一日清晨,晋国将进攻虢国,虢公将出奔。丙,这里指丙子日。古人以干支纪日。龙尾,即尾宿。尾宿是东方青龙七宿的第六宿,所以叫作龙尾。辰,是日月交会的意思。夏历指日月交会为朔日,朔日就是每月的初一。伏,是隐藏的意思。太阳在尾宿,故尾宿隐藏不见。鹑,指鹑火星,在柳宿九度至张宿十六度之间。按,《礼记·月令》:"孟冬之月,日在尾,昏危中,旦七星中。"这里所谓鹑,当指星宿。火中,就是"鹑火中"的意思。天策,星名。

日在尾,月在策,月亮比太阳走得快,半夜日月交会于尾宿,到了天明,月亮已经走到了天策星的所在了。

下面按经、史、子、集,举例说明学习古代汉语要学点天文的重要性。

一　经部

《书·尧典》:
> 乃命羲和,钦若昊天,历象日月星辰,敬授民时。
> 日中星鸟,以殷仲春;
> 日永星火,以正仲夏;
> 宵中星虚,以殷仲秋;
> 日短星昴,以正仲冬。

"日中""宵中"指昼夜平分,即春分、秋分。"日永"即昼长夜短,指夏至。日短,即昼短夜长,指冬至。春分之日,昏七星中,七星是朱雀七宿的第四宿,所以说"日中星鸟";夏至之日,昏心中,心宿又名大火,所以说"日永星火";秋分之日,昏虚中,所以说"宵中星虚";冬至之日,昏昴中,所以说"日短星昴"。古人不懂岁差,所以得不到正确的解释,只好含糊其辞。例如《礼记·月令》说:"仲冬之月,日在斗,昏东壁中。"那么,应该说"日短星壁",怎么说成"日短星昴"呢?所以孔颖达只好含糊其辞,说"昴,白虎之中星,亦以七星并见,以正冬之三节"。直到唐一行才解了这个迷,宋蔡沈《书集传》采用僧一行的说法,以岁差的道理证明,尧时冬至日在虚,昴昏中。

《书·尧典》:
> 期,三百有六旬有六日,以闰月定四时,成岁。

这是说,太阳一周天共三百六十五又四分之一日,举整数来说,就是三百六十六日。阴历每年只有二百五十四日(或二百五十五日),所以要用闰月来解决阴阳历的矛盾,否则春夏秋冬四时就乱了。"岁"和"年"不同:"岁"指阳历,"年"指阴历,所以说

"以闰月定四时成岁"。

《诗·召南·小星》：

  嘒彼小星，维参与昴。

参，参宿。参宿七星，均属猎户座，白虎七宿之末宿。昴，昴宿。昴宿七星，六属金牛座，白虎七宿之第四宿。

《诗·鄘风·定之方中》：

  定之方中，作于楚宫。揆之以日，作于楚室。

定，星名，即室宿，又名营室。中，中天。夏历十月（孟冬），昏营室中，这时可以营造宫室。揆，量度。树立八尺的臬（测日影的标杆），度太阳出入之影，以定东西；又参照太阳正中之影，以正南北。

《诗·郑风·女曰鸡鸣》：

  女曰鸡鸣，士曰昧旦。子兴视夜，明星有烂。

"明星"，星名，即启明。启明是金星的别名。由于它比太阳先出，所以叫"启明"。金星晨见东方为启明，昏见西方为长庚。

《诗·小雅·大东》：

  维天有汉，监亦有光。跂彼织女，终日七襄。
  虽则七襄，不成报章；睆彼牵牛，不以服箱。
  东有启明，西有长庚。有捄天毕，载施之行。
  维南有箕，不可以簸扬；维北有斗，不可以挹酒浆。
  维南有箕，载翕其舌；维北有斗，西柄之揭。

汉，指银河；织女，指织女星。牵牛，指牛宿（不是"牵牛星"）。箕，指箕宿；舌，指箕宿下边的两星。斗，指斗宿，即南斗（不是北斗）。柄，指斗柄。

二　史部

《左传·僖公五年》：

> 凡分、至、启、闭，必书云物。

分，指春分、秋分；至，指夏至、冬至；启，指立春、立夏；闭，指立秋、立冬。

《史记·天官书》：

> 北斗七星，所谓璇玑玉衡，以齐七政，杓携龙角，衡殷南斗，魁枕参首。

《索隐》引《春秋运斗枢》云："斗第一，天枢；第二，璇；第三，玑；第四，权；第五，衡；第六，开阳；第七，摇光。"第一至第四为魁，第五至第七为杓(biāo)。携，连。

龙角，即角宿。殷，中。南斗，即斗宿六星。参，指参宿。

《汉书·天文志》：

> 汉元年十月，五星聚于东井。以历推之，从岁星也。

汉元年十月，是沿用秦代的十月，等于夏历七月。五星聚，也叫五星联珠，指金、木、水、火、土五行星同时并见于一方。东井，即井宿。岁星，即木星。

《后汉书·天文志》：

> 元初元年三月癸酉，荧惑入舆鬼。

元初元年三月癸酉，即汉安帝元初元年(公元一一四年)阴历三月十二日。荧惑，即火星。舆鬼，即鬼宿。

三　子部

《吕氏春秋》：

> 孟春之月，日在营室，昏参中，旦尾中。
> 仲春之月，日在奎，昏弧中，旦建星中。
> 季春之月，日在胃，昏七星中，旦牵牛中。
> 孟夏之月，日在毕，昏翼中，旦婺女中。
> 仲夏之月，日在东井，昏亢中，旦危中。

季夏之月，日在柳，昏心中，旦奎中。

孟秋之月，日在翼，昏斗中，旦毕中。

仲秋之月，日在角，昏牵牛中，旦觜嶲中。

季秋之月，日在房，昏虚中，旦柳中。

孟冬之月，日在尾，昏危中，旦七星中。

仲冬之月，日在斗，昏东壁中，旦轸中。

季冬之月，日在婺女，昏娄中，旦氐中。

孟春，正月；仲春，二月；季春，三月；孟夏，四月；仲夏，五月；季夏，六月；孟秋，七月；仲秋，八月；季秋，九月；孟冬，十月；仲冬，十一月；季冬，十二月。日，太阳。在，指太阳行到什么星宿的所在，叫作"日躔"。昏，黄昏时候；旦，天亮时候。中，中天，指某星宿走到了正中最高的位置。营室、参、尾、奎、胃、七星，牵牛、毕、翼、婺女、东井、亢、危、柳、心、斗、角、觜嶲、房、虚、东壁、轸、娄、氐，都是星宿名。营室，即室宿；七星，即星宿；牵牛，即牛宿；婺女，即女宿；觜嶲，又作觜觽（guī），即觜宿；东壁，即壁宿。弧，即弧矢，星名，在鬼宿之南，近井宿。建星，近斗宿。

读《左传》"宫之奇谏假道"时，可以拿《吕氏春秋》对照。《吕氏春秋》说："孟冬之月，日在尾，昏危中，旦七星中。"《左传》的"龙尾伏辰"就是日在尾；"鹑之贲贲""火中成军"，就是旦七星中，因为七星是属于鹑火这个星次的。

《淮南子·天文训》：

十五日为一节，以生二十四时之变。斗指子则冬至；加十五日指癸，则小寒；加十五日指丑，则大寒；距日冬至四十六日而立春；加十五指寅，则雨水；加十五日指甲，则雷惊蛰；加十五日指卯，中绳，故曰春分；加十五日指乙，则清明；加十五日指辰，则谷雨；加十五日则春分尽，故曰有四十六日而立夏；加十五日指巳，则小满；加十五日指丙,则芒种;加十五日指午,则阳气极,故曰有四十六日而夏至;加十五日指丁,则小暑;加十五日指未,则大暑;加十五日而夏分尽;故曰有四十六日而立秋;加十五日指申,则处暑;加十五日指庚,则白露降;加十五日指酉,中绳,故曰秋分;加十五日指辛,则寒露;加十五日指戌,则霜降;加十五日则秋分尽,故曰有四十六日而立冬;加十五日指亥,则小雪;加十五日指壬,则大雪。加十五日指子,故十一月日冬至。

这是讲二十四节气。十五日为一个节气。二十四时,这里指二十四个节气。斗,指北斗的斗柄。子、丑、寅、卯、辰、巳、午、未、申、酉、戌、亥、甲、乙、丙、丁、戊、己、庚、辛、壬、癸,指斗柄所指的方向。中绳,指昼夜平分。这一段话说明了天文和历法的关系。

《论衡·偶会篇》:

　　火星与昴星出入,昴星低时火星出,昴星见时火星伏。

火星,即心宿;昴星,即昴宿。见,出现。伏,不出现。心宿在东方,昴宿在西方,此出彼没,各不相见。这"参商不相见"是一样的道理。

四　集部

《古诗十九首》之七:

　　玉衡指孟冬,众星何历历!

　　…………

　　南箕北有斗,牵牛不负轭。

玉衡,北斗第五星,这里指斗柄,指孟冬,斗柄指着阴历十月的方向,即亥方(参看上文所引《淮南子·天文训》)。南箕,南有箕宿。北有斗,北有斗宿。斗指南斗,由于在箕宿之北所以说"北有斗"。牵牛不负轭,即《诗经》"睆彼牵牛,不以服箱"的意思。

《古诗十九首》之十:

> 迢迢牵牛星,皎皎河汉女。
> 纤纤擢素手,札札弄机杼。
> 河汉清且浅,相去复几许。
> 盈盈一水间,脉脉不得语。

牵牛星,这里指河鼓。河鼓三星,与织女星隔河相对。河汉,指银河。河汉女,指织女。

曹植《洛神赋》:

> 叹匏瓜之无匹兮,咏牵牛之独处。

匏瓜,星名,一名天鸡,在河鼓东。牵牛,这里乜是指河鼓。

王勃《滕王阁序》:

> 星分翼轸,地接衡庐。

翼轸,指翼宿和轸宿。据《越绝书》,翼轸是南郡、南阳、汝南、淮阳、六安、九江、庐江、豫章、长沙的分野。

骆宾王《狱中咏蝉》诗:

> 西陆蝉声唱,南冠客思深。

西陆,指昴宿,这里指秋天。司马彪《续汉书》"日行西陆谓之秋"。南冠,指囚犯。《左传》成公九年:"南冠而系者谁也?"

陈子昂《春夜别友人》诗:

> 明月隐高树,长河没晓天。

长河,指银河。

沈佺期《夜宿七盘岭》诗:

> 山月临窗近,天河入户低。

天河,指银河。

张说《恩制赐食于丽正殿书院宴赋得林字》诗：

> 东壁图书府，西园翰墨林。

东壁，即壁宿。《晋书·天文志》："东壁二星，主文章，天下图书之秘府也。"

岑参《冬夜宿仙游寺》诗：

> 太乙连太白，两山知几重？

太乙太白，皆星名。这里指终南山。

李白《蜀道难》诗：

> 扪参历井仰胁息，以手抚膺坐长叹。

参，参宿；井，井宿。参宿是益州的分野，井宿是雍州的分野。蜀道跨益、雍二州，故云。

杜甫《赠卫八处士》诗：

> 人生不相见，动如参与商。

参，参宿。商，即心宿。参在西，商在东，所以不能同时出现在天空。

杜甫《秋日送石首薛明府》诗：

> 紫微临大角，皇极正乘舆。

紫微，星座名，三垣之一，古人认为是天帝之座。大角，星名，是北天的亮星，即牧夫座α星，古人以为是天王座。

杜甫《赠王二十四侍郎契》诗：

> 一别星桥夜，三移斗柄春。

星桥，即七星桥。《华阳国志》："李冰守蜀，造桥七，上应斗魁七星。"斗柄，指北斗的柄。三移斗柄春，指时间过了三年。斗柄指东，天下皆春。

杜甫《送李八秘书赴杜相公幕》诗：

> 南极一星朝北斗，五云多处是云台。

北斗，即大熊座。三台，上台、中台、下台，共六星。《晋书·

天文志》:"在人曰三公,在天曰三台。"

杜甫《泊松滋江亭》诗:

今宵南极外,甘作老人星。

南极,泛指南天,也专指老人星。老人,星名,即龙骨座,在弧矢南。古人以为是寿星,指寿。

韩愈、孟郊《城南联句》:

文升相照灼,武胜屠搀抢。

搀抢(chēng),也作搀枪、天搀、天抢,慧星名。《史记·司马相如传》正义引《天官书》:"天搀长四丈,未锐;天抢长数丈,两头锐。其形类慧也。"

苏轼《江城子》词:

会挽雕弓如满月,西北望,射天狼。

天狼,星名,即大犬座α星。《晋书·天文志》:"狼一星,在东井南,为野将,主侵掠。"

秦观《鹊桥仙》词:

纤云弄巧,飞星传恨,银汉迢迢暗度。

飞星,指牛郎、织女;银汉,指银河。

以上所举经史子集的一些例子,足以说明我们读古书需要具备一点天文历法的知识。

读古史的人,应该知道古代的历法。古代以干支纪日,逢朔日则加"朔"字。从朔日可以推知某月某日。例如《左传·僖公三十二年》:"冬,晋文公卒。庚辰,将殡于曲沃。"我们推知庚辰是鲁僖公三十二年十二月十日。《资治通鉴·肥水之战》:"八月戊午,坚遣阳平公融督张蚝,幕容垂等步骑二十五万为前锋。……甲子,坚发长安戎卒六十余万。"我们推知戊午是晋太元八年(公元三八三年)八月初二日,甲子是八月初八日,因为八月朔日(初一)是丁巳。那么,我们怎么知道哪一天是朔日呢?

那就是天文学的问题。日月交会之日为朔日,所谓合朔。

每月最后一日叫作"晦",最初一日叫作"朔","晦"与"朔"是相连的,晚上没有月光,所以叫"晦"。《说文》有一个"朓"字云:"晦而月见西方谓之朓。"这是历法未密之所致。

《春秋经·襄公》二十七年:"冬十有二月,乙卯朔,日有食之。"《左传》:"十一月乙亥朔,日有食之。辰在申,司历过也,再失闰矣。"这里有两个问题:(一)《春秋》经所载日食的月日与《左传》不同,是谁错了?(二)《左传》说是"失闰",为什么?这也都是历法问题。杜预说:《左传》是对的,因为依长历推算,应该是十一月,不是十二月。杜预又说:周历十一月等于夏历九月,夏历九月应该是斗建指戌,不该是指申("辰在申")。鲁文公十一年三月甲子到襄公二十七年共七十一年,应该有二十六个闰月,现在按长历推算只有二十四个闰月,可见漏了两个闰月("再失闰")。依杜预的意见,这里应该说九月乙亥朔才对(等于夏历七月),这是春秋时代司历(主管历法的官)的错误。

由此可见,读古史的人要懂一点历法;而要懂一点历法,必须先懂一点天文。

罗庸(1900—1950),字膺中,号习坎,笔名有:耘人、佗陵、修梅等。蒙古族,原籍江苏江都,出生于北京。中国著名古典文学研究专家和国学家,是清初扬州八怪之一"两峰山人"罗聘的后人。1917年进入国立北京大学文科国学门学习,1922年进入国立北京大学研究所国学门进修研究生,1924年毕业后,先在教育部任职兼北大讲师,后任女师大、北师大教授。1926年参与创办华北大学。1927年应鲁迅之邀,任国立中山大学中文系教授兼系主任。1931年任浙江大学教授。1932年起任教国立北京大学。1937—1938年任教长沙临时大学与国立西南联合大学、云南大学。1939年秋,任北大文科研究所导师兼西南联合大学中文系主任。1944年任云南大学特邀导师。1946年任昆明师范学院国文系教授兼主任。1949年赴重庆,在梁漱溟创办的勉仁文学院任教。1950年病逝重庆北碚。

罗庸作为一位古典文学研究专家,自己也擅长诗词骈文。他最广为人知的是曾填写了一阕《满江红》,作为西南联大校歌:

"万里长征,辞却了五朝宫阙,暂驻足衡山湘水,又成离别。绝徼移栽桢干质,九州遍洒黎元血。尽笳吹弦诵在山城,情弥切。

千秋耻,终当雪。中兴业,须人杰。便一成三户,壮怀难折。多难殷忧新国运,动心忍性希前哲。待驱除仇寇复神京,还燕碣。"

我与《论语》

罗 庸

在去年八月里,王维诚先生和我相约,要我和儒学会的各位谈一次话,但因大家都忙着自己的事,转眼四五个月,始终没有实行。

上星期,王先生又提起这事。我问知儒学会不过有五六位会员，便约定选一个星期六的晚上，在我家里谈一谈；但恰好前两周正为几位担任《一年级国文》的朋友述说我为本校一年级国文选一书选定《论语》十章的经过，假定他们几位也高兴参加，我家里便坐不下。因此和王先生商量，不如找一个教室，公开谈一谈，也许有些别位同学高兴来听。这便是今晚讲演的由来。

我根本不懂哲学。儒学呢，至今也还没有懂。本不配来说话。但儒书毕竟读过一些，因此定了这个题目，想把自己读《论语》的经过，向各位报告一下，或者比较切实些。

我同《论语》见面很晚，因为先父深恶无实之学，一心期望我做一个好的中医。所以我发蒙读的书是《王叔和脉诀》，而不是《三》《百》《千》和《大学》《中庸》。直到九岁上才读到《论语》，又因幼时多病，直到十二岁才算把《论语》读完。又读了《孟子》和半部《诗经》，便离开家塾，进了学校。这时对《论语》的印象，是只觉得和平简易，不如《孟子》的大气包举，剑拔弩张，此外就没有什么了。

十四岁进了中学，在同班中比较算年纪小的，但功课并不比年长的同学坏。在小学时考试争第一的恶习，这时候又移到中学里来了。却不料有一位姓叶的同学，年纪比我还小一岁，但是聪明绝顶。作得很好的柳文，写一手极漂亮的成亲王小楷，说一口好英文。两个人都自以为稳拿第一，便同成各不相下。论天资我比他差得远，但我的图画手工成绩比他强，平均下来，第一还是落在我头上。因此两个极要好的朋友，却终日因互嫉而吵嘴，闹得地覆天翻。

同班中还有一位姓王的同学，名讷，字畏愆，人如其名，是一位极笃实长厚的青年，我们大家都以兄事之，对于我们这种褊嫉浮嚣，常加规正。但有时闹得太厉害了，他便默不作声。

这一年大概是民国四年吧，我十六岁。夏天将要放暑假的时候,我同叶又闹起来了,这一回闹得很凶。下午放学的时候,王畏愈过来和我说:"我送你一段路吧。"我点点头,便同他一齐走出校门。

我的中学母校在北平东城史家胡同。学生一律走读。我家住东四牌楼北,王畏愈则住崇文门外。每天照例是在史家胡同西口分手,各自回家的。这一天他陪我向北走,我沿途还是絮叨着叶的问题:某一句话分明是嘲弄我,某一个动作分明是揶揄我,说个不休,而他则始终不作声。

走到东四牌楼,他站住了,说:"我不能送了。"那面容非常严肃。接下的一句却是:"你念过《论语》没有?"我答道:"我念过的呀。"他更严肃了,厉声说道:"记着,不逆诈,不亿不信。回去吧。"说完,转身向南,岸然道貌地走了。

我像触了电,半天动不得身,也不知是感激,还是忏悔。最后一溜烟跑回家,马上把《论语》这一章翻开,正襟危坐地对着书直到更深。

从这一次开始懂得了读书要引归自己,在我为学的历史上是一个很大的纪念,终身不敢忘的。只可惜这两位好友,在二三十岁左右,却不幸先后夭亡了。

此后《论语》便成了我的老师,生活上有了问题,便在《论语》中求解答,得益之多,不可言喻。假如能守而勿失,是不会像后来那样荒唐失据的;不料习气深厚,本根浅弱,十七岁后,又复走入了歧途。

十七岁的夏天,忽然发心要读《庄子》。便找了一部郭注,连注点读。但无论如何不能懂,一个暑假中,从头到尾点了七遍,结果还是不懂,只好放下。同时又爱上了陶诗,长夏无事,在我那一间槐阴深覆的小书屋里,念着"孟夏草木长,绕屋树扶疏",觉得在我读过的书中,除《论语》外,最亲切有味的,要算陶诗了。

十八岁进了北大文科国文门,真有点目迷五色。这时国文门完全是余杭章氏学风,《国粹学报》差不多是同学们课外必读的课物。我自己呢,在图书馆的贵重书库中,又爱上了广仓学窘出版的王静安先生的著作。在外面,《新青年》和《新潮》两本杂志,又正在风行一时。我对于哪一方面都喜欢,同时对于哪一方面也不满意,成了"既不能令,又不受命"的"绝物",内心苦闷万分,直没有个解决处。就是这样过了三四年,当中算是梁漱溟先生的《东西文化及其哲学》出版,碰着了我的问题,但我对梁先生所讲,并不能完全了解。这三四年中,尽读周秦诸子,结果除了增加些浮泛见解以外,了无所得。

二十一岁这一年,苦闷到几乎要自杀,却遇见了一位学佛的朋友,劝我念佛修净土。我欣然接受,从此茹蔬持名,一下去便是九年。

从此热心于居士生活,寺庙讲筵,几无空过。先后听的看的经典,却也不少。实际上,恐怕只是记了许多名相。但有一天无意中翻《庄子》,却似乎比从前明了了许多。

这一似乎明了可就坏了。靠了自己一点浮明,便在我教书的学校中,大讲其《庄子》。话越说得圆,越自鸣得意,而狂妄亦愈甚。粗疏廓落,唐大虚骄,真可算诸恶毕备。二十七岁这一年,又参加韩德清居士所办的三时学会,听讲瑜伽,解深密,学得了许多分析名相的知见。虚骄之外,反转又加了吝私。

我一直未出国门,二十八岁这一年,忽然有机会代表一个学会出席日本东京帝国大学,也顺带参观了几处日本寺院。旧习难除,在京都和名古屋,搜集了不少日本人做的关于因明的书,预备回来和别人夸多斗胜。但这一次旅行,亲见日本人对于中国的处心积虑,和中国人自己的糊里糊涂,两相比照之下,给了我很大的刺激。我已不大敢再游心于浮妄的空谈了。

这一年正是民国十六年,大多数朋友都已南下。我也在十七年的春上,从北平到了南京。

到南京第一件事是到支那内学院参拜欧阳竟无先生和吕秋逸先生。这时我心中已另有了许多新问题,欧阳先生短短的谈话,我并不能十分领略。十七年的秋末,我便由上海到了广州。

在广州中山大学的三年中,对于我十年来的生活态度是一个很大的转变。这时梁漱溟先生正在广州主办省立第一中学,梁门诸子都是笃行不务外一流,尤其是亡友王平叔先生维彻,益我最大。他的言论恰好针对了我的病痛。闻过的机会愈多,反省的心也愈真切,往日不自觉知的毛病,这时才又慢慢地发现出来。

尤其是数年来从北到东,从东到南,见闻所及,学得了很多的事情,于实际问题,颇有所见。但积年锢习,必待碰了大钉子才肯回头。

中山大学国文系有一门课程叫诸子文,我到中大这一年,便开始由我担任。第一学期当然讲《庄子》,靠了从前的那一套狂妄,居然引了许多学生来听。第二学期讲《老子》,依然说得天花乱坠。第三学期讲《荀子》,已经觉得有些吃力。第四学期居然大胆讲《论语》,这一回算是给了自己一个绝大的教训。

话又说回到几年以前,在民国十四五年的时候,我因为看了阮元《揅经室集》里的《〈论语〉论仁论》,黄以周的《经训比义》,陈澧的《汉儒通义》,刘申叔先生的《理学字义通释》,有所启发,便把《论语》中关于论学、论礼的话类抄起来,拿来解释"吾十有五而志于学"一章,自谓训诂颇有义据。其实对于这一章全未了解,结果害得梁漱溟先生从北平西郊大有庄跑进城来,亲自登门下问,以为我真懂这一章。直闹得我手足无措。现在既要教这书,便把这一套老家当搬出来,编了一种讲义叫《论语本证》,意在以本书证本书,不至于跑野马。孰知刚刚上了一点钟,便自觉有些说话实在多余。以后每上一点钟,便自觉话越多越讨厌。一再减损的结果,只好光念本文。学生听了兴味索然,便相率退席。讲到末了,师弟交困,勉强收场。

这一回使我深切感到儒学要在力行亲证,决不许你徒腾口说。凡在别的子家可以应用的知见言说,到《论语》全用不上。真是一钉一板,毫无走作,全身毕现,直下承当,才许你入得几分。二十岁前后养成的浮华积习,辗转十年,才算又得到一番忏悔。

民国二十年夏回到杭州住了一年,逭其时熊十力先生住在湖上,正在写《新唯识论》。马一浮先生则本来住在杭州。暇日常到两位先生处去请益,这一年受益最大。这一年才把宋明理学和清代大儒的书,检重要的粗粗读过一遍。而朱子和曾文正两家,感我最深。因为我一向的毛病,是最不细密,最不着实的呀!

二十一年秋回到北大,改任文学史和诗词方面的课,这对于我是最好的寡过之道,因为教文学史和诗总不会怎样惑世诬民。十年以来,和朋友们也不大谈这一方面的话;除了二十七年秋在蒙自讲过一次《孟子》以外,很不愿把此学作为一场话说,一方面自己也实无把握。前年,大一国文委员会选定教材,大家推我选《论语》,这才又把从前的《论语本证》稍加删汰,便是现在大一国文选里的《论语》十章。直到前两周为担任大一国文的各位说《论语》,才有今天这一次讲演。屈指三十四个年头,为了自己习气深厚,根器浅劣,不肯着实向学,因循自误,走了许多冤枉路。到如今愆尤丛集,寡过未能,一部《论语》对于我竟无真实受用,真是惭愧万分。

到了今天,对于《论语》一书,实在还没有懂;也就是对于儒学没有懂。不过感想所及,有几点是值得提出来说的:

儒学是求仁得仁之学。要在力行,才有入处。大家如能在躬行日用上改过迁善,反己立诚,以体验所得,反求之《论语》,那便终身受用不尽。否则入乎耳出乎口，仅作一场话说，纵令不是仰天而谈，也于自身全无交涉。

圣人之言，决无偏小，一言一字，当下皆圆。即如"学而时习之"一句，便是彻上彻下，无欠无缺。了得此句，便是一圆一切圆，更无短少。切不可私心摆布，谈什么哲学体系，构画搏量，自塞通途。

圣人之心，与天地参，周流六虚，旁行无碍，识得此意，全局皆活，更无一物死于句下。一切进退因革，质文损益，如指诸掌，百世可知。意必固我之私，须知皆是障道之具。

学者要紧先取"吾十有五而志于学"一章，和"颜渊喟然叹曰"一章，互相参照，反复玩味。且莫高谈性与天道，先认得孔子自述"十室之邑，必有忠信如丘者焉，不如丘之好学也"和叹息颜渊的话"今也则亡，未闻好学者也"两章，便知"好学"二字，即已超凡入圣。才说下学，便是上达，更不须别寻门路。方知《论语》之记者，首着"学而时习之"一句，具有深意。大家且先办取一个真切志学的心，以后工夫，自不难水到渠成，迎刃而解。切不可好高骛远，舍己耘人，耽误了切己工夫。这是我一点很恳切的意思。

今晚随想随谈，有许多词不达意、疏谬之处，希望各位指教。

雷海宗(1902—1962),字伯伦,河北省永清县人,中国历史学家,中国世界史学科的主要奠基人,与梁启超、蒋廷黻、郑天挺并称"南开史学四大家"。

1922年毕业于清华大学,后公费留学美国,在芝加哥大学攻读历史和哲学。1924年入该校研究院历史学研究所深造。1927年获哲学博士学位,同年返国。曾任南京中央大学史学系教授、系主任,金陵女子大学历史系教授和中国文化研究所研究员。1931年任武汉大学史学系和哲学教育系教授。1932年后任清华大学和西南联合大学历史系教授,曾任历史系主任和文学院代理院长。1952年任南开大学历史系教授。

雷海宗以博闻强记、自成体系、贯通古今中外著称,长期从事历史教学,培养了众多史学名家,有"声音如雷,学问如海,史学之宗"的美誉。

五胡乱华*

雷海宗

一 背景

土著开化的富裕地带对于游牧民族有不可抵御的诱惑。除非土著人民有能力把他们完全歼灭或驱逐到绝远的地方,这些逐水草而居的人终究要冲破文明区域的壁垒。中国北边及西北的民族,只有北匈奴曾被驱逐远窜,但一大半是靠南匈奴与西北羌胡的助力。至于任何异族的完全歼灭,在漫无涯际的沙漠旷野中

---

* 现表述为"五胡入华"。——编者注

全谈不到。中国因此感到只有容他们进到边地居住,给他们一种享受文明社会生活的机会,才能满足他们的欲望,减少他们不断扰边的麻烦。同时中国自己也相信夷狄移近内地易于监视控制。所以两汉魏晋数百年来中国就一贯地实行这种双方尚可满意的政策。这是中国对于外族不能捕灭、不能逐远,最多只能战胜,而往往被战败的局面之下不可避免的政策。

但中国既把夷狄迁近内地,却无通盘的计划,一任地方官摆布。地方官对他们不知拉拢,往往欺压掳掠,不只时常引起叛乱,并且使他们对中国发生恶感,时刻怨恨,因而阻止了他们华化的趋向。数十年以至数百年与中国人杂处而不同化,这是后代所绝无的例子。夷狄中最著名的被中国人欺侮的例子恐怕就是石勒。

石勒是上党武乡(今山西榆社北)人,其祖父和父亲当过部落小帅,但社会地位并不高。石勒从小在家务农,因家境贫寒,没有机会读书,目不识丁,14岁便出外谋生,曾随同族人在洛阳当小商贩,后来又当过雇工。石勒在当小贩时异常贫苦,甚至为争一块麻地与邻居李阳数次殴斗。其后并州刺史东瀛公司马腾,令将军郭阳、张隆等,虏捉诸胡,两人共锁于一枷,驱向山东(太行山以东一带)出卖。二十多岁的石勒,也在被掠卖者之中。到山东后,石勒被卖与茌平(山东茌平县①)人师懽家为奴。石勒的青少年时代,就是在不断被汉人豪强驱赶、贩卖中度过的。

除以上种种因缘之外,东汉建都洛阳的失策也与五胡乱华有关系。若都长安,西北或者不致大半成为羌胡的居地。由长安方面看,并州,最少并州南部,是后方内地,或者也不致由匈奴任意蔓延占据。所以建都洛阳无论本意如何,结果等于向夷狄表示退缩,把西北与正北的国防要地拱手让人。明朝永乐皇帝为防备蒙

---

① 今山东聊城市茌平区。——编者注

古南侵,将国都迁到离蒙古人比较近的北京,就是出于此种考虑。建都长安不见得能永久防止胡人内侵,但建都洛阳的确给外族一个内侵的莫大便利。刘渊起事是中原正式沦丧的开始,但实际上中原的一部分,并且是国防上最重要的部分,早已成了胡人的势力。

上列种种原因虽很重要,但可说都是可轻可重的外因。根本计来,五胡乱华还是由于政治瓦解、民气消沉的严重内因。

二　中原沦丧

由刘渊起事到元魏统一中原,中国经过一百三十六年的大乱,就是所谓五胡十六国的时代,最早发动的就是自汉宣帝以下蔓延内地的并州匈奴。所谓大晋一统的虚伪局面被立刻揭开,真正抵抗的能力全告缺乏。怀帝永嘉三年(309),刘渊派儿子刘聪两次进攻洛阳。永嘉四年(310),刘渊死,刘聪继位。这时洛阳周围地区或遭破坏,或为刘聪、石勒占领,洛阳饥困日甚。掌权的东海王越,眼看洛阳难守,遂以出讨石勒为名,率领仅有的一些军队和满朝文武公卿离开洛阳,东屯项。永嘉五年(311)三月,司马越病死。石勒率骑追司马越军,在苦县宁平城(今河南郸城东北)大败晋兵,"从骑围而射之,将士十余万人相践如山,无一人得免者"(《资治通鉴》卷八七"晋怀帝永嘉五年")。同年五月,刘聪攻陷洛阳,晋王公百官及百姓死者三万多人。怀帝被掳到平阳。

但这些外族大半都受过中国文化的影响,占领中原之后就极力汉化,甚至忌讳"胡"字。后赵王朝的建立者石勒,本是入塞的羯族人。他在襄国(今河北邢台)登基做皇帝后,对自己国家的人称呼羯族人为胡人大为恼火。石勒制定了一条法令:无论说话写文章,一律严禁出现"胡"字,违者问斩不赦。可见此前中国对他们的虐待是防止他们汉化的最大原因。但"非我族类",种族间的冲突难免。外族多年的怨气至此方得任意发泄。胡人对汉人往往故意侮辱或大规模地屠杀,汉人只好忍受。史书记载羯族军队行军作战从不携带粮草,而是掳掠汉族女子作为军粮,羯族称之为"双脚羊",意思是用两只脚走路像绵羊一样驱赶的奴隶和牲畜。

但胡人最少有一次得了临时报复的机会。公元349年,羯赵皇帝石虎死后,其子十余人互相残杀。公元350年正月,冉闵杀死羯赵皇帝石鉴,同时杀死石虎的三十八个孙子,尽灭石氏。其后冉闵即皇帝位,年号永兴,国号大魏,史称冉魏。冉闵建魏后,便颁下《杀胡令》:"凡内外六夷胡人,敢持兵仗者斩,汉人斩一胡人首级送凤阳门者,文官进位三等,武职悉拜东门。"冉闵亲自带兵击杀邺城周围的胡人,三日内斩首二十余万,尸横遍野,同时冉闵还扬言要六胡退出中原,"各还本土",否则就将其统统杀绝。

三 汉族南迁

五胡乱华时的丧乱情形恐怕是前此内乱时所未有。许多地方的人(除一部分绝对运命论的信徒)都觉得不能再继续支持,只有另寻乐土。巧逢晋室有人见到这一层,在江东已立了新的根据地,于是中原的人士就大批地渡江避乱。

当时,琅邪王司马睿为镇东大将军,都督扬、江、湘、交、广五州诸军事,驻建邺(因避愍帝司马邺讳,改称建康,今江苏南京)。因为江南比较稳定,当权的官僚们极力设法把自己的子弟、亲属安插到江南任地方官吏,以为将来自保之地。如宰相王衍就任命其弟王澄为荆州刺史,族弟王敦为扬州刺史。在永嘉南渡时,北方的许多士族、大地主携眷南逃,随同南逃的还有他们的宗族、部曲、宾客等,同乡同里的人也往往随着大户南逃。随从一户大地主南逃的往往有千余家,人口达到数万之多。有的逃到广陵(今江苏扬州),有的逃到京口(今镇江)以南。(《晋书·王导传》曰:"洛阳倾覆,中州士女避乱江左者十六七。")

当时流亡的情景,我们只能想象,不能详知。但由丧礼的称谓问题就可知骨肉离散是如何的普遍。

方才过江的时候,一般的人还以为这不过是暂时的避难,并不是长久的迁移,但不久都渐渐觉得中原的故乡永无归还的希望。敌国外患似乎不是兴国的绝对良药,南渡之后政治的腐败、人心的麻木仍与先前一样。东晋孝武帝和司马道子,一君一相,耽于享受,官以贿迁。道子又好做长夜之宴,政事多阙。腐败的政治,加深了人民的痛苦。当时有人就曾上疏,指出:"时谷贱人饥,流殣不绝,由百姓单贫,役调深刻。"(《晋书·简文三子·会稽王道子传》)

四 南北分局

汉人渡江是出于不得已,野心较大的人总希望不久能恢复中原。东晋初年,在门阀士族忙于建立江南小朝廷的时候,著名将领祖逖毅然率军北伐。他率领旧部数百人过江。他中流击楫而誓说:"祖逖不能清中原而复济者,有如大江!"其辞色壮烈,众皆慨叹。

同时统治集团内的人实际上没有真正收复失地的能力,即或收复也没有继续保持的把握,并且一般的人也没有再回中原的意志。正当祖逖抓紧练兵,准备进军河北时,朝廷反而派戴渊为都督指挥祖逖,并扼制祖逖后路。祖逖眼见北伐功亏一篑,忧愤成疾,病死军中。

同时北方外族中的野心家却希望能克服长江的天险而吞并整个中国,但这也是时势所不许。从太元三年(378)起,前秦开始发动对东晋的进攻,占领了梁、益二州。尽管当时前秦国内民族矛盾仍然很严重,但苻坚企图一举统一全国。苻坚自认为兵强马壮,企图"投鞭断流"。不过,他没有充分估计到前秦内部尖锐的民族矛盾和东晋的军事实力,结果在淝水之战后换得个"风声鹤唳"的下场。苻坚退回北方后,北方重新分裂。

自此,南北分立的局面渐渐确定,在很长时段内无从打破。

江南虽未受胡蹄践踏,但两千年来以中原为政治文化重心的古典中国至此已成过去。然而在此后二百年间的南北分裂、胡华对立、梵汉合流的黑暗中,却孕育着一个新的中国。

毛子水(1893—1988),名准,字子水,出生于浙江衢州江山县(现浙江江山市),人称"五四时代百科全书式学者"。1913年考入北京大学理学预科,后升入本科攻读数学,1920年毕业留校工作,担任北京大学史学系讲师,1922年赴德国入柏林大学留学,先后三次旁听爱因斯坦讲课。1930年回国,任教于北京大学史学系,1932年担任北京大学图书馆馆长。抗日战争爆发后,毛子水护送北大图书馆的珍善本由长沙往桂林、虎门,过香港,经安南(今越南)海防,再由滇越路抵昆明,平安到达国立西南联合大学。1949年毛子水在台湾大学中国文学系教授课程,同时还担任台湾"中国语文学会"常务理事、《新时代》主编、"中央研究院"评议员等职。

五四运动爆发前,毛子水发起创办《新潮》,并发表了《国故和科学的精神》论著,成为当时思想启蒙新文化运动的先驱之一。毛子水给后人留下了丰富的精神遗产,近400篇论著涵盖理论、修养、科学、教育、儒学、时评、图书、人物、杂文等等。自1949年2月离开家乡经上海去台湾后,毛子水潜心研究,著书立说,培育后人,并在著述中寄托对家乡、对祖国大陆的眷念之情。针对猖獗一时的"台独"言论,毛子水在20世纪60年代初就奋笔疾书严加驳斥:"稍能思想的人,都知道台湾是决没有脱离祖国而独立的理由的。"

傅孟真先生传略(节选)

毛子水

傅先生,名斯年,字孟真,于清光绪二十二(耶历一八九六)年生于山东省聊城县北门里。祖父名淦,字笠泉,是一个拔贡生。父名旭安,字晓麓,是一个举人。在傅先生九岁的时候,他的父亲逝世。他的祖父,性孤介而学问渊博,便做了这个孙子的老师。

到了十三岁的时候,他随了侯雪舫(名延爽)先生赴天津入官立中学。这个侯先生,为山东省东平县人,是傅晓麓先生的学生,平日对他的老师很为尊敬。侯先生到北京会试,中了进士,回到家乡,则三十九岁的老师已因病故去了。他便把老师两个儿子的抚养和教育当作他自己的责任。(傅先生的兄弟,名叫孟博。)傅先生幼时文史的根底,除他的祖父外,受到侯先生培养的益处很多,就是他生平乐于帮助故人的子弟,恐怕侯先生的榜样亦不会没有几分影响的。

一九一三年,傅先生进了北京大学预科。那时的大学预科分甲乙两部:甲部偏重数学及自然科学;乙部偏重文史。傅先生入乙部,虽身体羸弱,时常闹病,但成绩仍是全部的第一。就笔者所记到而言,当时全校学生中,似乎没有比他天资更好的。

他于一九一九年毕业于国立北京大学中国文学系。在这年的秋天,他考上山东省的官费而留学英国。他在北京大学念书的时候,虽习中国文学系但于文学史学哲学各方面,都有很浓厚的兴趣。他心中以为治科学是治哲学的基础,所以赴英以后,即进伦敦大学治生理学,打算从生理学以通心理学而进于哲学。在英三年,于生理心理以外,亦兼治数学。一九二三年,他从英赴德进柏林大学。听讲的余暇,最初专研读马黑(Ernst Mach)的著作,于《感觉的分析》(*Analyse der Empfindungen*)和《力学》(*Mechanik*)二书尤为用心。他后来回国在北平任历史语言研究所所长的时候,好几次劝笔者把马黑的力学译成中文,大概是因为他自己在哲学上的成就,很得力于这部书的缘故。

傅先生于一九二六年由欧洲返国。于一九二七年赴广州任国立中山大学文科学长。一九二九年,改任中央研究院历史语言研究所所长。这个职务,他直担任到他生命完毕的时候。中间曾兼任北京大学名誉教授、北京大学代理校长等职。一九四八年的冬天,受命掌"国立台湾大学",遂于一九四九年一月十九日来台。一九五〇年十二月二十日,因台湾大学的事情,出席台湾省参议会。在会场中,于下午六时,猝患脑溢血,到了十一时二十二分逝世。

傅先生在学术上的成就,可以说从年纪很轻的时候便很有可观了。记得一九一四年的时候,他对笔者说道:"张皋文在清代学者中,什么学问都在第一流,而都不是第一人。"那时候的傅先生,还是一个十七八岁的青年学生。笔者听了这句话,虽然没有十分赞同他的意旨,但很惊奇他读书的广博,识见的高超。到了一九一六年的秋天,他由大学预科毕业而进入中国文学系的时候,于中国文史各科,至少可以说是"升堂矣"了。

在笔者的意见,他那时的志愿,实在是要通当时所谓"国学"的全体。惟以语言文字为读一切书的门径,所以托身中国文学系。三十余年以来,笔者虽然没有把这个意思问过他,但这个推测可以说和实在情形差不多。当时北京大学文史科学生读书的风气,受章太炎先生学说的影响很大。傅先生最初亦是崇信章氏的一人。终因资性卓荦,不久就冲其章氏的樊笼。到后来提到章氏,有时不免有轻蔑的语气。与其说是辜负启蒙的恩德,毋宁说是因为对于那种学派用力较深,所以对那种学派的弊病也看得清楚些,遂至憎恶也较深。

傅先生进中国文学系一年后,胡适之先生来北京大学任教。胡先生于应用科学方法以研究学问以外,兼提倡白话文,亦被称为新文学。当时在北京大学师生中,文言文写得不通或不好而赞成新文学的很多,文言文写得很通很好而赞成新文学的很少。傅先生便是后一类中的一个。只有这一类人,才可以说真正能够懂得用白话文的意义和道理。

一九一八年暑假后,傅先生约集了二十位同学,创立了新潮社,筹备发行一种杂志,叫作《新潮》。这个杂志的创刊号,是一九一九年一月一日出版的。我们现在试一翻读《新潮发刊旨趣书》,便可以知道傅先生那时对于学术思想的抱负和见解了。下面几节的意旨,到现在还值得注意:

> 群众对于学术无爱好心,其结果不特学术销沉而已,堕落民德为尤巨。不曾研诣学问之人,恒昧于因果之关系,审理不瞭而后有苟且之行。又,学术者,深入其中,自能率意而行,不为情牵。对于学术负责任,则外物不足萦惑,以学业所得为辛劳疾苦莫大之酬,则一切牺牲尽可得精神上之酬偿。试观吾国宋明之季,甚多独行之士,虽风雅堕落,政治沦胥,此若干'阿其所好'之人,终不以众浊易其常节。

> ……若是者岂真好苦恶乐异夫人之情耶?彼能于真理真知灼见,故不为社会所征服,又以有学业鼓舞其气,故能称心而行,一往不返。中国群德堕落,苟且之行遍于国中。寻其由来,一则原于因果观念不明,不辨何者可为何者不可为,二则原于缺乏培植'不破性质'之动力,国人不觉何者谓'称心为好'。此二者又皆本于群众对于学术无爱好心。同人不敏,窃愿鼓动学术上之兴趣。此本志之第三责任也。

> 本志同人皆今日之学生,或两年前曾为学生者,对于今日一般同学,当然怀极厚之同情,挟无量之希望。观察实情,乃觉今日最危险者,无过于青年学生。迩者恶人模型,思想厉鬼遍于中国,有心人深以为忧。……本志发愿协助中等学校之同学,力求精神上脱离此类感化。于修学立身之方法与途径,尽力研求,喻之于众。……此本志第四责任也。

在《新潮》的头五号里面，我们很可以看出这个青年编辑者思想和学术的造诣。在《人生问题发端》（第一号）一文里面，傅先生说道：

> 人人都有自己的哲学……我对于人生，不能没有一番见解。这见解现在却切切实实相信得过，也把他写了出来，请大家想想罢。
>
> 人生的观念应当是——
>
> 为公众的福利，自由发展个人。
>
> 怎样能实行这个人生观念，就是努力。

这个"努力""为公"的人生观，是傅先生的人生哲学，亦是傅先生三十年来立身的准绳。我们如果可以把四个字当作一篇伟大的传记，那么，这四个字就可以说是傅先生的自传。

在文学方面，则《怎样做白话文》《中国文学史分期之研究》（都在第二号）和《白话文与心理的改革》（第五号）三篇文章里，尽可看得出傅先生对于文学的见解。在《怎样做白话文》里面说：

> 我们所以不能满意于旧文学，只为他是不合于人性，不近人情的伪文学，缺少'人化'的文学。我们用理想上的新文字代替他，全凭这'容受人化'一条简单的道理。……所以我们对于将来的白话文，希望他是'人的文学'。

近来傅先生在《自由中国》第三卷第十期上所发表的批评萧伯纳的文章，亦可以说这个"人化"文学的主张的表现。违反人性的文学不是"人化"的文学，空洞无物的文章亦不是"人化"的文章。"七宝楼台"，仅可作为茶余酒后的赏玩的，更不是"人化"的文学。作者在傅先生逝世前一天曾对他说："这篇批评萧伯纳的文章，可以说是三十年读书的心得。"这并不是过誉。总之，这篇文章,不特是可以代表傅先生"人化"文学的见解,并且是在世界文学批评史中有极高地位的作品。

《新潮》第一卷第五号中载他的《对于中国今日谈哲学者之感念》一文,现在固然许多人都知道那些道理,在一九一九年则可以说是"开风气"的文字。

《新潮》一卷五号出来后,五四运动便发生了。傅先生在当时北京大学学生中,无疑的是新思想运动的领袖。但五四运动那样的发展和结果,以及后来的影响,则或许不是傅先生所预期所愿望的。他是憎恨腐朽的旧社会的,他是赞成改革的,他是主张人民在紧要关头应当作"人性"的表示的。但是用长久罢课等等的手段,似乎不合他的脾胃。他平日在谈话或文字中,似乎没有十分显扬"五四"的意思,难道是孔子"成事不说"的意思么?在这种地方,我们只好"疑以存疑"。

傅先生从欧洲回国后,对于中国学术思想的贡献,当然比在《新潮》时代的贡献大。他在中山大学文科的时代,可以说是中山大学用科学方法以研究文史的开始,他二十年以来办理中央研究院历史语言研究所的成绩,则举世都知道,用不着赘言。但我们在这里不得不特别提出的,便是:因为他这二十年来的努力,印出了许多本极有价值的集刊固然可贵,培植出许多第一流的人才更为可贵。

凡是认识傅先生的人,没有不知道他是一个热心爱国和公正无私的人的。他办事的认真和操守的廉洁,乃是没有人不知道的事实。但他仁爱恺恻的心肠,只有接近他的人才能常常于隐微的地方觉察到。当然,枉法徇情的事情,他是决不会做的。

他于一九三四年在北平和俞大綵女士结婚。俞女士具正直慈祥的德性,且长于中英文字,可以说是他的佳偶。他们有一个儿子,名叫仁轨,现在美国念书,功课极好。

傅先生的书法,风格在晋唐之间。但为学和文章的名声所掩,所以知道称誉的人很少。

至于傅先生的学术性的著作,"国立中央研究院"《院士录》(第一辑)中列有详目,这里从略。

傅先生是本刊发起人之一。他的突然弃世,固然是国家的大损失,亦是本刊的大损失。承雷儆寰先生的催促,匆匆草成这个传略,以为青年学生矜式嘉言懿行的取资。因《新潮》杂志,颇不易得,所以传略的前段,叙得详细一点。中有不合事实的地方,希望傅先生的亲友加以指正,以便修改。有一部分材料,是傅孟博先生供给的,理合声谢。至傅先生在史语所和台大的工作,则屈翼鹏先生在本刊本期的文章叙述得最翔实。请参看。

一九五〇,十二,十五,子水附记

陈梦家（1911—1966），曾用笔名陈漫哉，浙江上虞人，生于南京，中国现代著名古文字学家、考古学家、诗人、汉字学家、收藏家。

陈梦家在 20 世纪 30 年代的诗名很大，曾与闻一多、徐志摩、朱湘一起被称为"新月诗派的四大诗人"。他 16 岁开始写诗。其诗先学徐志摩，后学闻一多。1929 年 10 月，在《新月》杂志发表处女作新诗《那一晚》，引起诗坛瞩目。后又以"陈漫哉"为笔名发表大量新诗。其诗重视表现"自我"，注重音韵和谐及整体匀称，善于吸收格律诗特点写自由诗，对新月派的形成和发展影响较大，是后期新月派享有盛名的代表诗人和重要成员。1936 年 9 月，陈梦家获硕士学位，留燕京大学中文系任助教，从此全力专注于中国古文字学、古史学的研究。1937 年 7 月，全面抗战爆发，陈梦家由闻一多先生推荐，到长沙临时大学教授国文。是年秋，赴昆明西南联大任教。1944 年，经美国哈佛大学费正清教授和清华大学金岳霖教授介绍，到美国芝加哥大学讲授中国古文字学。1947 年夏，曾历游英、法、瑞典、丹麦、荷兰等国。他在国外以极大的爱国热情与惊人的毅力，备尝艰辛，致力于收集流散于欧美的我国铜器资料，并编写成册。1947 年秋，他自美国启程叵归祖国，继续在清华大学任教。1952 年，转为中国社会科学院考古研究所研究员，兼任考古所学术委员会委员。

《新月诗选》序言

陈梦家

一

新诗在这十多年来正像一支没有定向的风，在阴晦的气候中吹，谁也不知道它要往哪一边走。早上和黄昏的流云，本没有相同的方向,因为地面上直流的长河有着他们不变的边岸。中国的新诗,又比是一座从古就沉默的火山,这一回,突然喷出万丈光芒沙石与硫磺交杂的火焰,只是炫亮,却不是一宗永纯的灿烂。人,全有他们指望的永恒,但是风暴与虹一切天界奇丽的彩霞,总只是暂时间的美,不是永常的光明。所以尽管细,细得像一支山泉的水源,她静静地流,流过千重万重的山,在山涧里悄悄走着生命无穷的路,耐着性,并不有多大狂妄的夸张,她只是悄悄地无停留地流。渐渐的,她如蚕丝越吐越长,她也不要惊奇她所成就的宏伟的事业,因为她是一条长江的起源。那一时她流,流进了海口,当她回头一望几万里遥远的过程(她自己原没有想到那样长),再望到大海里自由与辽阔的世界,她怎样能不欢喜?

我们自己相信只是山涧中一支小小的水,也有过多少曲折蜿蜒的路程,每一段路使我们感到前面尽是无穷创造的天地。我们也曾遇到些石砾的阻碍,但我们有的是流不尽的气力,和一个永远前向的指望。背后流过那长长的流水不再欺骗我们,给了我们更深的信心,教我们淡忘了当前小小的阻碍,忍耐地开辟新的路子。我们欢喜,因为水总是越流越大,且不问她要成就的是一滩湖还是一流长河,但我们企望的是看得见大海,在大海里应和浪花的喧响的歌。我们厌弃寂寞。

十年来的新诗,又像一只小船在大海里漂。在底下有那莫可以抵抗汹涌的从好远的天边一层卷一层越过越强蛮的水浪,追着船顺着它行。但侧面那从更辽远的高山丛林间吹来的大风,也有难以对制的雄力,威胁风帆朝着它的方向飘。船只有一个舵,他要听从哪一方才好?我说,不是风,也不是水势。他应该一半靠着风一半靠水势,在风和水势两下牵持不下的对抗中,找一个折衷的自然趋向。

我们自己相信一点也不曾忘记中国三千年来精神文化的沿

流,(在东方一条最横蛮最美丽的长河)我们血液中依旧把持住整个中华民族的灵魂。我们并不否认古先多少诗人对于民族贡献的诗篇,到如今还一样感动我们的心。可是到了这个世纪,不同国度的文化如风云会聚在互相接触中自自然然熔化了。我们的小船已经不复是在内河里单靠水势或一根纤绳向前行,船出了海口在大洋里便不由你自己做主,因为风抵住你的帆篷!(她至少也有一半操纵的力量。)外国文学影响我们的新诗,无异于一阵大风的侵犯,我们能不能受她大力地掀动湾过一个新的方面?那完全是自然的指引。我们的白蔷薇园里,开的是一色雪白的花,飞鸟偶尔撒下一把异色的种子,看园子的人不明白,第二个春天竟开了多少样奇丽的异色的蔷薇。那全有美丽的,因为一样是花。

  我们再一计数十年来的航行,到底走了多少路程?不是吗?有的时候纡缓,因为安稳总是顶好;有的时候急速,谁都爱赶走快路;有的时候只来回地打转,船失了主张,船手有的招怪风有的招怪水势,向左向右,快,慢,伙计们各有各的主意,全不让步,来共同商议一致的策略。一支舵,不能撑开两样的方向。舵在船尾梢上,但另外一支舵是开船人的"齐心"。伙计们在驶行上多争执,不知耽误了多少行程。在沙滩上搁浅的时候,有的人就躺下睡着了。剩下那警醒的蛮壮的,齐心合力把船救出了沙滩,友谊与热诚的携手,一同认定一个方向走。现在船在海洋上,惊涛和礁石时常遇到,但是险恶中使他们知道谨戒,使他们坚强。

  我们自己相信是在同一方向努力的人。对于新诗,单凭了自己(这少数人)算是指出一个约略的方向,这方向,只是这少数人共同的信心。我们在相似或相近的气息之下,禀着同样以严正态度认真写诗的精神(并且只为着诗才写诗),我们希望一点苦心总不会辜负自己。现在我回顾过去五六年中各人的诗作,收集来作为我们热诚的友谊与共同的努力的纪念。中国写诗的人尽多，但我不打算做一次完全的收集，只凭这十数人小小努力的成绩，贡献在读者的面前，给他们一点整个的印象。功罪完全让给读者去评定，我们甘愿担当公正的罪名。

这诗选，打北京《晨报·诗镌》数到《新月月刊》以及最近出世的《诗刊》并各人的专集中，挑选出来的。我敢说，这里并没有可以使人惊异或赞美的光辉，我们不盼望立时间成就的"大"，尽管小，小得只要"纯"。几粒小小的星子，她只是黑夜里一个启示，因为未来的光旦有着更大的光芒，太阳伟大的灿烂是无可比拟的，数不到小星自己。

二

我们欢喜"醇正"与"纯粹"。我们爱无瑕疵的白玉，和不断锻炼的纯钢。白玉，好比一首诗的本质，纯粹又美；钢代表作诗人百炼不懈的精神：如生铁在烈火中烧，在铁砧上经过无数次大锤的挞打，结果那从苦打和煎熬中锻炼出来的纯钢，才能坚久耐用。我们以为写诗在各样艺术中不是件最可轻易制作的，他有规范，像一匹马用得着缰绳和鞍辔。尽管也有灵感在一瞬间挑拨诗人的心，如像风不经意在一支芦管里透出谐和的乐音，那不是常常想望得到的。精心刻意在一件未成就的艺术品上预先想好它最应当的姿态，就能换得他们苦心的代价。听人在三弦上拉出传神的曲调，尽是那么简单的三根弦，那么一弯平常的弓，和几只指头的播弄，自有他得神的"技巧"。谁能说他们的手指在琴弦上的播弄，不是经过了多少回的试验？一个天才难说从来就懂得最适当地位。一首好诗，固然定少不了那最初浸透诗人心里的灵感，就如灯，若使有油没有火去点是不会发亮的。但是小小一盏火，四面有风得提防要小心火焰落下去，你让怎样卫护已经点亮的火,使它在自己能力的圈子里发最辉煌的光。一个作诗人也要有如此细心与耐心。

匠人在方玉石上想要雕镂出奇美的图像,他先要有一个想象,再要准备好一把锐利的刀,又要手腕,要准确地把自己的想象描上玉石上,因为一个匠人最大的希望最高的成功是在作品上发现他自己的精神的反映。醇正与纯粹是作品最低限的要求,那精神的反映,有匠人神工的创造,那是他灵魂的移传。在他的工程中,得要安详的思索,想象的完全,是思想或情感清滤的过程。

诗,具有两重创造的涵义:在表现上,它所希求的是新的创造,是从锻炼中提选出的坚实的菁华,它是一个灵魂紧缩的躯壳。在诗的灵感上,需要那新的印象的获取(就是诗的内在是一着新的诗的发现),所以写诗人的涵养是必不可少的。真实的感情是诗人最紧要的元素,如今用欺骗写诗的人到处是,他们受感情以外的事物的指示。其次,要从灵感所激动的诗写出来,他要忠实于自己。技巧乃是从印象到表现的过渡,要准确适当,不使橘树过了河成了枳棘。

有些撒种的人,有好的种子却不留心把它撒在荆棘里,石头上或浅土的地方,种子就长不起来。诗,也一样需要适宜栽培的(图画或音乐,一样需要色彩或声调的设置得宜)。所以,诗也要把最妥帖最调适最不可少的字句安放在所应安放的地位:它的声调,甚或它的空气(Atmosphere)也要与诗的情绪相默契。

为什么一张图画安上了金边就显得清楚?为什么在城外看见鲜红的落日圈进一道长齐的古城墙里就更使我们欢喜?是的,从有限中才发现无穷。一首蕴藏无限意义的诗不在长,也许稀少的几行字句就淹没了读书的海(因为它是无穷意义的缩短)。限制或约束,反而常常给我们情绪伸张的方便。"紧凑"所造就的利益,是有限中想见到无限。诗的暗示,捡拾了要遗漏的。

我们不怕格律。格律是圈,它使诗更显明,更美。形式是官感赏乐的外助。格律在不影响于内容的程度上,我们要它,如像画不拒绝合适的金框。金框也有它自己的美,格律便是在形式上给予欣赏者的贡献。但我们决不坚持非格律不可的论调,因为情绪的空气不容许格律来应用时,还是得听诗的意义不受拘束地自由发展。我们并不是在起造自己的镣锁,我们是求规范的利用。练拳的人不怕重铅累坏两条腿,他们的累赘是日后轻腾的准备。日久当他们放松了腿上绑着的重铅,是不是他可以跑得快跳得高,他们原先也不是有天赋的才能,约束和累赘的肩荷造就了他们的神技。匠人决不离他的规矩绳尺,即是标准。诗有格律,才不失掉合理的相称的度量。

既是诗,打从初在心灵中发动起,一直到谱成文字,早就多少变了原样,因为文字到底不能表现我们情绪之整体。所以文字,原是我们的工具,我们永远摆脱不过的镣锁,倘使我们要"写"诗。只是从熟练中,我们能渐渐把持它、操纵它,全靠我们对它深切的交接。我们会把技巧和格律化成自己运用的一部。但是合理,情绪的原来空气的保存,以及诗的价值的估量,是运用技巧或格律的前提。

主张本质的醇正、技巧的周密和格律的谨严差不多是我们一致的方向,仅仅一种方向,也不知道那目的离得我们多远!我们只是虔诚地朝着那一条希望的道上走。此外,态度的严正又是我们共同的信心。认真,是写诗人的好德性,天才的自夸不是我们所喜悦的。我们写诗,因为有着不可忍受的激动、灵感的跳跃挑拨我们的心,原不计较这诗所给予人的究竟是什么。我们不曾把诗注定在那一种特定的意义上(或用义上),我们知道感情不容强迫。我们从所看的所听的而有感的想的都一齐写来,灵感的触遇,是不可预料,没有界限的。纵使我们小,小得如一粒沙子,我们也始终忠实于自己,诚实表现自己渺小的一掬情感,不做夸大的梦。我们全是年轻人,如其正恋爱着,我们自然可以不羞惭地唱出我们的情歌。但是当我们生活在别样的空气中,别样的情感煽动我们,我们也承受。世界是大,各人见闻的总只一角落,除非我们的想象,她有最能耐的翅膀辽远地飞。但我们时刻不曾忘掉自己的血,踩着的地土,并这时间的罡风,我们的情绪决不是无依凭地从天空掉下的。惑人的新奇、夸张的梦和刺激的引诱,我们谨慎不敢沾染。把住一点儿德性上的矜持,老老实实做人,老老实实写诗。

总之,我们写诗,只为我们喜爱写。比是一只雁子在黑夜的天空里飞,她飞,低低地唱,曾不记得白云上留下什么记号?只是那些歌,是她自己喜爱的!她的生命,她的欢喜!

三

在这里入选的共十八人,诗八十首。其中,有的人写的不多,只好少选。各诗的来处如下:民国十五年四月至六月北京《晨报》副镌的诗镌共十一期,十六年三月起《新月月刊》共三卷,二十年《诗刊》共三期,《死水》(闻著),《志摩的诗》《翡冷翠的一夜》《猛虎集》(以上徐著),《梦家诗集》(以上新月出版),《草莽集》(朱湘著,开明出版)。此外有从别处选来的为数极少。这些诗,仅仅根据自己的直观,选择那些气息相似的,有的曾和作者自己商谈过,拣各人诗中别具风格的(Typical)。有些长诗,因篇幅关系只好从略了。

在我选好以后,我发现这册集子里多的是抒情诗,几乎占了大多数。我个人,最欢喜抒情诗。抒情诗的好处,就是那样单纯的感情单纯的意象,却给人无穷的回味。(我们看见小小一颗星,时常启示我们无穷的想象)。人类最可宝贵的,是一刹那间灵感的触发(虽是俄顷,谁说不就是永久),记载这自己情感的跳跃,才是生命与自我的真实表现。伟大的叙事诗尽有它不朽的价值,但抒情诗给人的感动与不可忘记的灵魂的战栗,更能深切地抱紧读者的心。诗人偶尔的感兴,竟许是影响人类的终古的情绪。抒情诗好比灵魂的底奥里一颗古怪的火星,和一宗不会遗失的声音,一和我们交感以后,像云和云相擦而生的闪电,变成我们自己的灵魂的声音,这真是自然的奇迹!

从前于新诗始终不懈怠,以柔美流丽的抒情诗最为许多人喜欢并赞美的,那位投身于新诗园里耕耘最长久最勤快的,是徐志摩。他的诗,永远是愉快的空气,曾不有一些儿伤感或颓废的调子,他的眼泪也闪着欢喜的圆光。这自我解放与空灵的飘忽,安放在他柔丽清爽的诗句中,给人总是那舒快的感悟。好像一只聪明玲珑的鸟,是欢喜,是怨,她唱的皆是美妙的歌。山,海,小河,女人,马来人,诗家,穷孩子,都有着他对他们的同情的回响。《我等候你》是他一首最好的抒情诗。《再别康桥》和《沙扬娜拉》是两首写别的诗,情感是澄清的。《季候》一类诗是他最近常写的小诗,是清,是飘忽,却又是美!但是《不知道风是在那一个方向吹》,志摩的诗也正如此呢!

影响于近时新诗形式的,当推闻一多和饶孟侃他们的贡献最多。中国文字是以单音组成的单字,但单字的音调可以别为平仄(或抑扬),所以字句的长度和排列常常是一首诗的节奏的基础。主张以字音节的谐和,句的均齐,和节的匀称,为诗的节奏所必须注意而与内容同样不容轻忽的,使听觉与视觉全能感应艺术的美(音乐的美,绘画的美,建筑的美),使意义音节(Rthythm)色调(Tone)成为美完的谐和的表现,而为对于建设新诗格律(Form)唯一的贡献,是他们最不容抹杀的努力。

苦炼是闻一多写诗的精神,他的诗是不断的锻炼不断的雕琢后成就的结晶。《死水》一首代表他的作风,《也许》《夜歌》同是技巧与内容融成一体的完美。《你指着太阳起誓》是他最好一首诗,有如一团镕金的烈火。

同样以不苟且的态度在技巧上严密推敲,而以单纯意象写出清淡的诗,是饶孟侃。澄清如水,印着清灵的云天。《呼唤》《蘅》《招魂》全一样皆是清淡可喜的诗。四行《走》有他试创的风格。

朱湘诗,也是经过刻苦磨炼的。《当铺》的题材很难得。《雨景》一首在阴晦中启示着他的意义。

十四行诗(Sonnet)是格律最谨严的诗体,在节奏上它需求韵节在链锁的关连中最密切的接合。就是意义上,也必须遵守合律的进展。孙大雨的三首商籁体给我们对于试写商籁体增加了成功的指望,因为他从运用外国的格律上,得着操纵裕如的证明。他的一千行《自己的写照》是一首精心结构的惊人的长诗,是最近新诗中一件可以纪念的创造。他有阔大的概念从整个的纽约城的严密深切的观感中,托出一个现代人错综的意识。新的词藻,新的想象,与那雄浑的气魄,都是给人惊讶的。

邵洵美的诗是柔美的迷人的春三月的天气,艳如一个应该赞美的艳丽的女人,(她有女人十全的美)。只是那缱绻是十分可爱的。《洵美的梦》是他对于那香艳的梦在滑稽的主严下发出一个疑惑的笑。如其一块翡翠真能说出话赞美另一块翡翠,那就正比是洵美对于女人的赞美。

在此地,容我表示我的欢喜,能以在这集子中收集两位女诗人的选作。令孺的《诗一首》是一道清幽的生命的河的流响,她是有着如此样严肃的神采,这单纯印象的素描,是一首不经见的佳作。同样的渴望着更奇丽的诗篇的出现,对于林徽音①初作的几首诗表

---

① 即林徽因,原名"徽音"。——编者注

示我们酷爱的欢心。她的《笑》也是一首难得有的好诗。

玮德的诗是我朋友间所最倾爱的,又轻活,又灵巧,又是那么不容易捉摸的神奇。《幽子》《海上的声音》皆有他特殊的风格,紧迫的锤炼中却显出温柔。

卞之琳是新近认识很有写诗才能的人。他的诗常常在平淡中出奇,像一盘沙子看不见底下包容的水量。如《黄昏》,如《望》都是成熟了的好诗。

梁镇、俞大纲、沈祖牟的几首诗,技巧的熟练和意境的纯粹,决不是我们的夸张。梁镇的诗是浓重的,《想望》是一首颂赞自然的诗,《默示》给我们一种最美最回荡的情调。大纲、祖牟全有旧诗的根底,他们的词藻是相信得过都是经过拣练的。但大纲的诗清,祖牟的诗安稳。

沈从文以各样别名散在各处的诗,极近于法兰西的风趣,朴质无华的词藻写出最动人的情调。我希望读者看过了格律谨严的诗以后,对此另具一风格近于散文句法的诗,细细赏玩它精巧的想象。所惜他许多写苗人的情歌,一时无法尽量搜寻,是我最大的遗憾。

末了,杨子惠、朱大枬、刘梦苇三位已故的诗人,他们在《晨报·诗镌》曾有过最可珍惜的努力的写作,现在将他们的遗作并在一起,算作一点小小的纪念,并向他们致最敬的哀悼。

在此,谨以谦卑与热诚的态度,将这束诗选贡献给爱读诗的人们。这只是暴露,决不是可以炫耀的。我们再说:

我们甘愿担当公正的罪名。

二十年八月陈梦家僭拟于上海天通庵

唐兰（1901—1979），原名张佩，又名佩兰、景兰，字立厂，出生于浙江嘉兴，是中国近现代著名的文字学家、历史学家、青铜器专家。

唐兰曾直接受教于罗振玉、王国维，终生从事教学及学术研究，论著甚丰，在金文、甲骨文等古文字学和音韵学、训诂学、古代史学等诸多领域都造诣很深，且治学严谨，学术创见甚多，对所及领域均有很大贡献。唐兰在20世纪30年代著有《古文字学导论》《中国文字学》，并于20世纪40年代专门研究过战国文字和战国史，对中国古代史有独创的见解。

唐兰先后在东北大学、北京大学、北京师范大学、清华大学、辅仁大学、西南联合大学等任教。被称为"民国第一狂人"的刘文典曾公开说："西南联大有三个教授，陈寅恪是一个，冯友兰是一个，唐兰算半个，我算半个。"抗战胜利后，唐兰担任北京大学中文系代理主任。1952年调入故宫博物院，任陈列部主任、美术部主任、副院长等职。1954年起任中国科学院历史研究所学术委员、中国古文字学术研究会理事等职。1953—1972年，唐兰数次将收藏铜器等文物捐献故宫博物院。

中国古文字学史略

唐 兰

中国人研究文字，据现在所知，是周朝开始的。《尔雅》据说是周公作的，所记草木鸟兽虫鱼的名称，很多是新造的形声字，到很像是西周前期的，《释诂》《释言》《释训》等篇，就一定是秦、汉间人所增加的了。《史籀篇》旧说是周宣王时太史籀，王国维以为周秦间的西土文字，现存的"商鞅量"在秦孝公时，跟小篆很妥近，《说文》所引的籀文则和春秋时铜器和石鼓文较接近，我把石鼓定在秦灵公三年（纪元前四二二），较"商鞅量"早七八十年，《史籀篇》的成书，最晚也得在战国初期。

《左传》里有三处解释文字："止戈为武""反正为乏""皿虫为蛊"，假使这些记载是可靠的话，春秋时已有这种风气了。六国时人对于文字是很注意的，《周易》的《象传》等，有许多解释，是训诂学的蓝本。《周礼·保氏》有六书的名目，《韩非·五蠹》说：

仓颉之作书也，自环者谓之私，背私谓之公。

仓颉作书的传说，那时正在流行，这都是文字学最初的雏形。六国时文字杂乱太甚，也就产生了"书同文"的理想。

秦始皇统一了天下，也统一了文字，李斯作《仓颉篇》，赵高作《爱历篇》，胡毋敬作《博学篇》，显然要用此宣传小篆，作字体的范本。汉初人把三篇并合了，仍旧叫作《仓颉篇》，模仿这一类字书的有《凡将篇》《元尚篇》《急就篇》《训纂篇》等，只有《急就篇》，一直到现在还保存着。

这种字书都是为小孩子讽读而编的，所以叫作小学。西汉时为小学召集过两次大会，一次是宣帝时征齐人来正《仓颉篇》的俗读，张敞从他们学了，传到杜林，作了《仓颉故》和《仓颉训纂》，汉人认为他是小学的创始者。第二次是平帝时征爰礼等百余人说文字未央廷中，以礼为小学元士，扬雄采作《训纂篇》。此外，扬雄还注过《方言》十三篇，是近于《尔雅》，而又注明各地方不同的语言的一部字书。

这时候，最重要的一件事，是古文经的重新发现。古文经的来源，有两类：一类是传世的古书，如《周易》《毛诗》《左氏传》等，一类是孔子宅壁中拆出来的旧本，如《古文尚书》《礼古经》《古文论语》等。流传到刘向父子校中秘书，才发现它们的可贵。刘歆因而创立他的古文经学。从文字形体来看，这都是六国晚年的抄本，而且往往是重抄的，所以免不了有错误。杜林据说宝藏过一卷漆书《古文尚书》，他的弟子卫宏曾作过一本诏定《古文官书》，是辨别古今字体的书。

那时今文经学家喜欢解释文字，不过都很可笑，如"马头人为长""人持十为斗""士力于乙者为地""八推十为木"之类，在《春秋》纬里所存最多，都是根据已经变为简易的通行的隶书来说的。他们甚至于以为秦朝的隶书就是仓颉所造的，他们以为文字是"父子相传"，不应当有改易，所以他们不相信古文字，当然更不相信古文经。

古文经学家建立了一个文字学系统，就是"六书"。在《周礼》里本来只是一个总名，现在给分别出来了。六书有三种说法，最初见于《汉书·艺文志》，那显然是抄袭刘歆的《七略》的。又见于郑众《周礼注》和许慎《说文解字叙》，郑、许都是刘歆的再传或再再传的弟子，所以可以认为刘歆一家之学。不过，我很怀疑，这说法未必是刘歆独创的。秦、汉之际有一本书叫《八体六技》，八体固然是秦书八体，六技绝不是王莽时的六书，分析古文奇字等名称的六书，而应是象事象形的六书。六技或许是六文之误，六朝人常说到"八体六文"，六文就是六书。刘歆的说法，可能是抄这本书的。

根据古文经，《史籀篇》《仓颉篇》，以及别的古书里的材料，和"六书"系统，许慎写成中国文字学里唯一的经典：《说文解字》。他的主要动机是要澄清那时一班俗儒鄙夫的谬说，虽则他生在那个环境里，未能免俗，像"一贯三为王""推十合一为士""甲象人头""乙象人颈"说字的方法，比之那班今文经学家是不相上下的。他认为文字是有条例的，先有"文"，"文"是"象形""指事"，原始的文字，而"字"是由孳乳而产生的"会意""形声"等新文字。他用五百四十部来贯串一万多个文字，用篆书为主体来解释文字,因为他想这样可以得到造字时的本义。

"五经无双许叔重",是贾逵的弟子,当时就负盛名,马融很敬重他。他的书据后序是和帝永元十二年(西元一〇〇)写成的,到安帝建光元年(西元一二一)才献上,不到一百年,他的书就流行了,郑玄注《周礼》《礼记》,应劭作《风俗通》,都引用过,连雄才大略的曹操下的命令里也引用过《说文》。

《说文》由目前看来,错误很多,但是它曾支配了中国文字学一千八百年。北齐颜之推说:

> 客有难主人曰:"今之经典,子皆谓非,《说文》所言,子皆云是,然则许慎胜孔子乎?"主人抚掌大笑应之曰:"今之经典,皆孔子手迹耶?"客曰:"今之《说文》,皆许慎手迹乎?"答曰:"许慎检以六文,贯以部分,使不得误,误则觉之。孔子存其义而不论其文也。……大抵服其为书隐括有条例,剖析穷根源,郑玄注书,往往引其为证,若不信其说,则冥冥不知,一点一画,有何意焉。"——《颜氏家训·书证篇》

清儒段玉裁说:

> 自有《说文》以来,世世不废,而不融会其全书者仅同耳食,强为注解者,往往眛目而道白黑。其他《字林》《字苑》《字统》,今皆不传,《玉篇》虽在,亦非原书,要之,无此等书无妨也,无《说文解字》,则仓、籀造字之精意,周、孔传经之大恉,薶缊不传乎终古矣。——《说文注》

这种称誉也不算太过分。这本书无论如何是研究古代文字的一个钥匙,即使在将来文字学上,也还是有重要价值的。

从后汉到晋是小学最发展的时期。接着《仓颉篇》《训纂篇》,后汉贾鲂作《滂喜篇》,晋人合称《三仓》。樊光、李巡、犍为舍人、孙炎等都有《尔雅注》。魏张揖作《埤仓》和《广雅》，晋郭璞作《方言注》《三仓注》《尔雅注》，这是"《仓》《雅》学"的极盛时期，后来就衰落了。

声韵学起得最迟，汉末刘熙作《释名》，是声训的第一本书，后来有韦昭的《辨释名》。魏孙炎作《尔雅音义》，开始采用反语（即反切），这是中国语言学里最大的发明。接着李登作《声类》，是第一本韵书，晋吕静作《韵集》，后世的韵书，是从《韵集》的系统来的。

文字学以许慎《说文》和晋吕忱的《字林》合称，《字林》已亡佚。据《封氏闻见记》，《字林》也是五百四十部，可是字数多了。据《说文序》，连重文有一万零五百十六字，《字林》却有了一万二千八百二十四字。据《魏书·江式传》说："文得正隶，不差篆意。"可见《字林》是用隶书写的。唐时人《说文》和《字林》总是同时习的，所以现在《说文》里，常有《字林》混在里面。

俗文字在文字学史上应该有重要的地位，但过去没有人注意过，这是重古轻今的毛病。颜之推说：

> 《通俗文》，世间题云："河南服虔字子慎造。"虔既是汉人，其书乃引苏林、张揖，苏、张皆是魏人。且郑玄以前，全不解反语，《通俗》反音甚为近俗。阮孝绪又云：李虔所造。河北此书，家藏一本，遂无作李虔者。晋《中经簿》及《七志》并无其目，竟不得知谁制。然其文义允惬，实是高才。殷仲堪《常用字训》亦引服虔《俗说》，今复无此书，未知即是《通俗文》，为当有异。近代或更有服虔乎？不能明也。——《颜氏家训·书证篇》

学者文人所注意的是《仓》《雅》之学，这些从经史百家里搜集来的文字，大都是汉以前古字的诂训，不能代表近世新兴的语言。汉以后，基于事实的需要，许多人就去搜集代表新语言的文字，

《通俗文》是这一类书里最早发现的。据颜氏的推论,当然不是服虔做的,可是殷仲堪既引过服虔《俗说》,可见这种字书在殷氏前(西元四〇〇年以前)已经出现了。颜氏说"文义允惬,实是高才",又说"河北此书,家藏一本",可以看出这本书的精善和流行的广远。后来如王义《小学篇》、葛洪《要用字苑》、何承天《纂文》、阮孝绪《文字集略》,一直到敦煌所出唐人著的《俗务要名林》《碎金》之类,都属于这个系统,可惜不受人重视,所以大部分材料都已散失湮灭了。

六朝是文字学衰颓,也是文字混乱的时期。北方在后魏时有阳承庆《字统》二十卷,一万三千七百三十四字,大概是解释字形的。南朝在陈时有顾野王的《玉篇》三十卷,一万六千九百一十七字,虽则依傍《说文》的系统,却集录《仓》《雅》派的训诂,这是最早的一部字典,也是最好的一部。可惜现在所传是孙强增加字本,又是略出本,注文大部删去,日本所存原本,不过十分之一二。隋诸葛颖有《桂苑珠丛》一百卷,周武后时有《字海》一百卷,或许是《玉篇》的一系。

声韵学在六朝时不断地发展,到隋朝陆法言作《切韵》,成为这一派韵书的经典,和文字学早就分家了。唐人因六朝文字混乱,又有一种整齐画一的运动,这是字样之学。颜师古作《字样》,杜延业作《群书新定字样》,颜元孙作《干禄字书》,欧阳融作《经典分毫正字》,唐玄宗开元二十三年(西元七三五)作《开元文字音义》,自序说:

> 古文字唯《说文》《字林》最有品式,因备所遗缺,首定隶书,次存篆字,凡三百二十部,合为三十卷。

林罕说"隶体自此始定"。中国文字史上第一次同文字是秦时的小篆,结果失败了。这第二次定隶书(即现在所谓楷书),却成功了。楷书到现在还行用,已经经过一千二百年了。后来张参作

《五经文字》,唐玄度作《九经字样》,宋张有作《复古篇》,一直到近世的《字学举隅》,都属于这个系统。

唐时普通人已不会写篆字,李阳冰中兴篆籀,是由书法得来的。他"刊定《说文》,修正笔法",作三十卷,常自发新说,在晚唐时,这个刊正本很流行。他的侄子李腾集《说文》目录五百余字刊石,名为《说文字原》。五代时蜀林罕据李阳冰重订本作集解,又取偏旁五百四十一字,作《说文字原偏旁小说》。郭忠恕说:"林氏虚诞。"郭氏自己也写过一本《说文字源》,梦瑛写的《字原》,错误也不少。南唐二徐都研究《说文》,徐锴作《说文系传》,很攻击李阳冰,徐铉后来归宋,和句中正等校定《说文》,今世流行的就只有二徐本的《说文》了。

宋时二王的《说文》学,论实是训诂学。王安石用空想来解释一切文字,这本是普通人容易犯的毛病,不过他读书多,附会巧,好像言之成理,而且他在政治上的地位极高,所以《字说》二十卷曾风行一时。唐耜作《字说解》一百二十卷,陆佃、罗愿等都是信仰新说的。但是骂他的人很多,所以终于失传。同时王圣美(子韶)创右文说,以为形声字的声符,大抵兼有意义,却是训诂学里一个很重要的法则。

宋代是文字学中兴的时期,主要进步有二:
一、古文字材料的搜集和研究。
二、文字构成的理论,和六书的研究。

古文字材料的搜集,远在汉时已经开始,不过那时还只有抄写的一法,所以许叔重《说文序》尽管说到鼎彝而没有征引过一个字。只有古文经,被文字学家许叔重引用到《说文》里,又被书法家邯郸淳的弟子辈写入三体石经。后来大批的汲冢古文,可惜没有保存下来。

一直到唐朝,书法家或经学家所谓古文,主要的还只是流传下来的抄本古文经和三体石经。经过六朝的大混乱时期,有伪造的隶古定《尚书》,好奇的人杜撰的古文杂体,也有写错的,也有认错了,以讹传讹的(例如把行字古文衍误认为道),还有许多是从后世字书韵书里找较特殊的字体,把楷书变为篆形的,这些材料都汇集到五代时郭忠恕的《汗简》里,宋真宗时,夏竦集《古文四声韵》,还只是这些材料。

由于宋时金石学的发达,隶书的研究、古文字的研究都开始了。皇祐以后,像杨南仲、章友直、刘原父、蔡君谟、欧阳永叔等都好钟鼎文字,而以杨氏最有名。到元祐壬申(西元一〇九二),吕大临作《考古图》,同时又作了《考古图释文》(清代学者误以为赵九成作),这是古文字学里的第一本书。他综合出若干辨识古文字的原则,如:"笔画多寡,偏旁位置左右上下不一。"他说从小篆考古文,只能得三四,其余有的从义类推得,有的省,有的繁,有的是反文,有的知道偏旁写法而不知道音义,由这样,又可考其六七。他用这种方法认识了几百个字,给古文字学开了一条道路。后来王楚作《钟鼎篆韵》,薛尚功作《广钟鼎篆韵》,元时杨鉤作《增广钟鼎篆韵》,字数陆续有增加。

自从汉人建立了六书理论后,除了许叔重就没有人用过。郑樵第一个撇开《说文》系统,专用六书来研究一切文字,这是文字学上一个大进步。他写了《象类书》十一卷,以独体为文,合体为字,立三百三十母为形之主,八百七十子为声之主,合千二百文成无穷之字。他批评《说文》"句""半"等部,以为只是声旁,不能作形旁,所以把五百四十部归并成三百三十部,这是以子之矛攻子之盾的方法。另外,他又做过一部《六书证篇》,却又只有二百七十六部,不知异同如何。这两种书都失传,他的学说只存在《通志·六书略》里面。清代《说文》学者因为他批评许慎,都不愿意称道他,但未尝不受他影响。我们如其重新估计一下,他所作的六书分类,琐屑拘泥,界画不清,固然是失败的,但不是无意义的。汉儒的六书理论,本是演绎的,没有明确的界说,经他归纳过一次后,这种学说的弱点,就完全暴露出来了。

六书学在《说文》以外,开辟了一个新的门径。元时有杨桓的《六书统》《六书溯源》,戴侗的《六书故》,周伯琦的《六书正讹》,元、明之间,有赵撝谦的《六书本义》,明时有魏校的《六书精蕴》、杨慎的《六书索隐》等。杨桓和戴侗都想利用古文字材料。杨桓把六书分成六门,子目琐屑而重复,他大胆地尝试用古文大篆来替代小篆,但是那时的材料不够,知识更不够,勉强拼凑成一个系统,当然靠不住。后来魏校继承他这个系统,更加芜杂。他们两人是清代学者常常攻击的。戴侗的书分九类,只用数目字,和天、地、人、动、植、工事等来分类,立四百七十九个目,其中一百八十八个是文,四十五个是疑文,二百四十五个是字。文是独立的原始字。所以,照他的说法,一切文字,可以摄入二百多个指事象形的文或疑文的项下,纲领清楚,系统完密,远在郑樵、杨桓之上。他于《说文》在徐本外,兼采唐本蜀本,清代校《说文》的人所不能废。但他用金文作证,用新意来解说文字,如"鼓"象击鼖,"壴"字才象鼓形之类,清代学者就不敢采用,一直到清末,像徐灏的《说文段注笺》等书才称引。其实,他对于文字的见解,是许慎以后,唯一的值得在文字学史上推举的。

明朝是文字学最衰颓的时候,连一本始一终亥的《说文》都没有刻过。明末赵宧光作《说文长笺》,只根据李焘的《说文五音韵谱》,清初顾炎武批评赵宧光浅陋,可是他也没有看见过《说文》。一直到明、清之交,汲古阁毛氏根据宋本重刊(据段玉裁说,毛斧季五次校改本,自署是顺治癸巳,那是顺治十年,西元一六五三),学者才看见徐铉本《说文》。乾隆四十七年(西元一七八二),汪启淑才刻徐锴的《说文系传》。

跟着汉学的复兴,清代《说文》学有了从来所没有的昌盛,小学比任何一种经学发达,而在小学里,《说文》又特别比其他字书发达。王鸣盛说:

> 《说文》为天下第一种书,读遍天下书,不读《说文》,犹不读也。但能通《说文》,余书皆未读,不可谓非通儒也。——《说文解字正义序》

这种过分的崇拜,使学者囿于一家之说,从整个文字学史来看,并没有很大的进步。段玉裁《说文注》有些新见解,是第一个以《说文》学者享有盛名的,受抨击也最多。桂馥的《说文义证》,搜集例子,确很丰富,可惜刊行较迟。严可均的《说文校议》,对于"偏旁移动,只是一字",和"省不省只是一字",用整理古文字的眼光来怀疑《说文》本书的体例,在许学里算是最杰出的。王筠的《说文释例》,要替古人作例是不容易做好的事,只有把《说文》的缺点揭露出来。不过他肯把他研究的方法和盘托出,对初学者不失为一本有兴趣的书。至于朱骏声的《说文通训定声》,只是训诂学上一本有用的书而已。有些《说文》学者专做些辨字正俗的工作,只要《说文》不载的字就是俗字,一定要在《说文》里找出本字,这种尚古癖,在我们看来,是没有什么价值的。

古文字在明以后倒还有人搜集,如李登的《摭古遗文》、朱时望的《金石韵府》、清汪立名的《钟鼎字源》、闵齐伋的《六书通》之类,但除了古印外,没有新材料,转辗稗贩,真伪杂糅,都是不足道的。到清乾隆十四年(西元一七四九)《西清古鉴》刻成后,钟鼎文字才重被人注意,到现在虽然不过二百年,已经有了最剧速的进步,使以前的文献成为无足重轻了。隶书首先被人注意,如顾蔼吉的《隶辨》。其次是汉印,有袁日省的《汉印分韵》等。其次是金文,严可均作《说文翼》,辑钟鼎文字,依《说文》次序编辑,可惜没有刊行。庄述祖的《说文古籀疏证》想建设一个新系统来代替《说文》，但是从不可靠的材料，主观的看法，今文经学家的没有条理的玄想，要造一个空中楼阁，把一切文字推源于甲子，这是不可能的。

从阮元作《积古斋钟鼎款识》，并且刻入《皇清经解》以后，款识学盛行一时，成为汉学的一部分。陈庆镛、龚自珍之徒，穿凿附会，荒谬不经，徐同柏、许瀚等算是较平实的。一直到同治、光绪时，古器物的发现愈多，如：古玺、封泥、陶器、货布等都有大批的材料，吴大澂除作《字说》外，搜集钟鼎文字和这些新材料作《说文古籀补》，这也是划时代的一本著作。后来丁佛言的《说文古籀补补》，强运开的《说文古籀三补》，却只是依样葫芦而已。

光绪二十六年（西元一九○○），殷虚卜辞的发现，在文字学上又揭开了一个新的时代。孙诒让从研究金文作《古籀拾遗》《古籀馀论》，研究甲骨作《契文举例》，综合起来作《名原》，是这个时代的前驱。罗振玉作《殷虚书契考释》建立了殷虚文字这一个学科，他认为金文、古玺、陶器、货布等材料，应当分开来搜集整理，二十年来，他的儿子罗福颐以及他的门人后学，已编了不少的材料书和字汇。林义光作《文源》十二卷，用六书分类，很琐碎。日本人中岛竦作《书契渊源》，以金文为主，只写了关于人身的一部分，因为方法是演绎的，免不了穿凿附会的地方。

因为金石学的发展，清代学者也研究碑志的别字，杨守敬又做过《楷法溯源》。行草书则自《草书韵会》《草字汇》之类外，还没有好的字汇。关于俗文字，自翟灏作《通俗编》以后，也有几十家，有些著作，都扩展到方言一方面。

由中国文字学的历史来看，《说文》《字林》以后，可以分成五大派：一、俗文字学；二、字样学；三、《说文》学；四、古文字学；五、六书学。前两派属于近代文字学，后三派属于古文字学，在文字学里都是不可少的。清代学者只复兴了《说文》学和古文字学，可是其他的,尤其是宋元人的六书学,还没有重建,搜集新材料,用新方法来研究文字发生构成的理论,古今形体演变的规律,正是方来学者的责任。

杨振声(1890—1956),字今甫,亦作金甫,笔名希声,山东蓬莱水城村人。现代著名教育家、作家,新文化运动的先驱者之一。1915年考入北京大学国文系,1919年赴美国哥伦比亚大学留学,获博士学位,后又入哈佛大学攻读教育心理学。1924年回国后历任武昌大学、北京大学、燕京大学、中山大学中文系教授,清华大学教务长、文学院院长。1930年任国立青岛大学(今山东大学的前身)校长。任职期间,民主办学,广罗人才,结合中国的历史传统和实际情况,吸收国外先进经验,一时间闻一多、梁秋实、赵太侔、沈从文、老舍、任之恭、王淦昌、童第周等学者名流云集,人才济济,灿若群星,迎来了国立青岛大学第一个黄金时代。1938年任西南联合大学常务委员会委员兼秘书长、中文系教授,后任西南联大叙永分校主任、中文系教授。中华人民共和国成立后,杨振声仍于北京大学任教,兼任北京市文联创作部部长。1952年调任长春东北人民大学中文系教授兼中国文学史教研室主任。

女子的自立与教育

杨振声

托尔斯泰在他年老的时候,有人问他对于女子的意见,他说是等他把一条腿踏进了棺材,才能发表。我猜他不过是怕说了出来挨打,预备躲在棺材里头。他决没有"彼哉彼哉"的意思。虽然在他初次接见高尔基的时候,提及高尔基的《二十六个男子与一个女子》,他对于女子的意见并不文雅,把高尔基都弄气了。我只疑心现在大家放大了声音来讨论教育问题,而女子教育独独没有问题。这是不是因为棺材没预备好,所以不敢开口?或者是女子教育不成问题,反正是附属于男子教育的。有了男女同学,也就各得其所了。

托尔斯泰的确是有点无礼,假使他说得对,女子中并不少比男子还明白的人;假使他错了,他早就该爬进棺材去,不是?

不过不能不使人有些怀疑的,是自古以来,男子要把女子当作家庭的玩物也好,捧作学校的皇后也好,反正女子是执行男子的意见,从没反抗过——从没自身有一种彻底的自觉,因而努力造成一个自立的地位。男子要闺秀,女子就缠了足坐在床上,见了人羞答答地低下头。男子要街秀,女子便放了足,剪短了裙子满街乱跑。男子好细腰,在中国饿死了多少人,在西洋也留下了一副腰型——Corset,至今还是时髦!曾见过一篇小说,开头是:"醉人的春风透入衣袖,像小女的手一般温柔地抚摸着……"听见了罢(这肉麻的口吻,分明是个男子写的——无论如何我希望不是女子写的)?以前这叫作"手如柔荑",现在是叫作"手如春风"了。同样的以前叫作"水蛇腰",或更文雅点叫作"柳腰",现在是叫作"曲线美";以前是"弓鞋凤头窄",现在是"皮鞋后跟高",如此而已。名词改了,观念并未改。

不,我并不反对女子好看点儿,这也正如女子并不赞成男子丑看点儿,同是生物学的自然道理。(在低于人类的多数动物中,两性间的美的引诱,是由雄性负责的。自然它们的美得靠天然不能靠艺术,除了看见过如猫一类的睡醒后用唾沫洗洗脸外,没有胭脂粉可抹)不过在这个好看以外——或可说是以上,女子更应有使男子低头的地方。也就是说,人类除生育以外,还有人类生活的责任在。女子除了同男子共负这责任以外,没有其余的道路可以达到平等自由的目的。若单只是男子要女子作家庭之花,女子也就装扮起来坐着给丈夫看;男子要女子作社会之花,女子也就装扮起来走着给大家看;那平等自由,不过是男子欺骗女子与女子欺骗自己的一种把戏而已,哪里是真的! 真的平等自由,不在男子口头的诏谀,而在女子手中的证券。这证券就是:女子对于人类生活的需要,也负起一部分贡献的能力。养成女子体力与脑力所适宜,以及在某种社会里所需要的这种贡献能力,就是女子的教育。

此处有点小小的误会,而形成并不小小的错误的,是在贡献二字的解释。一般的总认为了不得的科学发明才算贡献,了不得的学问家才能贡献,其实这只是误会。把生米做成熟饭,与把蒸汽变为马力,其范围有不同,其对于人类生活的需要上,为贡献是一样。织成一条毛巾与造成一架飞机,其应用有不同,其对于人类生活的需要上,为贡献也是一样。一个扫街的清道夫,其贡献并不必亚于一个卫生部长,还得那个卫生部长真能有贡献的话。一个采桑的女子,其贡献也并不必亚于一个大学的植物教授,假若那位教授真能做点研究工作。我们必须明白这一层,才能讲到分工合作,也才能做到真的自由平等。所谓分工者,就是各人以其体力与脑力之所胜任,而以相当的自由选择其工作。所谓合作者,就是各人以平等的身份,在各方面贡献人类的需要以维持及增进大家的生活。假若有高下的话,那不在工作的不同,而在工作得尽职不尽职。一个尽职的校工,在职业的道德上与精神的安宁上都比一个不尽职的校长为高。虽然在人类的误会上,校长无论如何总比校工高,因为校工见了他得立正。

如此看来,不必一定男子学采矿,女子最少也得学冶金,才算平等;也不一定男子学政治,女子必得学经济,她才能对他讲自由。平等要在贡献于人类需要上找,自由是因为她的贡献而得到自立的地位。不寄生于男子也就不必作他手中的石膏,任他捏造。但今日根据于男女平等自由所立的教育制度,以及女子自身所走的平等自由的方向,都还是像中国人作"对子"的一套把戏,什么"天对地,雨对风,大陆对长空",由男女平等所发生的一切制度与观念,都和这对子一模一样!

有一次碰到几个大学的男女同学在一块讨论婚姻问题,这自然要算是再适宜没有的场合了。据男子的表示,是要个太太治家;而女子的表示,又是同男子一样的在社会做事。男子反对女子的做事,女子也反对男子的治家。更怪的是:在场的男子都是一个看法,在场的女子也都是一个看法。她们且说:"若只要我们管家,我们入大学学这些无用的东西干什么!"这是多深刻的一种异性冲突,多矛盾的一种社会现象,又多悲剧的一种女子的歧途!这症结当然在中国的社会并未进步到整个的工业化——上帝知道几时有那一天! 不,尚且整个地建筑在家庭制度上(并没有儿童公育机关,且完全是"一夫八口之家"的经济生活),而女子教育的观念,却像似早已脱离家庭制度,进步到工业化的社会了! 这就是这出悲剧的由来。我说在某一种社会所需要的贡献,就因为教育不能离开社会的实际需要以及其进化的步骤,而只凭空地去造一座海市蜃楼! 在社会还以家庭为单位的时候,男子既要负"八口之家"的经济责任,他不能兼及家事,于是乎要一位太太管家,这当然不能说是男子的自私。女子既然跟着男子入了中学,又跟着男子出了大学,男子学的是文理法工等等,女子最少也学了文理法等等,既然所学的是一样,她就要像男子一样地做事,这当然更不能说是女子的不对。那么这个错误在哪里?基于一般平等的误解生出来的一种不着实际的女子教育。我重新声明中国在社会的演化上,还没有走出家庭的阶段,家庭就是社会最重要的组织,为什么在一般的观念中,家庭不放在社会事业中?为什么管家务就不及管校务国务,既然都是社会的需要?一个在田间工作的女子,何以不及一个机关中的"花瓶"(这是女职员在南京普通的名词,不是我造的,不敢掠美)?更有,在儿童未能公育以前,对于教养小孩子最神圣的责任,何以偏不是社会中最基本最重要的贡献？女子在身体的构造上及对婴儿的情感上，负这个责任都比粗鲁的男子相宜（这是很普遍的动物界的现象，不独人类为然），就是将来做到儿童公育，也是得请女子去负责。为什么这种神圣的责任，女子看来比不上男子的做官？是了，有些地方的结婚，本有"汉养"与"养汉"的分别。假若女子愿意的话，又何妨"桌子掉过来"试一试，让女子在街上推土车，男子在家里抱小孩？我想，假若女子没有怀妊及其他的不便，或小孩子在家里哭的时候，男子放一个大拇指在他嘴里，他就可以不哭，那这个"养汉"的制度，也未尝不可风行全世界，最少也会风行于咱们这"懒汉"的全中国。

不幸这制度没通行，女子在学校毕业后出到社会上，是"四顾茫茫，不知所之"。因为教育不适合社会的需要。男子出校后，还有十分之七八是失业的，女子也学了同样的东西，哪里去找职业？烦恼的追求，失望的徬徨，把理想都打成粉末后，找到一种职业了——还是几千年的旧业，嫁人！嫁人何尝不是"终身大事"，只可惜学了这"满腹文章"与这"满腹经纶"，结果在这管家婆的职位上有什么用？便是学理科的，也不能拿厨房当实验室不是？故性情沉静的，不免抑抑，性情浮躁的，不免愤怨。这家庭幸福的基础便早已动摇了！更有一些，就说是少数吧，她们也许是因为生得漂亮，也许是因为看多了那肉麻的文学和电影，家庭简直是她们的狱牢！那"辜负香衾"的丈夫一早出门做事去了，她懒懒地睡到十点钟，没奈何懒懒地起来梳了头，又懒懒地坐着感觉没事做。厨子做的饭不好，懒得吃；裁缝做的衣服不时髦，也懒得穿。到公园去吧，又懒得动；拿本书来解闷吧，又懒得看。只好懒懒地对着镜子出神，这说不出的人生的空虚，青春的烦恼！好容易等到丈夫回家吃了晚饭陪她出去看电影。在结婚的第一年，他堆着笑陪她去，在结婚的第二年，他垂了头陪她去，在结婚的第三年,他叹着气陪她去,在结婚的第四年,他简直就恕不奉陪了!她只好找位仗义的朋友陪她去。第一次看电影,夜十一点回家,丈夫坐在那里看《良友》。第二次听戏,十二点半回家,丈夫面朝里躺在床上假装睡着了。第三次跳舞,早晨三点钟还没回来,丈夫急得在床上乱蹬腿。

这口过诚然该挨打,但这事实如何涂抹得掉呢?这并不是女子的权力,而是女子的自杀!我曾听到几个大学毕业的男生说他们不能结婚,因为他们毕业后,即使找到事,也不过每月百元上下的收入,供给不了一位摩登女子,尤其是大学毕业的女生。这自然,他们说出的是一种事实;说不出的还有一种心理!如此看来,除了女子在职业上要有一种自立的能力,便没有法子保障她们自己的地位。她们既然放弃了家庭的地位,跑到社会上又没找到旁的地位,这岂不要悬在空气里吹风吗?

要有职业上的自立能力,不能不有待于教育的养成。但除了教学及美国人在中国办的看护班与图书馆班,养成几个有职业能力的女子外,中国的女子教育办了这些年,似乎未曾注意到这上头。教女子学些与男子一模一样的学问,而毕业后却没有机会与男子做一模一样的事,让她们放弃了家庭,社会上却又没有地位来替代,岂不是"贼夫人之子"吗?其实女子在高小毕业后,或者再理想点,说初中罢,除了少数有财力与能力入普通高中以便升入大学外,为其余的计,应当多办女子职业学校——正牌的职业学校(有名无实之职业学校不如不办)。不但如家事、刺绣、缝纫可为专科;而蚕业、产科、护士、师范以至图书馆、商业、医学等皆可作为专修。女子有了职业上的能力,经济独立,纵使出家,也不至由"处女"变为"流女"了。

归纳起来,有以下两个结论:

一、我们要把人生服务的道理看清楚。只要对于人类生活的需要上有所贡献，无论是担粪扫土，或是挽水洗衣，也无论是男子做或是女子做，都是人生最正当的工作。反之，终日暖衣饱食，无所事事，你高谈男女平等也好，低谈恋爱自由也好，无论在男子或在女子，都是寄生，都是人类的废物。所以，在社会的演化上，家庭若仍是社会的重要单位时，则家庭总要有人管理，无论是由男子或女子担任。不然便谈不到社会的秩序与发展。在儿童未能公育以前，对于教养儿童最神圣的责任，总要有人担负。对于担负此责者，无论是女子或是男子，我们当尽其十二分的礼敬与佩服。因为这是社会的生命所寄托，人类的进化所发源。然则女子正不必以作贤妻良母为耻辱，也正如当官吏商贾本不是男子的荣耀，一样浅近的道理。

二、女子不愿担任家务及教育儿童者，必须有其他职业上的预备，其有财力与能力者，当然要与男子无分别地入大学，以求将来对于学理或政治上的贡献，但不能先存靠此吃饭的思想（男子也是一样）。其不能或不愿入大学者，在高小或初中毕业后，则正不妨学习家事或其他与自己相宜之职业。当然国家必须有此等适应社会需要之教育，而女子职业指导及介绍，更为不可少之设备。如此则无论女子在家庭中或社会上，皆能有她们对于人生需要上的贡献，因而也自然有她们自主的地位。不必讲平等，而平等是自然的结果；不必要自由，而自由是她们能力的取得品，证券是在自己手里，任何男子也抢不去。

柳无忌(1907—2002),笔名啸霞、萧亚、无忌。江苏吴江人。著名汉语诗人、旅美散文家。10岁时加入其父柳亚子组织的文学团体南社,17岁时开始对苏曼殊的研究。1920—1925年在圣约翰中学及大学一年级读书,后入清华学校学习文学。1927年公费留美,获劳伦斯大学学士学位和耶鲁大学英国文学博士学位,后又赴欧洲进修,在伦敦大不列颠博物馆和巴黎法国国家图书馆继续研究中外文学。1931年与罗皑岚、罗念生、陈麟瑞等人在纽约创办《文学杂志》,柳亚子任名誉主编,共出4期,柳无忌发表新诗和诗论多篇。1932年回国,相继在南开大学、西南联合大学、中央大学任教。抗战胜利后赴美国讲学,从此定居美国,先后任劳伦斯大学、耶鲁大学和印第安那大学文学教授。

柳无忌是一位学贯中西、著作等身的学者和诗人,对中国文学和西方文学均有深入研究,撰述译编中英文著作有三四十种。柳无忌在国内讲授西方文学,在美国则讲授中国文学,是公认的中国比较文学的重要开拓者之一,他为中西文学交流起了桥梁作用,赢得海内外学子的普遍尊重。

烽火中讲学双城记

柳无忌

在这里所说的双城,是战时首都(也称陪都)重庆,与后方文化中心昆明。在那两处的大学,昆明的西南联合大学,与重庆的中央大学,我度过了八年的教书生涯,其中有甘有苦。现在隔了四十年,回忆起来,虽然只是个人的经验,一些生活的鳞爪,亦不无值得纪念的地方。

在中国,情形特殊,大学教育没有因为弥漫的战火而中断。

这次是不寻常的战争,在敌人的侵略下,黄河流域与长江下游两处锦绣的山河与城市,相继沦陷。首都两度迁移,各大学也被敌人占领或破坏,学生与教授都在后方过着流离奔波的生活。可是,民族精神依然兴旺,而"士气"更因炮火的洗礼而变得刚毅,这是我们在大学内教书时所引以自满与自豪的。战时的学生,饱尝艰辛,却没有懊丧,没有颓废。他们求学的态度是严肃的,预备学成后尽一己的力量,为国家服务。有少数知识青年,直接投入战争的旋涡,与士卒一同在战壕内体验着腥风血雨的生活,另有许多学生自告奋勇,去前线工作——或在军队中宣传,或参加战地服务团,或去滇缅一带,为美军当翻译,便利飞机与军火的接济。在这方面,我们教英文的人总算作了一些贡献,在大学内开设译员英文训练班。我还记得在重庆中央大学时,曾教过几班译员。一个大教室内挤满学生,教室外也站着许多旁听者,聚精会神地想学得一点战时应用的英文知识。那些教材都是我们为训练班特别编的,关于军事、飞行、交通、地理等科目,有些专门的字汇,我还得与学生同时学习着。

大后方的生活并非完全安静的,尤其在抗战后期,我们经历着战争所带来的困难与灾祸:物资缺乏、通货膨胀与敌机的轰炸。那些好像是被飓风所激起的海浪,一波未平,一波又起,连续不断地袭来。这就是我在前面所谓生活的苦的一面。现在且就我在昆明与重庆两处的经验,约略叙述一下。

昆　明

先说,我从长沙随着学校迁去昆明的经过。一九三七年卢沟桥事变,抗战开始,华北三个有名的大学:北大、清华、南开,先后被敌人摧毁。为维护高等教育的延续,政府授命这三校当局,在长沙组织临时大学。校本部设在长沙城内圣经学院,文学院在圣经学院的南岳分校,那里我曾教了二个多月的书,如在《南岳日记》里所写的。不久,敌人自上海、南京,溯江而上,威胁华中的安全。政府先迁武汉,后移重庆,临时大学亦奉教育部令迁昆明。虽在西南大后方,交通不便,却离战火极远,是一个理想的读书地点,可以弦诵不辍。因此,临时大学也就更名为国立西南联合大学,取其较有永久性。

在长沙迁校时,部分临大学生组织步行团,在几位教授领导下,从长沙徒步走到遥远偏僻的昆明,有几个月路程。这一次师生的壮举,为抗战史留下一页光荣的记录,可惜很少有人提到。其他学校人员,则自己想办法,从海陆两路在昆明集会。我也从南岳去长沙,经香港,回到敌人占领下的上海。更从上海挈眷返港,乘轮赴越南,在海防上岸,坐火车去昆明。虽无步行的艰辛,却也长途跋涉,冒着相当危险。在上海轮船码头上看见耀武扬威的日本帝国皇军,雪亮的刺刀插在枪上,使人悚栗不安;也忧心忡忡,不知何日能光复失土。到海防时,经过海关,检查行李,看到法国人在殖民地那副狰狞的面目,与在他们手下一些安南人狐假虎威的气焰。过了这关,从河内坐上单轨的、狭窄的滇越铁路火车,慢吞吞地一站一站停下,晚上索性歇夜不开。虽然路途不远,旅程却似乎永无尽止的。可是,一过了滇越交界的老街,重返国土,心里的高兴是不可言喻的。

我们来到昆明,为一九三八年春天,在大后方可以暂时安定下来,不会受到敌骑的蹂躏。这时候,昆明的生活程度低得令人不能相信。国币一元值滇币十元,而一元滇币可买鸡蛋十枚,猪肉若干两。工资也极便宜,我们家雇了一个老妈妈与一个小丫头,帮助家务。对于本地人说来,我们的房租奇昂,却也不过几十元国币。我在西南联大的薪水,在发付时要打一个大折扣,但是一月二百多元国币的生活费,却是十分富裕。在昆明我住了将三年,搬了好几次家,更遭遇着两次事变;同时,我们看到物价如直升机般上涨,国币贬值,而滇币也被淘汰。

　　昆明天气好,适宜住家。但是外省人来得太多,十分拥挤,把房租也弄贵了。最初,我们在翠湖东路——多美的一条街名——一所小洋房内找到一间楼下房子,上面住着空军人员,好几对年轻夫妇。几个月后,有一机会,我们迁去青云街金汉鼎(与卢汉同为龙云手下的两员哼哈大将)家有好几座住宅的大园子内。地点在昆明市西北角,与郊外联大新盖的校舍接近,十分方便。金家自己住一所两楼正厅的大洋房,我们租得一间楼上的厢房,十分宽敞而明亮,下望一大片碧绿的草地。以办《战国策》杂志有名的林同济教授(云南大学)夫妇住在我们楼下,后来他们搬去较远的一所小房子独住。在这大院子内,还有一所洋房,初为德国驻昆明的领事馆,后租与航空学校周至柔校长。我们与周家打着交情,他们有两个儿女,"一东"与"一西",周伯伯喜欢与我们的女儿光南逗玩,他也偶尔与我下棋。在这样优美的环境内,日子过得十分舒服。

　　但是,好景不长,这时国军已"转移阵地"(不幸的,这句话在报上时常出现),退出长沙、武汉等处,日本飞机开始在昆明一带活跃了。住在城内怕轰炸,一阵子,大家都疏散到乡下去。我们在离市二三十里的大普基省立农业畜牧场内找到一间在后面的边房,前面另有一所较大的房子,住着场长汪国舆一家,他是清华毕业生,在美国学畜牧的。把家眷安顿好,虽然与牛羊猪杂居一处,倒也放心。上课时,从乡下进城,在田野山坡中走着一长段路程,锻炼身体。在城内住几天,周末功课完毕,又走回普基,与家人相聚。这样,不免辛苦一些,却总算平安无事。哪知,在某个周末,夜半睡眠正酣,忽然,为院子内喧哗的声音所惊觉,原来是来了一伙强盗。他们在前面抢毕,把场长一家关入小室内;又来后面,把门踢开,闯入我们的卧房,倾箱倒箧,搜索了一会,把一些值钱的东西,如手表、自来水笔、现款等,统统抢走。最后,把我们驱入那间汪家在内的小室,然后扬长而去。我们虽然心悸不已,幸喜人口无恙,等到强盗走得影踪全无时,大家返房内收拾残遗杂物,放回箱子内。天一亮,唤来一头驴子,把行李装上,就沿着我所走熟的小径到了昆明城里,暂住南开经济研究所一间楼顶上存放物件的低矮的大杂房,与积满尘埃的破家具、纸堆、书报为伍。对于我们劫余的三口,至少有一个地方在青黄不接时可以安身下来,也算运气。

此后,我们在文化巷一所住宅内找到二间屋子,与心理学家陈友松夫妇合住。院子内另有一座较大的楼房,住着清华数学系教授杨武之一家。他有五个孩子,五弟是我们女孩的小朋友,大哥在联大读一年级,就是后来得诺贝尔物理学奖金的杨振宁。最后,我们又搬去一所有三间房子的小宅,一家独住,在一个周围都是茶花(有几百盆)的院子内。我们住的大概是从前园丁的房子,倒也幽僻清静,四围没有大房子,似乎不会成为敌机空袭的目标。

城内虽然治安尚好,但警报来时,必出去郊外疏散。幸而如此,不然,我们会变成轰炸的牺牲品。一天,跑警报回来,发现我们的三间房屋被炸成一堆瓦砾,连小孩玩的洋娃娃的头也炸掉了。其他物件,完整的或破毁的,散在各处。收拾起来,装在箱子及纸匣子内,搬到朋友家中过了几夜。这时,昆明屡遭轰炸,大家乱哄哄的,今日不知明日事。城内房子一时寻不到,郊外又不敢去住。在无可奈何中,给妻子与小孩买了一张飞机票,把他们送去重庆,暂住沙坪坝南开中学。学期终了,我辞掉联大教职,到重庆与她们相聚,结束了在昆明住家的一段生活。

现在,回过头来,追述一下我在西南联合大学教书的情形。

最初,因为昆明临时建造的校舍不够,在一九三八年春开学时,文法学院暂设滇南蒙自的哥罗斯洋行。这是希腊人开的,由联大租用,学生与教授都安顿在那里。我从昆明单人去蒙自,住学校教职员宿舍,是在洋行外首的一所房子,楼上有一间统舱式的大房间,可容纳十几个单身教授。南开文学院为学校最弱的部分,只我一个人在蒙自。与我为伴的却有好几位经济研究所的同事,其中有:以提倡全盘西化闻名的陈序经;我的清华同学丁佶,他后来不幸在昆明郊外普基游泳时溺死;以及现任香港中文大学校长李卓敏。在蒙自我们过着优游自在的日子。那里有如世外桃源,与外界隔绝,连报纸都没有,不知国内外大事。这是集体生活,无家眷相伴,除了上课与散步外没有任何消遣。可是,精神上却是安愉的、兴奋的,幸运着能避免战火,逃脱敌人的魔掌,在后方继续度着自由教学的岁月。

很快地一学期过去,夏天我回到昆明,不再去蒙自。秋季开学时,联大的教室与学生宿舍大部分盖好,较大的一座图书馆亦已落成,学校的一切都上了轨道。在行政方面,联大由三个校长组织委员会主持,有北大的蒋梦麟,清华的梅贻琦,南开的张伯苓。张校长住在重庆南开中学,由秘书长黄子坚代理他的职务,蒋校长也时去别处,因此联大大部分的日常行政,由主任委员梅校长办理。教授方面,在联大集中着华北三个最高学府的精华,阵营浩荡,为从前任何一校所没有。在《南岳日记》内,我曾开列了当时文学院同仁在南岳的名单。此后在蒙自与昆明,更陆续有自沦陷区来的新教授。以我所比较熟悉的文学院而论,在外文系方面,教授英文的就有北大的叶公超(系主任)、莫泮芹;清华的吴宓、陈福田、钱锺书(他新从英国回来,我忘记了他是北大或清华聘的);与南开的我。英人 Robert Payne,也曾在联大教过书,那时我已离开昆明了。还有许多年轻有为的讲师如李田意、杨西昆,担任大一英文功课,住在四川叙永联大的分校。法德文教授有闻家驷与吴达元(法文),冯至与杨业治(德文)。中文系更是人才济济,如北大的罗常培、魏建功,清华的朱自清(系主任)、闻一多、浦江清,与后来参加联大的陈梦家、卞之琳等年轻学人,都是在文坛上有声誉的。历史系与哲学系也是如此,各有若干闻名的教授,这里不一一列举了。

除了一些特殊的外语训练外,各院系的功课仍如从前一样,没有因为抗战而改变学术性质。以外文系为例,有这样雄壮的阵营,我们所开的功课,比战前任何一校为丰富。在天津南开时,我教的课程多、范围广,有英国文学史、英国戏剧、文学批评以及现代英国文学,还兼教大一英文。在联大,则专教文学史与戏剧两课,作为我的特长。这时,图书馆藏书不多,外文书籍尤缺乏,无法做研究工作,但为教书时应用,为学生作参考,却也是足足有余。大概说来,联大学生的素质很高,由于教授的叫座,有志的青年不远千里从后方各处闻风而来,集中在昆明。他们的成绩不逊于战前的学生,而意志的坚强与治学的勤健,则尤过之。唯一对于学业有影响的,是频繁的空袭,有许多时间耗损在去郊外跑警报,一下子就有几个钟头。学生的生活是简朴的、枯燥的,但越规的行动甚少,训育方面的问题并不严重。这是我在昆明三年中所得的观察,以后的情形或者有些不同。

当时,除教学与读书外,很少别的事情可做。昆明城大,有家眷的教职员分散各处,没有像在南岳与蒙自时那样过往的密切。当时唯一的消遣,是与同事们作桥戏与棋战。在一起玩的,有清华的二浦(浦薛凤与浦江清),都是我的好朋友,在围棋与桥牌的技艺方面,我们亦不相上下。北大的陈雪屏却是此中一位高手。打桥牌时可以靠手运,下棋却要真本事。与雪屏比赛时,他总得让我三四子,苦战了几个回合,还是不能必操胜算。与我下棋次数最多、兴致最高的为历史系教授邵循正。他是清华的少壮派,比我年轻得多,下棋时一点也不留情。我们一有空暇(就是说不去教书、不预备功课、不跑警报)就下棋,一玩几盘,每局杀得痛快,而且下子如飞,不假思索。他比我棋艺好,所谓棋高一着,缚手缚脚,老是把我欺侮着。但是,有时我借机偷他一两块地盘,把他杀得片甲不留,总算报了仇。与邵循正在昆明别后,就没有会见过,不知他下落如何,在回忆中不免记念着这位棋友。

这里,应当一提我们在西南联大的亲戚。我的二舅父郑桐荪,对于我一生的影响最大。没有他,我不会进清华,今生也不知会变成哪个样子。他与我的大舅父,都是苏曼殊的朋友。二舅父很早去清华,与杨武之同在数学系任教。清华的数学系最有名,除了这两位老教授外,还有陈省身与华罗庚,都是杰出的青年数学家。那时候,舅父单身在昆明,住学校宿舍,不时来我们家。他喜欢我们的女小孩光南,与她玩,教她练本事,从汽油箱上跳下。我们在昆明时没有家具,却弄到了许多空汽油箱(昆明为抗战时中国空军基地),其用处甚广,可以摆成床、书架以及立体式的桌椅。在青云街金宅时,女孩只有两三岁,受到"公公"的鼓励,嘭嘭地从各式各样的汽油箱跳下,把地板都震动了。住在楼下的林同济夫妇却受不了。同济比我在清华高一班,是个君子人,他不与我们起交涉。忽然,有一天,他不声不响地搬了出去。这时候,舅父的女婿陈省身,亦在联大数学系任教,舅父的大儿子郑师拙,在联大读书。他们二位现今都在美国,与我们时有往来。师拙为生物学家,任教伊利诺斯州西北大学。省身在加州大学,以研究拓扑学扬名国际数学界,去年曾得到福特总统亲授的美国杰出科学家之一的奖章。

最后,说到我在联大时的外文系学生,有好几位在美国,在写作方面有特殊的成就,这里只提出黎锦扬与吴讷孙(笔名鹿桥)

二人。黎锦扬出版好几部英文小说,尤以《花鼓歌》闻名美国文坛。他在耶鲁大学攻戏剧,后去美国西岸,在洛杉矶一带活动。当印第安纳大学比较文学系在一九六二年开四年一次的"中西文化交流"讨论会时,我曾邀他来印大演讲;那时,距我在一九三七年秋在南岳教他英国戏剧时,已有二十五年。此后,与他通了几次信,就失去联络,他大概仍在好莱坞那里。吴讷孙是我在南开英文系最后的一个学生,与他始终保持着密切的关系。他卒业联大,去耶鲁读书时,我也在那里,眼见他成家立业,成为一位在美国大学内很有地位的中国美术家。他关于学术性的著作,都用英文发表。因此,当十几年前他赠我那册影射联大学生生活的中文小说《未央歌》时,大出我意料之外,却高兴着他为学问而仍不忘文艺的创作。他在这方面继续努力的成绩,如《人子》,表示他的写作艺术以及人生观,变得更为成熟了。此外,联大还出了许多人文科学的人才,各方面都有。如现在美国大学教授中国文字与文学的,有明尼苏达的刘君若、印第安纳的郅玉汝,都是联大出身的。最近,传记文学社的刘绍唐来信,告诉我,他也是联大学生。他不读文学,那时候并不认识,现在却结了文字因缘。回想到当年集中国英俊有为的青年而教之,实为一大乐事,在昆明联大如此,在重庆中央大学时亦是如此。

重 庆

抗战时,中大自南京迁渝,校址在郊外沙坪坝,嘉陵江畔,邻近重庆大学;再过去,就是我们住家的南开中学。由张伯苓校长的远见,早在抗战前,南开在沙坪坝设一分校,取名南渝中学。天津沦陷后,张校长与南开几个重要职员,及部分教员,都去重庆;南渝也更名为南开中学,以纪念为敌人所占领的津校。因为我们与南开的关系,去重庆,就在南中教职员住宅津南村找到二间房子安身。我的妻子本在天津南中教书，此时小孩比较大了，她就在重庆南中继续任教。当我尚在昆明时，范存忠（中大外文系主任，是我的好友；我们同时到美国，同时得到英文学博士，他在哈佛，我在耶鲁）就已约我去中大教书。于是，我们就在重庆住下来，一共有五年（一九四一至一九四六年）。虽然并无盗劫及轰炸等意外事件，但生活也并不平常，并遭逢着我一生中最黑暗的时期。此处仅就回忆所得的，把在重庆有关家庭与学校的两部分，依次叙述之。

在重庆不到几个月，敌人的飞机似乎追踪着我们，开始轰炸起来。重庆的雾，四围的山，保卫首都的防空部队，都没有发生阻止敌机空袭的作用。成群的飞机，或多或少，日以继夜地在重庆肆虐，那就是敌人所谓的疲劳轰炸。结果呢，市郊的断垣残壁，到处都可看见。更惨无人道的，是大隧道的悲剧，炸弹直接投掷在防空洞上，数以百计、千计的市民全被活埋在那里。沙坪坝在郊外，比较安全，在山坡的巨岩中可建筑坚固的防空洞；尤其是中央大学，校址沿着嘉陵江岸，在那儿矗立江边数十丈的削壁内挖掘巨穴，安置防空设备，却也十分安全。因此，南开与中大，虽遭空袭，房屋小有损毁，并没有人员的死亡。可是另外发生了一个问题。一天到晚在防空洞内，阴暗而潮湿，对身体不好，尤其影响孩子们的健康。睡眠的损失不算；在夏天，虫子多，为疾病的媒介，因此疟疾、肺炎、百日咳等病症，到处流行，我们的女孩也染上了后者。我不忍见她受苦，一念之错，竟把妻女送去香港，以为那边安全，我也可以在重庆安心教书。她们去后，我从南开搬去中央大学，住教职员宿舍，与范存忠及其他中大同事相往来，倒也不太寂寞。

妻女的香港之行，为的是避免敌机的轰炸，哪知道，反而使她们陷入更凶险的灾难！她们去港不到半年，一九四一年十二月珍珠港事变发生,香港被日军占领,这噩耗有如晴天霹雳打击着我。事情更坏的,我的父母亲也在香港(是我送家眷去港的一个原因),他们一同陷入敌人的掌握中。我们一家,只有我独自在后方,与家人完全隔绝。我彷徨无措,着急地奔走,四面八方去打听消息,去找我的清华同学在政府内做事的,父亲的朋友为党国要人的,却是一无所得,我昏天黑地过着日子,除教书外,一事也不做,焦急着等待家人的音讯。幸而天无绝人之路,几个月后,在一九四二年春,好消息来了,妻女已到桂林,虽然在一路上经过流亡艰困的生活。不久,她们返重庆,我也回南开与她们重行团聚。这时候,我又从某处访得父母亲亦已安抵广东沿海游击区海丰陆丰的喜讯。同年六月,他们到了桂林。于是,在我的心头,拨去了阴霾,重见光明。

　　从一九四二至一九四五年日本投降的三年中,我们在重庆的生活,大概说来,是平安而愉快的。太平洋战事发生,敌军曾胜利一时,铁骑遍东南亚诸地;但后来实力雄厚的美军重振旗鼓,敌人先天不足,对付美军反击之余,已无能力在中国后方作空袭的骚扰。这时,中美已并肩作战,陈纳德的"飞虎"进驻昆明,美国的飞机与军火源源不绝地自滇缅路运来,在那边有中大及联大的学生为中美军队当着通译。大家都觉得,眼前的工作虽仍艰巨,但国家的命运已经好转,有如通过了黑暗隧道的尽头,喜悦地看见天日。唯一对后方老百姓不利的,是这几年来大幅度的通货膨胀,使有固定薪金的公务员、大学教授也在内,受到经济的压迫。薪水是加了,政府还额外赐恩,如平价布、平价米,以及煤油盐等日用必需品的津贴,但是没有外快的公务员,总是入不敷出。我们的情形比较良好,一家三口,有二个人做事赚钱,但仍不免有捉襟见肘的窘况。就在这时候,我开始卖文稿以补家用,成为一生中写作(连翻译、编书)最勤、产量最丰富的时期,一下子出版了十余册书得到一些额外的收获。

此处,应当提及我当时另外的一件工作。华北陷敌后,北平图书馆被占领,馆长袁同礼带了少数职员,来到重庆,在南开中学的图书馆内借得一间办公室。袁家住在南开附近,因此与我们认识。这时候,袁同礼受美国国务院之托,要找些中国抗战文学的材料,他就嘱我主持其事。我现在回想,也许应当多收集些短篇小说之类的作品,译成英文,有较多在美国发表的机会,以为战时宣传。但是,在抗战后期,我觉得文学作品中最有成绩的,是当时在重庆桂林上演、颇为叫座的话剧。因此,我拟了一个名单,大概有八部至十部剧本,设法找人翻译。其中有郭沫若的《屈原》,曹禺的《北京人》与《蜕变》,袁俊(张骏祥)的《万世师表》,杨村彬的《清宫外史》,吴祖光的《牛郎与织女》,夏衍的《法西斯细菌》。译稿完成后,都由我校阅一遍,然后送去北平图书馆。这项工作的好处,是译者能得到较高的报酬,可是那些作品转送美国后,却如石沉大海,杳无消息。我至今仍觉得为此事白费了时间与心血,劳而无功,至为可惜。

一九四四年秋,抗战胜利前夕,父母亲从桂林来渝,与我们同住,连带我们的生活也变得不平凡了。我们这时候住南开津南村,有房两间,一为卧房,窗前放一书桌作为读书之用,一为客厅兼饭厅。父母亲来后,在我们客厅的后半间打一张他们的卧床,前面专为吃饭之用。在那里,他们曾请过一次大客,到的有周恩来、董必武、郭沫若、沈钧儒等五六人。还有汽车夫老段,也在圆桌上占一席,那是客人吩咐的。另外一个场合,我与妻晚上在城内看完话剧,去到郭沫若家(须得在炸余的破瓦砾堆中拾级而上)接父母亲回南开,发现那里正有一个盛大的集会,庆祝周恩来偕美大使赫尔利自延安回来,有些人在唱歌、跳舞,沈钧儒在表演太极拳,兴致甚好。这也是国共谈合作的时期。最不寻常的一次,某天,南开忽然戒严起来了,荷枪实弹的兵士在校内巡视,那是延安某要人来南开拜访张校长与我的父亲。那时,父亲已自我们住的地方搬到附近一处教职员住宅,有一间房,在那里接待客人。我正在翻译莎士比亚剧本《西撒大将》,忙得没有去看热闹。

此后不久,却有一幕悲剧,我与妻也参加了。离沙坪坝不远的小龙坎,有十八集团军办事处的公墓,在那里有一天举行了李少石的葬礼。李少石为廖仲恺(早卒)夫人何香凝的女婿,廖柳有通家之谊,而且李少石是诗人(父亲称他为"诗翁"),酷爱父亲的作品,在重庆时与父亲订诗文之交。有一天,李坐集团军汽车送他父亲返沙坪坝,在回城途中被暴徒狙杀。在墓葬那天,我同妻子及妹妹无垢(她也从桂林来到重庆),陪着父母亲步行去坟地,遇见许多来送葬的人,除周恩来、王炳南、乔木等外,还有廖夫人与孙夫人宋庆龄(我曾看见过她)。大家很悲恸。父亲曾为李少石之死及丧,各写长诗一首纪念之。我最爱下面几句:

  诗谶头颅一掷轻
  诗翁名字千秋寿
  欲哭休嫌近妇人
  寝门一恸凭几牖
  剪纸难招鵩鸟魂
  题诗疑作鲸鱼吼

非但情感真挚,而且气魄雄伟。

交代过了在重庆时代我个人及家庭的生活片段,且略述一些我所知道及与我有关系的中央大学情况。先说,我在中大五年,如何一年换一次校长。抗战开始,中大自京迁移时,图书仪器都安全地搬到重庆,校长罗家伦甚有功劳。他在南京及重庆任职多年;在渝时校务稳定,校誉蒸蒸日上,在后方与西南联大堪称两所最高学府。中大的重要性,也可自历年来政府所派继罗氏后的校长见之。第一任是资深望重的顾孟余,来中大后,颇想有一番作为;但一年任满,他骤然拂袖而去。一时没有合适人选,由当时的蒋委员长中正兼任,派朱经农为教育长,实际主持校务。学年结束,正好教育部长换人,朱经农去部任次长,由原任次长顾毓琇(一樵)来中大。他一年任毕,因事辞职,改派联大理学院长吴有训继任。这时,已届抗战胜利,我亦辞去中大教职,于年底离渝去沪,作赴美教书的准备。

在这几位校长中间,我们对顾孟余的期望最大。他来校后,立刻把编写《古史辨》闻名的顾颉刚邀来任文学院院长。听说他应聘来校的条件之一,是要办一个学术性质的刊物;于是,中央大学《文史哲季刊》应运而生。编辑委员会,在外文系方面,有范存忠、徐仲年(法文)、商章孙(德文)及我,其他学系,我记得中文有汪辟疆、唐圭璋、胡小石;历史有金毓黻、缪凤林、张贵永、沈刚伯;哲学有宗白华、方东美诸人,阵营相当整齐。不幸的,大顾辞校长职,小顾随着离去,季刊大概出版了一两期,也就寿终正寝。后来顾孟余来美,住加州。十年前,我到他家中看过他一次。这时,他身体已衰弱,不良于行。关于他回台湾后的生活,大家都已知道。另一位校长,朱经农,在美国时我也访过他一次,并在他逝世后参加过宗教式的丧礼。这应当是三十年前的事情了。他与几位中国学者同住在康州哈脱福城的神学院内,我在新港与他们相离甚近。在吊丧那天,大家很悲哀,缅怀着一代教育家竟弃我们而先逝。顾一樵为清华同学,比我早几班,他是唯一中大的校长与我发生过关系,却是不值得提的。他很早来美,但我们尚没有会面的机会。我很佩服他,能从行政工作(大学院长、校长、教育部次长、教育局局长)胜任地回到教学的岗位,在美国宾州大学教授他原来所学的工程学,近年始退休。不仅此,他多才多艺,也是一位文学家,著作等身,有全集出版。最后,提到物理学家吴有训,他是我二舅父在清华时的好朋友。他长中大时我正好离去。一九七三年我们曾到过北京他家中拜访,二位老夫妇待客甚殷勤。当时,吴有训谈话很健,有如在清华及联大当年,不料最近得到消息,他也死去了。

中大虽然屡易校长,行政部分没有长期政策,没有建树,但是大学以教授为中坚,在抗战时中大的教授并无多大更动,却是历年有所增强。以外文系英文教授而论,其实力之雄厚,实凌驾联大而上之。他们在英美读书的学校,不是哈佛(楼光来、范存忠、孙晋三、丁乃通),就是耶鲁(柳无忌、陈嘉),有牛津(俞大缜、俞大绚、杨宪益),也有剑桥(初大告)。楼光来是我在清华的英文老师,曾从政一时,复去中大,任文学院院长多年。初大告与杨宪益,出版过好几部英译书籍。前者译有《道德经》及第一部唐宋词选的英文本。杨宪益的译作更多,有屈原诗集、关汉卿戏剧选与三册历代短篇小说集:《六朝神异小说》《唐传奇》《宋元明话本》。他帮助我为美国国务院翻译抗战时期的话剧,他译的郭沫若著《屈原》,后来有机会出版。中大外文系亦有德、法、日文,但教授不多,以教法文的徐仲年最有名,曾在文坛上活跃。抗战时他创办《世界文学》杂志,我们大家帮忙投稿、捐钱,但与《文史哲季刊》一样,寿命不长。中大外文系出版的书籍,比较有用的,是范存忠与我合编的二册大学英文读本。两书出版时,得到英国大使馆文化参事处的补助。那位参事,与我们很熟,有时来我们南开家中吃中国饭。他是一个怪人,后来醉心佛学,在这方面译著丰富,听说已成为道地的佛教徒了。

我初去中大时,兼任文学院外文系以及师范学院英语系教授。二者虽都侧重英语,但行政系统不同(后来范存忠把英语系也归并过来)。英语系设在中大柏溪分校,最初几个月我在柏溪兼课,有数小时的滑竿路程。滑竿似乎只在四川有之,比轿子小而轻,一张露天竹制椅子,系在两条长的竹竿上,由两个夫役挑在肩上,抬起我来,轻松得可以健步如飞。由于英语系的关系,我也曾参加过师范学院的重庆教学视察团,在重庆一带看到了许多中学。我的功课,与在联大时大致相同,有英国文学史,但有时也教大二英文(英国散文),英国戏剧外另加希腊戏剧。在中大末一年(一九四四至一九四五年),当顾一樵为校长时,范存忠去英国讲学,我代他办理系务,担任的主任竟有四个之多。除前已提及的外文系与英语系外,还有新成立的外国语文研究所(给硕士学位),以及——笑话之至——俄文专修科主任。抗战末期,中俄建立新关系,需要俄文人才。教育部命中大办俄文专修科,属于外文系,因此我也当起主任来。虽然连俄文的字母都弄不清楚,我却没有旷职,成功地为俄文专修科找到在国内第一流的俄国文学权威,以翻译俄文小说有名的作家曹靖华。至于他是否教出了一些好的俄文学生来,当主任的却无从知道了。

我所知道的,是当时我曾教授或后来认识的中大学生,有好几位现在欧美学术界任事,颇有成绩。这里只举少数以为代表。外文系毕业的马大任,曾在加州斯坦福大学的胡佛东方图书馆任中文部主任,有一年我在斯坦福研究时,曾给我以许多便利。他现在荷兰有名的雷顿(Leiden)大学主持东方图书馆事务。另一位外文系硕士,为我的助教许丽霞,后为丁乃遥夫人,在芝加哥大学得图书馆博士学位。夫妇二人现在北伊利诺斯州任教。与马大任一样,她出版过有关中文图书目录及参考书的著作。曾在中大读书现在纽约州的唐德刚、康州的朱继荣以及在衣阿华州的聂华玲,近年来我也碰到过几次。先说朱继荣;有一天我正在耶鲁大学图书馆翻阅图书卡片,忽然有人走过来自我介绍,原来就是朱继荣,他新来新港,在耶大远东语言研究所任教中文。我们同在新港住了几年(还有李田意、吴讷孙以及郅玉汝),我去中西部教书，朱继荣却到康州女子大学，在新伦敦去开辟新天地，创立一个中文系，已有十多年历史。他并在业余从事中国水彩画，成绩斐然，在新英格兰一带颇有名声。唐德刚在哥伦比亚大学教过书，当过哥大中文部图书主任，他对胡适传记的贡献最大。在衣阿华大学当过中文系主任的聂华玲，历年来帮助她的丈夫，有名的作家 Paul Engle 主持的 International Writers Program 的工作，与台湾的作家颇有联络。她写作甚勤，在台湾时已在文坛活跃，来美后在大学任教外，仍继续从事中文小说的创作。她最近出版的《桑青与桃红》，如鹿桥的《未央歌》与《人子》一般，颇得批评界的赞扬。

  凭着过去的经验，我总觉得读外文系的出路是广的、多方面的。前所提到的几位联大与中大的同学，他们对中文与外文有造就，也发展到其他部门如文学、戏剧、图书馆学，与美术史。更难能可贵的，他们在文艺创作方面也有成就，能在中美文坛占一席地。现在回想着三十至四十年前在昆渝两处大学内教书的生活，虽然由于战火的蔓延，使我在人生的路程中遇到艰危与挫折，但是这种大时代的经验却是不平凡的，不是在承平时期所能想象及体验到的。也许，可以这样说：当时所过的年月，并未枉费；所做的工作，也不是完全没有学术价值与精神上的报酬的。

一九七七年耶诞作于加州

黄钰生（1898—1990），字子坚，胡北沔阳（今仙桃市）西流河镇人。著名教育家、图书馆学家。

1911年13岁时来天津寄寓舅父卢木斋（曾任直隶提学使）家中，翌年就读于南开学校，即后来的南开中学。毕业后进入清华学校，在校期间，参加了五四运动。1919年考取官费赴美留学资格，在劳伦斯学院攻读文学和哲学，第二年又入芝加哥大学，主修教育学，副修心理学。1923年获教育学硕士学位，在等待进行博士论文答辩时，因得不到国内资助不得已提前回国，被南开大学校长张伯苓聘为教育学教授，兼任南开大学大学部主任和秘书长。1938年2月，长沙临时大学向昆明转移时，三百多名男生组成"湘黔滇旅行团"徒步入滇，黄钰生任辅导委员会主席，负责全部总务事宜。漫漫三千里路，跋山涉水，备尝艰辛，历经六十余日方才抵达昆明。西南联大诞生后，黄钰生任建设委员会建设长，为学校征地建校舍任劳任怨。同年秋天又担任西南联大师范学院院长暨附设学校主任，为云南的师范教育及基础教育作出了重要贡献。抗战胜利后，他作为天津南开大学秘书长赴天津筹备复校事宜。

中华人民共和国成立后，黄钰生调任天津图书馆馆长，之后又兼任政协天津市委委员、天津市科技协会副主委。1956年，他加入中国民主促进会，不久又任民进天津市委副主委、民进中央委员。粉碎"四人帮"后，任天津市政协副主席，并任第五、第六届全国政协委员。

回忆联大师范学院及其附校

黄钰生

曾经在西南联大工作过、学习过的人，无不认为这是自己一生中最值得纪念的时期。我从抗战初期长沙临时大学筹委会举行第一次会议起，直到1946年夏西南联大结束，清华、北大、南开北返平津复校为止,都亲躬其事,有许多值得回忆和反思的事情。在长沙临大期间,我担任建设长职务。1938年春学校西迁,我和同学们一起参加步行团到昆明后,自问建设非我所长,申请辞去。1938年8月初,联大奉教育部令增设师范学院。蒋梦麟先生找我谈话说,校常委会希望我担任联大师范学院院长。我说,教育部规定师范学院院长必须由国民党员担任,我不是国民党员,怕不够格。蒋先生说:那好办,我和梅贻琦先生介绍你入党好了。8月16日通过的联大常委会决定,聘任黄钰生为本大学师范学院院长。经过一番筹备,师范学院于1938年12月正式上课。我一直担任师院院长和附校主任,因此,我的回忆和反思,也以这方面为主。

联大师院是当年教育部在全国同时新设的八个师范学院之一。在抗战伊始,战区许多学校仍处辗转流亡之中的时候,一下新设八个师院,除为大量培养师资之外,实有配合国民党所谓"训政"之需要,加强对青年思想控制的目的。这从规定院长须由国民党党员担任;当时其他高校均无训导处,而师院则必须设主任导师负责学生之思想行为训导工作;增设公民训育系以培养各级学校的训育人员等;都可见一斑。而要求联大增设师院,则是因为联大教师力量雄厚,可资利用之故。师院建院时,将原北大教育系、南开哲学心理教育系的教育组及云南大学教育系师生划归联大师院,三系组原有教师人数不过四五人,而1938年师院新招生的五年制本科共设有教育、公民训育、国文、英语、数学、史地、理化等七个学系,此外还先后设置了两年制的文史地、数理化专修科,云南省在职教师晋修班等。因此,多数系主任和教师是由联大其他院系教师兼任,或与联大文、理、法学院系开设的相应课程一同上课的。以后联大每年都新聘一些教师,其中有些是针对师院的需要聘请的专任教师。有些虽由师院名义聘请,实际并未在师院授课。据《联大大事记》所载,曾在联大师院任职的教师先后有 91 人。其中教授 20 人、副教授 9 人、讲师 12 人、教员 14 人、助教 36 人。教师实力之强,在其他师院中是很少见的。

师院的课程除了按教育部颁布的《大学院系必修选修课程表》之外,师院学生还要按西南联大自己规定的大一共同必修课程肄业。师院各系,也有共同的有关教育方面的必修课。除了上述三层必修课之外,师院各系,也由系主任所拟订的必修选修课程表,学生遵循肄业。所以师院五年制本科生(第五年为教学实习)应修的学分总数略多于其他院系。由于教育系与公民训育系为师院所特有,故将两系的课程与负责教师列表如下:

教 育 系		公民训育系	
系主任:陈雪屏		系主任:罗廷光　陈雪屏	
课　程	教　师	课　程	教　师
教育概论	黄钰生	教育概论	黄钰生
普通心理学	樊际昌	教育行政	徐继祖
教育心理学	陈雪屏	教育心理学	陈雪屏
中学教学法	胡　毅	中学教学法	胡　毅
比较教育	罗廷光	心理卫生	倪中方
教育行政与管理	陈友松	训育原理	查良钊
中等教育	陈友松	中等教育	陈友松
中学行政	徐继祖	法学概论	卢俊凯
教育统计	曾作中	法理学	燕树棠
教育财政	陈友松	经济概论	陈岱孙
教育哲学	黄钰生	教育哲学	田培林
中国教育史	汪懋祖	哲学概论	贺　麟
心理测量	倪中方	中国哲学史	冯友兰
西洋教育史	田培林	西洋政治思想史	张奚若

其他各系主任:国文系由朱自清等人兼,英语系由陈福田等

人兼,史地系由刘崇铉等人兼,数学系由杨武之兼,理化系由许浈阳专任。在职教师晋修班主任为倪中方,文史地组主任为张清常,理化组主任为许浈阳。

晋修班的课程以文史地组为例见表:

课　程	教　师
古代汉语	张清常
文言文习作	张清常
语体文选	李广田
语体文习作	李广田
中国历史	孙毓棠
世界史	丁则良
中国地理	张印堂
外国地理	王乃梁

此外还可以旁听罗庸讲的《孟子》,闻一多讲的《诗经》《乐府》等课。

师范学院初级班设有国文、英语、数学等课,均有专任教师。

师范学院的学术活动主要有三项:(1)1940年国文系教师编辑出版了《国文月刊》。此刊物一开始就受到了欢迎,在国文教学方面起了积极的作用。(2)1939年4月聘孙毓棠为史地系教员,并主持史地教材研究事宜,他的研究收获颇大。(3)1939年10月聘许浈阳为理化系教授兼系主任。他对中学物理教材的研究与仪器设计,也有一定的成绩。

师院学生的层次,比联大其他院系较为复杂。建院初期,由原北大、南开、云大教育系或教育组转入师院的,多为三四年级的同学,不久就毕业了。1941年师院招收了部分大学毕业同学为研究生，毕业后分配到各校任教。师院的五年制本科生应以1938年招考的为第一届。后来又应云南、贵州两省教育厅及江苏省重庆办事处要求，保送了一批免试学生。

师院的学生来源诸多，而云南籍学生似多一些。学生人数在联大五学院之中居末位。其原因之一是因建院之初，报名入师院录取后又转入他院者颇多。因师院录取标准较低，报考师院易被录取。许多人在有了联大学籍之后又转入其他院系。

师院学生在体格、品德等方面并不比其他学院差。只是在纯学业方面略差一些。原因是他们年龄较大，英语是他们最难迈的门坎，从而听老师用英语讲课便感到难上加难。但大家在"勤能补拙"的思想指导之下，刻苦学习，教师们循循善诱，对学生殷切教诲，学生们进步很快。以后，连英语也没有不及格的了。

师院学生们的生活与联大其他学院的差不多，但在经济上有更为困难的一面。特别是从外省流亡而来的，也有受到优待的一面。因为他们全面公费，偶尔还有点补贴。如1942年入学的女生，四年当中每人还发过够做一身衣服的布，还有点钱，叫作"服装费"。男生是否有同样的优待，我记不得了。在昆中被炸后，男女生都发过一套被褥，这是学校统一的救济。为了生活，师院学生也到校外找点工作。但"泡茶馆"的学生较少。女生衣服较为简朴，社交活动更少，学生宿舍则整洁一些。

联大除工学院二年级以上学生集中在拓东路工学院上课住宿外，文、理、法学院的学生都集中在新校舍附近。师院成立后，为生活、管理方便，最初设在大西门内文林街昆华中学北院旧址。1940年10月，昆北校舍遭到日机轰炸，便迁到了大西门外龙翔街的昆华工校旧址。师院规定，除家在昆明者外，一律住校，在管理上亦较其他院系严格一些。例如每天早晨必集合举行升旗仪式，每周必召开总理纪念周，学生不得无故外宿；起床、就寝都按院方规定的时间等等。这些,联大其他院校并不实行。

师院在昆中北院的两年,是我希望实施我的理想而终告失败的两年。我原希望把师院办成牛津大学式的学院或是古代书院式的书院,以区别于联大的其他院校。但同学们多数课程都和文、理学院合班上课,因此,我的想法不能不因受到联大环境的影响而未能收到多大的效果。在管理上,我仿照南开中学那样进行严格的管理,也受到一些学生的不满。但我仍坚持师院在一定程度上保持院风院貌。纵观联大校史,可以说,师院培养出的杰出人才不多,但不修边幅的"名士"也很少。

师院学生的思想状况和联大其他院校差不多,在思想上,爱国主义是共同的,但也分左、中、右三种,中间分子居多。以中共地下党员及其领导的外围组织为一方,以国民党员、三青团员为一方,都在争取中间同学的支持和拥护,以争夺学生自治会的领导权为目标。随着时局的发展,中间同学渐渐向左靠拢,到1944年以后更为明显,双方对中间同学的争取,都以开展各种课外活动为手段,例如通过壁报展开不同观点的论战,组织音乐、戏剧、文学等文艺活动,举办夏令营、郊游、各种演讲会、时事报告会等方面,左派主办的比较活跃,受人欢迎。今天反思起来,当时左右两方的对垒,也可以说是一种竞争。同学中国民党员和三青团员的人数,远比中共地下党员为多,而且中共党员是处在地下状态,但他们执行了中共的隐蔽政策和"勤学、勤业、勤交友"的三勤方针,积极在争取群众上做工作,其领袖人物也在同学中享有较高的威信。随着抗日战场上中央军的节节败退,政府官员的贪污腐化,物价飞涨引起人民的日益不满,和国民党当局坚持反共,对人民实行独裁专制,不但中间同学逐渐向左靠拢,部分国民党员和三青团员也有对政治采取超然态度的。回忆当年,我们今天可以说:共产党与国民党之间斗争胜负之局,不仅决定于解放战争的战场,而早已预兆于联大的草坪(联大新校图书馆前的大草坪是同学集会的主要场所)。

西南联大于 1939 年 9 月 19 日开始筹设本大学师范学院附中、附小及幼稚园。于 1940 年 7 月 10 日成立了本大学师范学院附设学校筹备委员会。附校于 1940 年 11 月 1 日开学,22 日借云南省立工业学校礼堂举行第一次开学典礼。附校小学有六个年级,初中有三个年级,共 79 名学生,教职员约 20 人。

附校开学时,师范学院已由昆华中学北院迁至昆华工校。附校即以昆工东大楼的一部分为教室。

因当时空袭频繁,为安全计,附校不得不安排合适的上课时间,并使用便于携带的教具。小学一、二、三、四年级上午无课,下午三点至六点上课,地点在昆工;小学五、六年级及初中各班上午七点出发,到疏散点黄土坡露天上课。课桌是可以折叠的支架,上置一块油漆过的木板,学生坐马扎。各班置一大伞,以遮日光。中午就地吃饭,以馒头稀饭为主;下午返校,教具存放在租用的民房内。1942 年,附中与附小分开。附小以坐落在联大新校舍西南角的"浙江享堂"为校舍。附中因昆工索还校舍,又不得不迁至北门街南菁中学旧址。当时在那里的中法大学文学院尚未迁出,附中只得在南菁对面空场用折叠桌凳上课,三周后,始得于 1943 年迁至钱局街校舍。这校舍原是一个年久失修的祠堂,名为岑公祠。地方热心教育的人士慷慨捐输,不但将旧建筑修葺一新,而且购置了正常教具与设备。又将正厅改为两层,上层为男生宿舍,下层为礼堂;教室不足,又在操场东头新建一幢二层楼房,供高中课室之用。至此,附中有了自己的校舍。

我在附中的办学指导思想,主要移植了天津南开中学的那一套,主要有:

认真教学。首先是慎选师资。从 1940 年开始,附中的教师全是品学兼优的大学毕业生,多数来自联大。附小的教师,也都是大学毕业生,多数是师范学院五年级的实习生;其次是对教师提出严格的要求。教师要认真备课,讲课要清晰明了,使学生懂得透彻。作业要求在课堂做,少留给家里做。学生及时交,教师及时还。如国文作文发还作业时,老师要指出优缺点。

要求如此之严,学校也为老师准备了条件。条件之一是课时少,一位老师每天上两三节课,每周 12~16 节;条件之二是学校为老师设座于一个大厅,每位备桌椅一套,有桌椅便有了坐班制,每日至少半天,不管当天有课无课,都要来校。"坐班"惹恼了几位老师,自动辞职者,听之;不执行者,下学期不发聘书。

师院附校有多种考试,有口试、笔试,有月考、季考、学年考。既考学生,又考老师。考试是对教学成绩的一种检验。

由于教学认真,考试严格,成绩显著,附校的声誉很快传开。各界人士纷纷将自己子女送到附校读书。

附校课外活动十分活跃。此风移植自南开中学,并仿效联大大哥大姐之榜样。此外,还有附中学生自己的创造。如学术团体方面有老师领导的人生社、有高年级同学自己组织的燎原社,出版墙报,讨论学习,读书,创作诗歌、漫画等,在附中舆论方面颇有力量;学生自治会学术股主办的壁报《附中园地》,还有各班的壁报《长青》《火星》《鹏风》《海燕》等很有影响。此外,还有锄草、种菜等劳作,将卖菜所得作为基金,并成立了小工厂;另有合唱团、戏剧等文艺活动。

师范学院附校十分注重体育。在校舍屡迁的情况下,附校除了上体育课之外,还在中午或下午放学之后,或借用球场,或在大道上、树荫下练排球,并组织过各种球队。待后来校舍固定以后,我们有了自己的操场,各种球队便如雨后春笋,破土而出。各队命名之新颖,令人喜爱;稀奇古怪的命名又令人发笑;其竞赛之热烈,令人高呼。到了下午四点,课室无课,纵有人在温课也不得不出来到球场上与众同乐。这使我想起我在南开中学和清华学校时的运动场上的情况。在竞赛场合,他们表现了一种可贵的精神,那就是南开张伯苓校长和清华体育部主任马约翰教授所提倡且坚持的体育道德。

师范学院附校的德育特点,可以简单概括为:熏陶重于管理,实践重于说教;以校风熏陶学生之品德与情操,不以规章细则来束缚学生之活动与行为。有关训育事宜不局限于训导课之专职,而分布于全校之各部——寓德育于教学、于体育、于课外活动、于童子军。附校无惩罚条例,无记过办法,学生学业之勤惰,行为之过失,以谈话方式诱导规劝,从不当众申斥,以免伤害其体面;不得已而劝退学生,亦不挂牌,以免伤害其名誉。自尊、自治、自爱之情操是附中训育的目标。

附校注重集体精神之培养。集体精神一由于学生自治的班会的组织,二由于班主任制的持续。班主任负责制起源于"跑警报"露天上课时期。有了固定校舍之后,中间曾受到学制(三三制变为六年一贯制与能力分组)之干扰;三由于部颁训育制之钳制,一度中断,但班主任制一直贯串于附校六年的历史。班与班之间通过训导课的组织协调,通过竞赛与合作成为一个大集体。大集体之荣辱即是班集体之荣辱,班集体之荣辱即是个人的荣辱。

附校有自己的校徽,三环交套,紫、白、黑三色交镶。表示联大由三大学组成。附校有自己的校歌,由张清常教授制曲,他的姐姐作词,曲词并茂,这也是熏陶集体精神的文艺。

关于附小,我只用一句话概括:年轻的匠丁精心培育幼苗。他们(一)有自治会,经常出版《附小壁报》;(二)有合唱团,表演精彩,有音乐家的风度;(三)有图书馆,由同学自己管理;(四)有菜圃,各班一块,看谁经营得好。附小路上没瓜果皮,非常清洁。路边栽满了鲜花。我们经过附小时,嗅着花香,看着花色,便想到在这儿有个花圃,里面培养着中国最宝贵的花朵。

1988.4.4

向达（1900—1966），字觉明，土家族，湖南溆浦人。中国著名历史学家、敦煌学家、中外交通史专家。1919年考入南京高等师范学校。1924年后任商务印书馆编译员，与梁思成等人合译了《世界史纲》，与丰子恺合著了《东方艺术与西方艺术》。1930年任北平图书馆编纂委员会委员兼北京大学讲师。1933年发表了被李约瑟称为"论述唐代长安西方人的卓越论文"——《唐代长安与西域文明》，奠定其在学术界的地位，从此在中西交通、中外文化交流方面卓然成家，为中外学界瞩目。1935年秋到牛津大学鲍德利（Bodley）图书馆工作。1936年赴英国博物馆检索敦煌写卷和汉文典籍。1937年访问巴黎、柏林、慕尼黑等地科学院、博物馆，考察各处劫自中国西北地区的壁画写卷。1938年回国后任浙江大学、西南联合大学教授。抗战胜利后，任北京大学历史系教授兼掌北大图书馆。新中国成立后，任北京大学历史系教授、图书馆馆长，中国科学院哲学社会科学部委员（院士）。

此外，1929年向达在《小说月报》第1号上以笔名觉明发表《关于三宝太监下西洋的几种资料》，在世界上首次系统地列举有关郑和研究的文献。1959年整理出版《郑和航海图》，考订航海图中350个地名，是考订郑和下西洋地名最多的学者。

西市胡店与胡姬

向　达

自张骞凿空以后，陆路方面，敦煌一隅绾毂中西之交通；海路通西域则率取道徐闻、合浦。广州之成为中西交通要地，当在汉末以后；中国之政治中心既形分裂，孙权建国江南，从事经营海上，乃有康泰、朱应宣化海南诸国之举。自是以后，广州遂为中西海上交通之重镇,六朝时广州刺史但经城门一过,便得三千万,其富庶可想矣。唐代广州犹为中西海上交通之唯一要地。泉州、明州、澉浦兴于唐末以及北宋,华亭、太仓之兴则又为元明以后之事。

唐代商胡大率麇聚于广州。广州江中"有婆罗门、波斯、昆仑等舶,不知其数,并载香药珍宝,积载如山。其舶深六七丈,师子国、大石国、骨唐国、白蛮、赤蛮等往来居住,种类极多"。是以黄巢攻陷广州,犹太教、火祆教以及伊斯兰教、景教等异国教徒死者至十二万人。唐代由广州向中原,大都取道梅岭以入今江西,而集于洪州;故《太平广记》中屡及洪州之波斯胡人。至洪州后,或则沿江而下取道大江,或则东趣仙霞,过岭循钱塘江而东以转入今日之江苏。大江道远,风涛险恶,因是南下或北上者多取钱塘一道;不惟富春江上风景清幽,足供留连,旅途实亦较大江为平安也。至江苏后则集于扬州,由此转入运河以赴洛阳。是以扬州之商胡亦复不少,田神功大掠扬州,大食、波斯商胡死者竟至数千人。由洛阳然后再转长安。故唐代之广州、洪州、扬州、洛阳、长安,乃外国商胡集中之地也。

天宝乱后,回鹘留长安者常千人,九姓商胡冒回鹘名杂居者又倍之,此九姓胡是昭武九姓,说已见前。前引《通鉴·代宗纪》谓此辈"殖赀产,开第舍,市肆美利皆归之"。《德宗纪》亦谓"代宗之时,九姓胡常冒回纥之名,杂居京师,殖货纵暴,与回纥共为公私之患"。所谓殖赀产,当即《德宗纪》之"举质取利",盖此辈中最少当有一部分人营高利贷以为生也。贵显子弟亦有向彼等贷款者。穆宗长庆二年(822年)六月,右龙武将军李甚之子即因贷回鹘钱一万一千贯不偿,为回鹘所诉,甚遂被贬为宣州别驾。随诏禁与诸蕃客钱物交关。诏曰:

> 如闻:顷来京城内衣冠子弟及诸军使并商人百姓等

多有举诸蕃客本钱,岁月稍深,征索不得,致蕃客停滞市易,不获及时。方务抚安,须除旧弊,免令受屈,要与改更。自今以后,应诸色人宜除准敕互市外,并不得辄与蕃客钱物交关。委御史台及京兆府切加捉搦,仍即作条件闻奏。其今日已前所欠负,委府县速与征理处分。

中国质店制度,唐以后始盛,或者与此辈营高利贷之胡人有关,亦未可知也。唐代西域各国胡人流寓长安,其居处自不限于一隅,然在城西者甚多,而贾胡则似多聚于西市。段成式《寺塔记》平康坊菩萨寺条云:

寺主元竟多识释门故事,云:李右座每至生日,常转请此寺僧就宅设斋。……斋毕,帘下出彩筐香罗帕籍一物,如朽钉,长数寸。……遂携至西市,示于商胡。商胡见之,惊曰:"上人安得此物?必货此,不违价。"僧试求百千。胡人大笑曰:"未也。"更极意言之,加至五百千。胡人曰:"此值一千万。"遂与之。僧访其名,曰:"此宝骨也。"

段氏《支动》又云:予幼时尝见说狼巾,谓狼之筋也。武宗四年……老僧贤泰云:"泾帅段祐宅在招国坊,尝失银器十余事。贫道时为沙弥,每随师出入段公宅,段因令贫道以钱一千诣西市贾胡求狼巾。……"

《续玄怪录》记杜子春事,老者约子春于西市波斯邸,其辞云:明日午时,候子于西市波斯邸。

同书记刘贯词事亦谓:及岁余,西市店忽有胡客来。

《南部新书》云:西市胡人贵蚌珠而贱蛇珠,蛇珠者蛇所吐尔,唯胡人辨之。

皆云西市有贾胡及波斯邸,能辨识珠宝。而回鹘在长安,亦辄与西市商胡狼狈为奸。李肇《国史补》云:

回鹘常与摩尼议政,故京师为之立寺。其法日晚乃食,敬水而茹荤,不饮乳酪。其大摩尼数年一易,往来中国,小者年转江岭。西市商胡橐,其源生于回鹘有功也。

此段末句必有脱误,今按《通鉴·宪宗纪》元和十二年"二月辛卯朔遣回鹘摩尼僧等归国"。史炤注曰:元和初,回鹘再朝献,始以摩尼至。摩尼至京师,岁往来,西市商贾颇与囊橐为奸。至是遣归国也。

史炤注正足以补《国史补》之讹脱,西市必多昭武九姓商胡,故回鹘可与囊橐为奸,殖货纵暴也。至于长安胡人之聚于西市,在唐初当已有之。刘肃《大唐新语》云:

贞观中金城坊有人家为胡所劫者,久捕贼不获。时杨纂为雍州长史,判勘京城坊市诸胡尽禁推问。司法参军尹伊异判之曰:"贼出万端,诈伪非一。亦有胡着汉帽,汉着胡帽;亦须汉里兼求,不得胡中直觅。请追禁西市胡,馀请不问。……"俄果获贼。

此虽泛指西市居胡而言,然西市贾胡聚居,就以上所引诸文,已甚显然矣。

长安布政坊有胡祆祠;醴泉坊有安令节宅,波斯胡寺,祆祠;普宁坊祆祠;义宁坊有大秦寺,尉迟乐宅;长寿坊有唐尉迟敬德宅;嘉会坊有隋尉迟刚宅;永平坊有周尉迟安故宅;修德坊有李抱玉宅;群贤里有石崇俊宅;崇化坊有米萨宝宅及祆祠。所有西域传来新宗教之祠宇,以及西域人之家宅,多在长安城西部,祆祠唯东城清恭坊有之。中宗时,醴泉坊并有泼胡王乞寒之戏,足见其间为西域人聚居之所,故能有此胡戏。则西市之多胡店,其故似非偶然也。

唐代流寓长安之西域人,其梗概已约见上述。此辈久居其间,乐不思蜀,遂多娶妻生子,数代而后,华化愈甚,盖即可称之为中国人矣。西域人东来长安,为数既如此之盛,其中自夹有不少之妇女在内,惜尚未发见何种文献,足相证明。唯唐人诗中屡屡咏及酒家胡与胡姬,如王绩《过酒家》诗云:

> 有钱须教饮^①,无钱可别沽。
> 来时常道赊,惭愧酒家胡。

是当时贾胡,固有以卖酒为生者也。侍酒者既多胡姬,就饮者亦多文人,每多形之吟咏,留连叹赏,如张祜《白鼻騧》诗云:

> 为底胡姬酒,长来白鼻騧。
> 摘莲抛水上,郎意在浮花。

李白天纵奇才,号为谪仙,篇什中道及胡姬者尤夥,如《前有樽酒行》云:

> 琴奏龙门之绿桐,玉壶美酒清若空。
> 催弦拂柱与君饮,看朱成碧颜始红。
> 胡姬貌如花,当垆笑春风。
> 笑春风,舞罗衣,君今不醉将安归!

《白鼻騧诗》云:

> 银鞍白鼻騧,绿地障泥锦。
> 细雨春风花落时,挥鞭直就胡姬饮。

《醉后赠朱历阳》云:

> 书秃千兔毫,诗裁两牛腰。
> 笔纵起龙虎,舞曲拂云霄。
> 双歌二胡姬,更奏远清朝。
> 举酒挑朔雪,从君不相饶。

皆可见此天才诗人之狂欢也。当时长安,此辈以歌舞侍酒为生之胡姬亦复不少。如李白《送裴十八图南归嵩山》之一云:

---

① 现多作"有客须教饮"。——编者注

> 何处可为别,长安青绮门。
> 胡姬招素手,延客醉金樽。
> ……

青绮门即霸城门,日本石田幹之助氏以为即唐之春明门。杨巨源《胡姬词》云:

> 妍艳照江头,春风好客留。
> 当垆知妾惯,送酒为郎羞。
> 香度传蕉扇,妆成上竹楼。
> 数钱怜皓腕,非是不能愁①。

词中"妍艳照江头"一语,疑指曲江头而言,是长安城东春明门至曲江一带,其间当有卖酒之胡家在也。李白《少年行》之二又云:

> 五陵年少金市东,银鞍白马度春风。
> 落花踏尽游何处,笑入胡姬酒肆中。

关于金市之解释,余亦同意于石田幹之助氏之说,以为系指长安之西市而言。长安胡店,多在西市,则其间有侍酒之胡姬,固亦至为近理者也。

---

① 现多作"非是不能留"。——编者注

后　记

今天再品读西南联大教授们的作品,重温在血与火的考验中淬炼出的民族精神,不由让我们想起张伯苓校长1935年9月17日的"爱国三问":"你是中国人吗?你爱中国吗?你愿意中国好吗?"联大人身上集中体现了这种朴素的爱国主义精神。正是由于拥有深厚持久的爱国主义传统,数千年来,中华民族和中国人民才能经受住无数个异常艰巨的挑战,战胜无数个超乎想象的艰难险阻,取得无数个彪炳史册的卓越成就。"匈奴未灭,何以家为",中国人历来抱有家国情怀,信奉"天下兴亡,匹夫有责"。编辑这本书,目的就是让广大读者从中华优秀传统文化中汲取营养和智慧,进一步弘扬中国精神、凝聚中国力量,为中华民族伟大复兴提供强大的精神动力。

《人民文学》杂志原常务副主编、中国现代化文学馆原副馆长、著名作家周明先生听说我要选编西南联大教授的作品,多次打电话给予鼓励和支持,并不顾年龄高迈,欣然提笔题署书名,笔力遒劲、气韵生动,俨然联大教授风骨再现,为全书平添无尽的文化意韵,值此后记,特向周明先生致以诚挚的感谢!

编　者

记于甲辰寒露